U0523256

本书受云南大学
"双一流"建设经费资助出版

李子群 著

蒋孔阳美学思想研究

中国社会科学出版社

图书在版编目(CIP)数据

蒋孔阳美学思想研究/李子群著. —北京：中国社会科学出版社，2023.5
ISBN 978-7-5227-1442-4

Ⅰ.①蒋… Ⅱ.①李… Ⅲ.①蒋孔阳(1923-1999)—美学思想—研究 Ⅳ.①B83-092

中国国家版本馆 CIP 数据核字（2023）第 029085 号

出 版 人	赵剑英
责任编辑	王小溪
责任校对	师敏革
责任印制	戴 宽

出 版		中国社会科学出版社
社 址		北京鼓楼西大街甲 158 号
邮 编		100720
网 址		http://www.csspw.cn
发 行 部		010-84083685
门 市 部		010-84029450
经 销		新华书店及其他书店
印 刷		北京君升印刷有限公司
装 订		廊坊市广阳区广增装订厂
版 次		2023 年 5 月第 1 版
印 次		2023 年 5 月第 1 次印刷
开 本		710×1000 1/16
印 张		15.25
插 页		2
字 数		209 千字
定 价		78.00 元

凡购买中国社会科学出版社图书，如有质量问题请与本社营销中心联系调换
电话：010-84083683
版权所有 侵权必究

目　　录

导言……………………………………………………（1）

上编　蒋孔阳的美学史研究

第一章　论德国古典美学……………………………（3）
　第一节　比较的视野……………………………………（3）
　第二节　两条线索………………………………………（7）
　第三节　吸收与超越……………………………………（10）
　第四节　学术风格………………………………………（14）
　结　语……………………………………………………（18）

第二章　论先秦音乐美学……………………………（19）
　第一节　唯物史观的运用………………………………（20）
　第二节　辩证方法的运用………………………………（26）
　结　语……………………………………………………（36）

第三章　论中国古代诗画……………………………（39）
　第一节　唐诗的美学特点………………………………（40）
　第二节　古代绘画的美学特点…………………………（47）
　结　语……………………………………………………（53）

中编　蒋孔阳的文艺理论研究

第四章　论文艺理论研究方法 (59)
- 第一节　理论联系实际 (59)
- 第二节　继承中外遗产 (62)
- 第三节　广泛的争鸣 (67)
- 第四节　比较的方法 (71)
- 第五节　实证的方法 (73)
- 结　语 (75)

第五章　论形象思维 (77)
- 第一节　形象思维论的提出 (77)
- 第二节　形象思维论的内容 (80)
- 第三节　形象思维论的意义 (95)
- 结　语 (100)

第六章　论"诗与哲学之争" (102)
- 第一节　"诗与哲学之争" (102)
- 第二节　蒋孔阳的解答 (112)
- 结　语 (126)

下编　蒋孔阳的美学原理研究

第七章　论审美创造 (131)
- 第一节　创造论的内涵 (132)
- 第二节　创造论的意义 (142)
- 结　语 (152)

第八章　论审美情感 (154)
- 第一节　审美关系的视角 (155)
- 第二节　审美情感的轨迹 (159)
- 第三节　与思维的对立统一 (161)
- 第四节　情感论的意义 (165)
- 结　语 (174)

第九章　论审美功利 (175)
- 第一节　对"功利性"的界定 (175)
- 第二节　审美以物质性功利为基础 (177)
- 第三节　审美具有"无利害性" (180)
- 第四节　审美具有精神性功利 (184)
- 结　语 (193)

第十章　论审美教育 (195)
- 第一节　美育思想的内容 (196)
- 第二节　美育思想的意义 (202)
- 结　语 (212)

参考文献 (214)

后记 (222)

导　　言

一　蒋孔阳生平

蒋孔阳于1923年出生在四川万县三正乡苦葛坝。他的家位于偏僻山区，离县城和乡镇都比较远。蒋孔阳家里"有七八十亩田地，主要租给农民种，自己只种一点蔬菜地"①。在当地，蒋孔阳家算得上是比较殷实的。即便如此，遇到荒年，日子也难过。

蒋孔阳出生的那天，阳光灿烂，家人为他取了一个乳名——爱阳。家中无书，也无玩具，但家的周围有山、树、石头和水。蒋孔阳喜欢独处，喜欢在小溪边、田野里、丛林间漫步，喜欢爬山涉水。他是在大自然的怀抱中长大的，热爱自然风光。

蒋孔阳读小学时，正式取名蒋术明。学校在分水镇，离家十五里地。他和哥哥蒋术亮都在分水小学读书，三弟蒋术良后来也在这个小学读书。蒋孔阳兄弟三个都在学校住宿，每周六下午回家。他们在周日下午或周一早晨把一周要吃的米、盐、油、菜带到学校，由学校中的一个花白胡子老人给他们烧菜，吃的一般是青菜、萝卜等，从来没有吃过肉。蒋孔阳不喜欢上课，一上课就打瞌睡。不过，读书对他来说并不是一件困难的事。高小快毕业时，学校来了一个名叫杨丕章的年轻校长，他给学生上国文课。杨丕章老师接受了一些新思想，课讲得很生动，蒋孔阳喜欢上他的国文课。他从杨丕章

---

①　蒋孔阳：《蒋孔阳全集》第4卷，上海人民出版社2014年版，第446页。

那里第一次听到了马克思的名字。当然,他当时还不知道"马克思"这三个字究竟意味着什么。除了国文,蒋孔阳当时还喜欢史地课。1935年,蒋孔阳小学毕业。

1936年,蒋孔阳到万县私立致远初级中学读书。他从乡下来到县城。1937年卢沟桥事变爆发,结束了四川军阀割据的局面。卢沟桥的炮火震醒了中华民族,也震醒了蒋孔阳。四川万县街头出现了大量新文化、新文学的著作。蒋孔阳第一次接触到了鲁迅、郭沫若、冰心等的文学作品,也看到了哲学社会科学类的著作,如《大众哲学》《中国社会史性质论战》等。抗日宣传队进入蒋孔阳所在的学校,带来了救亡歌曲与活报剧。学校里除了教科书,也没有其他的参考书或课外读物。这些新事物蒋孔阳当时还看不太懂,但他喜欢它们,它们有如闪电,打开了蒋孔阳的心扉。蒋孔阳逐渐走出了浑浑噩噩的状态,求知欲被唤醒。蒋孔阳对文学和社会科学的热爱就是从此时开始的。

1938年,为了考学校和找工作,哥哥蒋术亮带着初中未毕业的蒋孔阳到了重庆。兄弟俩无亲无故,住在鸡毛小店里,每天啃大饼,生活很艰苦。由于人生地不熟,兄弟俩找不到工作。当时招生的学校还是有的,但都要收学费。蒋氏兄弟虽然都考取了,但拿不出学费,所以无法入学。后来兄弟俩终于等来了一个机会,国立四川中学高中部招考,不收学费,还供吃住。这对兄弟俩来说非常合适,但蒋孔阳没有初中文凭,不能报考。哥哥蒋术亮初中毕业,他把初中文凭证书拿给了蒋孔阳,投笔从戎去了。蒋孔阳就这样冒名考取了国立四川中学。蒋孔阳在高中,甚至大学入学时用的都是哥哥的名字,他早期发表的文章也以此署名。

国立四川中学后来更名为国立四川第二中学。这所学校有一个重要任务,即安置从沦陷区到重庆来的青年和教师。学校的教学质量比起四川本地学校要高出许多。学校里面也有共产党和国民党的碰撞与摩擦。蒋孔阳参加了进步的读书会,也接触到马克思列宁主义论著。在校读书期间，为了了解社会，蒋孔阳曾经利用暑假时间，从学校步行到成都，又从成都徒步返回学校，总路程1000千米，结果大病一场。正是在这所学校里，蒋孔阳立下了一个决心，即把自己的一生献给学术研究工作。在国立四川第二中学，蒋孔阳开始发表文章。

1941年，蒋孔阳考入中央政治学校经济系，但他对经济学不感兴趣，不喜欢上课，大部分时间都泡在图书馆里，阅读自己喜欢的文史哲书籍。冯友兰、张东荪、方东美、宗白华、林同济等所写的著作、文章，深深地吸引了他。他还与宗白华、林同济两位先生通信，并拜访过同在重庆的宗白华先生。蒋孔阳对文艺、历史、哲学都有兴趣。他认为，"文学艺术偏重感情，历史强调资料，哲学重视理论"①，他试图把这三个方面结合起来，走出一条自己的路。在中央政治学校时，蒋孔阳继续发表文章。

1944年冬天，蒋孔阳的母亲去世，当时只有40来岁。蒋孔阳赶回老家奔丧，在母亲的棺木前，他痛不欲生。蒋孔阳的母亲是地地道道的农村妇女。她姓余，但没有名字，是"有姓无名"。蒋孔阳的父亲蒋光社是独子，非常懒惰。主持家务的是蒋孔阳的奶奶，奶奶姓李，也是"有姓无名"。蒋孔阳的母亲忠厚老实、忍气吞声而又非常勤劳，但在家里，她属于最底层。这与旧中国无数农村妇女是一样的，如每年冬天过年前杀猪，围炉烤火、吃猪尿脬这类事情，蒋孔阳的母亲很少参与。对蒋孔阳，她一生中只托付过一件事情，就是要蒋孔阳从县城中学回家时给她买一把篦子。托付这件事，还是她鼓足勇气才开口的。可惜，蒋孔阳把这事给忘了。蒋孔阳的母亲身体不大好，再加上劳累，所以过早去世了。1945年，蒋孔阳写了悼念母亲的短文——《妈妈的影子》，登载于《万州日报》。1963年，蒋孔阳在《学术月刊》上发表《歌德论自然与艺术的关系》一

---

① 蒋孔阳：《蒋孔阳全集》第4卷，上海人民出版社2014年版，第545页。

文时，用了"余渊"这个笔名。"余"是蒋孔阳母亲的姓，他用这个笔名表达对母亲的纪念。

1946年，蒋孔阳大学毕业，被分配到中国农民银行镇江支行，担任助理员。虽然银行的工作有不错的收入，是一份体面的工作，但这份工作与他的兴趣是分离的。蒋孔阳的心彷徨不安，工作期间，他在文史哲方面不断摸索和追求。1946年，蒋孔阳读到了朱光潜的《文艺心理学》，第一次从书中了解到西方美学家的思想。《文艺心理学》成为他"学习美学的启蒙老师"①。1947年，蒋孔阳请假离开银行，住进南京中央大学的学生宿舍，听宗白华先生讲课。

1948年，林同济在上海创办了海光图书馆。为了能多与文史哲打交道，蒋孔阳接受林同济的邀请，离开银行，去了海光图书馆，担任文学编译。在林同济的指导下，蒋孔阳读了不少西方文学作品。在浪漫主义和现实主义两种文学中，蒋孔阳更偏爱现实主义。蒋孔阳开始撰写书评、编译小册子。1948年，蒋孔阳与女友濮之珍成婚。

1949年，上海解放，海光图书馆关闭。为迎接解放，蒋孔阳开始学习苏联文艺，翻译苏联文学史论著，也发表关于苏联小说的论文。

1951年，蒋孔阳被调到复旦大学新闻系任讲师。濮之珍女士在南京大学中文系研究生毕业后也于这一年到复旦大学中文系任教。1952年，因院系调整，蒋孔阳被调到中文系，从事文艺理论的教学工作。他独自开设了"文学引论"课，又与刘雪苇、王元化合作开设了"毛泽东文艺思想"课。

1954年，为了提高中国文艺理论的教学和研究水平，苏联专家毕达可夫到北京大学讲授苏联文艺理论。全国各地文艺理论教师到北京大学取经，包括蒋孔阳。毕达可夫讲授的内容理论性很强，概

---

① 蒋孔阳：《蒋孔阳全集》第4卷，上海人民出版社2014年版，第545页。

念很多。1957年，蒋孔阳把毕达可夫讲授的那套东西"溶化开来，和中国文学的实际相结合"①，写出了《文学的基本知识》一书，由中国青年出版社出版。这本书写得通俗易懂，大受读者欢迎。同年，蒋孔阳还将自己给高年级讲授专题课"论文学艺术的特征"所写的讲稿扩充为一本书，在上海新文艺出版社出版。由于这两本书，在1958年的"拔白旗"运动中以及1960年在上海召开的"批判修正主义大会"上，蒋孔阳受到冲击。②

蒋孔阳遭到了无情批判，"开始很震惊，但很快就由震惊而木然，由木然而释然了"③。他从来不看批判他的文章，在批判会上总是低着头，闭目养神。愁闷是有的，但他努力排遣，总算挺了过来。1966年，"文化大革命"开始，从这时起到1975年，蒋孔阳的学术研究中断。

50年代，蒋孔阳也参加了美学大讨论。蒋孔阳美学研究的特色已经在他所撰写的《简论美》（1957年）和《论美是一种社会现象》（1959年）中初现端倪。它们为蒋孔阳后来的学术研究奠定了基础。1961年，蒋孔阳开设了《西方美学》课。1962年，他又开设了《美学》课，"成为我国大学中最早开设《美学》课的学者"④。从这时起，蒋孔阳对美学的学习与思考投入了更多精力。通过上美学课、发表美学方面的文章、参加美学方面的学术活动，蒋孔阳作为美学研究者的身份越来越明确，最终被确定下来。通过复旦大学中文系这个重要平台，他的人生道路有了非常明确的方向。

蒋孔阳的专著《德国古典美学》、译著《近代美学史评述》、文艺理论文集《形象与典型》、美学文集《美和美的创造》、主编的

---

① 蒋孔阳：《蒋孔阳全集》第4卷，上海人民出版社2014年版，第437页。
② 参见蒋孔阳《蒋孔阳全集》第4卷，上海人民出版社2014年版，第437页；《蒋孔阳全集》第6卷，上海人民出版社2014年版，第549—550页。
③ 蒋孔阳：《蒋孔阳全集》第4卷，上海人民出版社2014年版，第438页。
④ 蒋孔阳：《蒋孔阳全集》第4卷，上海人民出版社2014年版，第550页。

《中国古代美学艺术论文集》都在1980年出版。从表面上看，1980年是蒋孔阳的丰产年，他的研究与写作是神速的。其实，这都是从60年代以来，经过近20年的准备、积压之后形成的成果。这些成果是蒋孔阳不屈不挠、矢志不移、用汗水与泪水泡出来的。其中，《形象与典型》共有10篇文章，"四人帮"垮台之前的文章只有4篇。从中华人民共和国成立一直到"文化大革命"，蒋孔阳写过的关于文艺理论的文章，"总数不下五六十篇"①，但他只挑选了4篇。

1980年，蒋孔阳评上教授，同年到日本神户大学担任客籍教授。1981年，夫人濮之珍女士也被聘为日本神户大学客籍教授。80年代之后，学界前辈、学术圈的友人和年轻后学经常找蒋孔阳为自己的著作写序言。蒋孔阳写了不少这样的文章。

1983年，蒋孔阳开始撰写《美学新论》；1984年，创办《美学与艺术评论》丛刊，并参与冯契主编的《哲学大辞典》编撰工作，担任美学卷的主编；1986年，出版了论文集《美学与文艺评论集》和专著《先秦音乐美学思想论稿》；1986年至1987年，编选了《20世纪西方美学名著选》（2册）和《19世纪西方美学名著选》；1987年，被聘请担任《辞海》编委、分科主编，并开始招收博士研究生；1988年到英国诺丁汉大学参加第十一届国际美学会议，并在会议上作学术报告；1990年主持申报国家社科基金"八五"重点规划课题《西方美学通史》；1993年，出版了历时十年终于完稿的《美学新论》，并在俄亥俄大学、哈佛大学作学术报告；1996年在科罗拉多大学作学术报告。

1999年6月，蒋孔阳病逝，享年77岁。蒋孔阳的追悼会很隆重，追悼会当晚，即7月3日晚，"东方电视台播放追悼会实况，上海教育电视台播出新闻纪事专题片《我师蒋孔阳》"②。

---

① 蒋孔阳：《蒋孔阳全集》第4卷，上海人民出版社2014年版，第475页。
② 蒋孔阳：《蒋孔阳全集》第4卷，上海人民出版社2014年版，第557页。

蒋孔阳曾任中国农工民主党中央委员会委员、常委，上海社联副主席，中华全国美学会第一、二届副会长，上海美学学会第一、二届会长、名誉会长，中国作协理事，全国高校文艺理论研究会常务理事，还曾被评为上海社会科学优秀工作者。代表性著作有《美和美的创造》（上海社联特等奖、上海首届文学艺术杰出贡献奖）、《美学新论》（上海哲社优秀著作一等奖、全国教委首届社科优秀著作一等奖）、《德国古典美学》（上海哲社优秀著作一等奖）、《19世纪西方美学名著选》（华东地区大学出版社首届优秀图书二等奖）等。蒋孔阳的专著中，影响最大的是《德国古典美学》和《美学新论》，而他自己"特别心爱"的是《先秦音乐美学思想论稿》。① 他说："我是中国人，写中国的东西，特别感到亲切。"②

除了著作之外，蒋孔阳还撰写了大量文章。蒋孔阳一生中第一篇文章写于1940年，是关于鲁迅的短文，刊载于《合川日报》。1945年，蒋孔阳写了《妈妈的影子》，登载于《万州日报》。这是蒋孔阳为悼念母亲余氏所写的文章，可惜这篇文章散佚了。蒋孔阳一生中写过很多文章，但不少文章后来都无法找到。其中，《妈妈的影子》是最让蒋孔阳怀念的。1951年，《学习苏联小说描写英雄人物的经验》刊载于《人民文学》9月号，撰写这篇文章是蒋孔阳"正式跨入文艺理论工作的第一步"③。1957年的《简论美》是蒋孔阳"正式撰写的第一篇美学论文"④。1998年7月的《怀念周谷城先生》是蒋孔阳亲笔撰写的最后一篇文章。

蒋孔阳的代表性学术论文有：《简论美》（1957年，《学术月刊》4月号）、《论美是一种社会现象》（1959年，《学术月刊》9月号）、《形象思维与艺术构思》（1978年，《文学评论》第2期）、《什么是

---

① 参见蒋孔阳《蒋孔阳全集》第4卷，上海人民出版社2014年版，第439页。
② 蒋孔阳：《蒋孔阳全集》第4卷，上海人民出版社2014年版，第439页。
③ 蒋孔阳：《蒋孔阳全集》第4卷，上海人民出版社2014年版，第547页。
④ 蒋孔阳：《蒋孔阳全集》第4卷，上海人民出版社2014年版，第548页。

美学——美学研究的对象和范围》（1979年，《安徽大学学报》第3期）、《建国以来我国关于美学问题的讨论》（1979年，《复旦学报》第5期）、《典型问题与文艺创作》（1980年，《文艺报》第2期）、《美和美的创造》（1980年，《学术月刊》3月号）、《评老子"大音希声"的音乐美学思想》（1981年，《复旦学报》第4期），《中国古代美学思想与西方美学思想的一些比较研究》（1982年，《学术月刊》3月号）、《美的规律与劳动的关系》（1982年，《美育》第2期）、《浅论自然美》（1983年，《文艺研究》第3期）、《美学研究的对象》（1983年，《文艺理论研究》第3期）、《评〈礼记·乐记〉的音乐美学思想》（1984年，《中国社会科学》第3期）、《谈谈审美教育》（1984年，《红旗》第22期）、《美在创造中》（1986年，《文艺研究》第2期）、《论人是"世界的美"》（1986年，《学术月刊》12月号）、《美是人的本质力量的对象化》（分为上、下两篇，1987年，《文艺理论研究》第5—6期）、《美感的心理功能》（1989年，《学术月刊》6月号）、《对八十年代"美学热"的思考》（1990年，《文论月刊》第8期）、《论崇高》（1992年，《东方丛刊》第3辑）、《建立具有中国特色的文艺理论》（1995年，《人民日报》9月16日）等。

1999年，安徽教育出版社出版了《蒋孔阳全集》，共4卷，由蒋孔阳亲自编定。2014年，上海人民出版社出版了《蒋孔阳全集》，共6卷，280余万字，由蒋孔阳的爱人濮之珍和学生朱志荣等编定。它以安徽教育出版社的版本为蓝本，增加了第5和第6两卷，共计100余万字。上海人民出版社的《蒋孔阳全集》获第14届上海图书奖一等奖。这套书是学习、研究蒋孔阳美学思想的权威版本。

蒋孔阳的美学观点在20世纪50年代初步形成，80年代后形成巨大影响，成为新时期中国美学界主将。他以丰富的层次结构和深入的思辨，建立了一个以"美是人的本质力量的对象化"为核心命题的实践美学新体系，被视为中国当代美学研究的总结形态、中国实践美学第五派。其弟子朱立元、曹俊峰、张玉能、朱志荣、陆扬、郑元者、张德兴等皆为名家。

综观蒋孔阳的一生，有两点值得我们注意。

第一，家乡自然风光的影响。

蒋孔阳是很有建树的文艺理论家和美学家，但出生于穷乡僻壤的农家，家中没有什么藏书，他小时候也没有接触过电影、戏剧、舞蹈、歌唱等文艺。他不是从文艺走向美学。蒋孔阳喜欢家乡的山水，美丽的乡下风光让他如醉如痴，终其一生都喜欢大自然。儿时在自然风光中获得的快乐，以后经常引起蒋孔阳的回忆。"文化大革命"中，蒋孔阳被关进"牛棚"，无法看书，也无法仅通过听学习什么，感到非常无聊。蒋孔阳就以回忆儿时在乡下大自然怀抱中的快乐来排遣。可以说，家乡的山水对蒋孔阳产生了很大影响，它让蒋孔阳接受了美的熏陶。蒋孔阳说："是自然的色彩与声音，是自然的美，启发了我对于美的向往和追求。"①

第二，凭着自己的性格和兴趣往前走。

蒋孔阳认为，从心理学的观点看，他自己是"感情型或内向型"的人。② 蒋孔阳有丰富的感情，理论推理能力和综合想象力很强，但对外界事物缺乏敏感度，不善于观察，也缺乏塑造感性形象的能力。所以他既不适合搞文艺创作，也不适合从事纯粹的哲学研究。蒋孔阳把美学和文艺理论研究作为自己的道路，这条道路是符合他的性格与兴趣的。美学和文艺理论是交叉学科，它介于文艺创作和哲学理论之间，也可以说是边缘性的学问。在文艺理论和美学方面的造诣是蒋孔阳性格和才能的标志。

蒋孔阳走进文艺理论和美学的堂奥，主要是靠自学。一开始，他并不知道什么是文艺理论和美学，也不明白应当怎样学习它们。

---

① 蒋孔阳：《蒋孔阳全集》第4卷，上海人民出版社2014年版，第463页。
② 参见蒋孔阳《蒋孔阳全集》第4卷，上海人民出版社2014年版，第430页。

看到文艺理论和美学方面的书,他产生了兴趣。"于是,凭着兴趣,读了一本又一本。"① 研究美学和文艺理论这条道路,是蒋孔阳不断摸索,不断自我反思、自我认识之后确定下来的。一旦确定之后,他就坚持到底。蒋孔阳不谙人事,不善于人际之间的周旋。在特殊的年代,遭到了批判、批斗和劳改。在经历这些磨难时,蒋孔阳虽然曾经短暂地后悔选择了从事文艺理论和美学的研究,但他没有改变自己的性格和兴趣。性格和兴趣成为一种很稳定的力量,推动着他继续思考文艺理论和美学问题。对自己的性格与兴趣的遵循,成就了蒋孔阳的卓越人生。蒋孔阳的一生,就是学习、思考与写作的一生。他曾经向读者推荐自己最喜欢的八本书,它们是:《庄子》、《孟子》、《中国近三百年学术史》(梁启超)、《文艺心理学》(朱光潜)、《美学》(黑格尔)、《歌德谈话录》(爱克曼)、《理想国》(柏拉图)、《判断力批判》(康德)。

二 本书提要

蒋孔阳美学思想具有重要价值。本书主要从美学史研究、文艺理论研究和美学原理研究三个方面呈现蒋孔阳的思想与贡献,共分上、中、下三编,十章。上编为蒋孔阳的美学史研究,包括第一章、第二章和第三章;中编为蒋孔阳的文艺理论研究,包括第四章、第五章和第六章;下编为蒋孔阳的美学原理研究,包括第七章、第八章、第九章和第十章。每章末尾有一个"结语",以收束全章。各章主要内容如下。

第一章是论德国古典美学。

蒋孔阳对德国古典美学的讨论主要见于《德国古典美学》一书。《德国古典美学》以比较的视野组织材料,既揭示出德国古典美学的一般特征,也展现出各个美学家的个性特色。《德国古典美学》的主

---

① 蒋孔阳:《蒋孔阳全集》第4卷,上海人民出版社2014年版,第31页。

要线索有两条,一是德国古典美学家对美的本质的探讨;二是德国古典美学家思想中的浪漫主义因素。蒋孔阳细致剖析了这两条线索的关键环节,清晰地向我们呈现了德国古典美学内在的逻辑。蒋孔阳吸收了朱光潜的部分研究成果,也在朱光潜的基础上有所推进。蒋孔阳敢啃硬骨头,著述深入浅出。在40年中,《德国古典美学》关联着老、中、青三代美学爱好者在不同语境中的文化记忆和阅读体验。当然,这本著作也留下了那个时代的精神痕迹。认真研究这本论著,美学史研究者会得到不少教益。

第二章是论先秦音乐美学。

蒋孔阳从社会生活实践的需要来理解音乐的起源和分化;从阶级基础和思想根源来理解先秦音乐美学思想的演变;立足于历史的实然状况,联系"礼"来讨论"乐";强调劳动人民利益,注重揭示先秦诸子对劳动人民生产生活的态度。蒋孔阳还在学术的古代形态与现代形态的张力中,系统总结先秦音乐美学思想的一般性质;具体而全面地评价先秦各家的音乐美学思想;不对古代学者和学术简单粗暴地进行划线,揭示出古代各个学派往往异中有同、同中有异,得心应手地进行中西古今对比;坚持逻辑与历史统一,提出独立见解。蒋孔阳《先秦音乐美学思想论稿》对唯物史观和辩证法的高超运用向我们展示了马克思主义者的人格风范、学术风范。

第三章是论中国古代诗画。

蒋孔阳对唐诗和中国古代绘画美学特点的研究,值得仔细研读。他以诗歌和音乐、建筑的相通分析唐诗的美,以个性说和意境说为理论根据分析唐诗的美;他在中西比较中揭示中国绘画的基本特点,以辩证思维概括中国绘画中的美学思想。蒋孔阳对唐诗美学特点、对中国绘画美学特点及美学思想的归纳,是从文明互鉴中促进我们建立既适应中国民族化的传统又符合世界现代化潮流的美学体系这一角度出发的。他依据唐诗和中国绘画的特点,对莱辛关于画与诗的区分进行了反思,认为莱辛的区分,并不完全适用于中国艺术。

从表面上看，蒋孔阳根据日本受众的特点，弱化了马克思主义美学的立场，但实际上，马克思列宁主义依然主导着蒋孔阳对问题的讨论与解决。虽然蒋孔阳作为美学家的地位是在若干年后才确立的，但在他对中国诗画的研究中，未来美学家思想的锋芒已经显露。

第四章是论文艺理论研究方法。

20世纪80年代、90年代，为了建设良好学风、净化学术环境，蒋孔阳从方法论的角度对文艺理论研究进行了大量思考。他认为，文艺理论研究应该坚持理论联系实际，继承中外遗产，进行广泛争鸣，并多开展比较研究和实证研究。蒋孔阳有很强的共生意识、发展意识，提出了中国当代文艺理论发展的根本问题、前沿问题，为文艺理论研究的培根铸魂、守正创新做出了很大努力。蒋孔阳对文艺理论研究的思考，具有时代的印迹，具有学术标本乃至历史标本的意义。认真梳理、总结蒋孔阳的思考，汲取、弘扬其精神，具有重要意义。

第五章是论形象思维。

蒋孔阳认为西方的形象思维理论有一个发生、发展、完善的过程；形象思维是一种平行于逻辑思维的思维方式；文艺反映现实的特点不在于内容而在于方法；形象思维和逻辑思维不能互相代替，它们互相辅助，但在文艺创作中，形象思维起着主导性作用；艺术形象不仅要表达认识，还要表达情感，它应该具有健康而朴实的人情味；"形象思维"概念既符合马克思主义的一般认识论，也揭示了文艺创作的特殊规律。蒋孔阳的形象思维论是在两次大讨论中形成的系统看法，他捍卫文艺发展的客观规律，严守学术准则，结合中国文学实际来讨论问题，并将外来文艺理论中国化，具有重要意义。

第六章是论"诗与哲学之争"。

"诗与哲学之争"是一个古老的问题，是文艺理论研究中很有意思也很重要的话题。直至今日，它仍然激发着学者们的研究热情，不时有相关的著作和论文面世。文艺理论是蒋孔阳的主要研究领域之一，他撰写了一些论著。从蒋孔阳留下的论著看，不能说蒋孔阳对"诗与哲学之争"给予了专门的关注,但是,从"诗与哲学之争"的实质来看,蒋孔阳的确在处理文艺理论中的其他问题时,间接地涉及"诗与哲学之争"的核心问题。梳理蒋孔阳的这些论著可以发现,他已经对"诗与哲学之争"做出了很有深度的解答。蒋孔阳看到了诗与哲学运思方式的不同,认为诗的核心是形象,哲学的核心是概念,诗与哲学对思想的表达有别,但是,蒋孔阳也看到了诗与哲学的相似之处,二者都是求真。蒋孔阳指出,真是诗的生命,诗是对现实的加工,诗是偶然性与必然性的统一,诗是真实性与虚构性的统一,诗是真实性与倾向性的统一,自然主义、形式主义和类型说背离了诗的真。

第七章是论审美创造。

蒋孔阳与时俱进,对审美创造进行了深入系统的思考。蒋孔阳的创造论包含三个核心观点:劳动创造了人的本质、人类依照美的规律来创造、美是"多层累的突创"。蒋孔阳反思了传统的本质主义,但不走极端的反本质主义之路,而是努力克服传统本质主义的缺点。蒋孔阳推进了李泽厚的积淀说。与李泽厚相比,蒋孔阳关于"积淀"层次的表述更加严格明晰。他把原本在"实践"概念中包含着的"创造"之义揭示、展开了,凸显了主体的创造精神,强调在迎接"积淀"的基础上,去重组、突破旧的"积淀",创造新的"积淀"。蒋孔阳对与《1844年经济学哲学手稿》相关的三个难题,即美的规律、异化劳动能不能创造美、自然美及其与人的劳动有何关系,给出了较好的解决思路。"人是世界的美"这一断言是蒋孔阳审美创造论中的具体命题,也是蒋孔阳从20世纪60年代至90年代初学术探索的纲领、主旨,它闪耀出灿烂的人文光芒。

第八章是论审美情感。

蒋孔阳在《美学新论》中既从心理学的角度理解情感,也从哲学的角度理解情感;既从生成论的角度理解情感,也从本质论的角度理解情感。蒋孔阳分析了审美关系对于情感的逻辑先在性,分析了情感在美感心理功能展开的各个阶段所处的不同层次，具有的不同表现，揭示了情感运动的轨迹。蒋孔阳认为，思维也是美感的心理功能之一，思维有助于情感，但也会妨碍情感。蒋孔阳与李泽厚既保持一致，又有差别，他从审美关系的角度界定情感的特征，是对表现论所面临的理论难题的一种解决。他提升了实践美学对情感的认识，论证了文艺是要表现情感的，但文艺的对象并不是情感。他启示文艺创作者不应沉迷在个人的狭小天地中，而应面向广阔的现实。

第九章是论审美功利。

对人的需要的分析是蒋孔阳理解审美功利的基础。蒋孔阳认为，审美活动对人的需要的满足，随社会历史的变化而变化，审美功利也随之体现出不同的面貌。蒋孔阳的审美功利论承认物质功利性的基础地位，但不等于物质功利论；它承认审美包含政治、道德倾向，但不等于道德功利论；它重视审美自身的性质和规律，但不等于"为艺术而艺术"的审美主义。蒋孔阳的审美功利论，坚持马克思主义唯物论，体现了文艺与审美的丰富性、复杂性和矛盾性，符合中西美学发展史的实际情况，是对古今、中西美学中相关争论和中国当代理论需求的一个系统而成熟的总结。

第十章是论审美教育。

蒋孔阳主要从价值论、人生论的角度来看待美育，他的思考主要涉及美育的作用、美育的发生机制、美育的范围、美育的目的四个方面。蒋孔阳辩证地处理了精神的功利性与物质的功利性、艺术与日常生活、精英美育与大众美育、从属论与自律论等矛盾关系。蒋孔阳认为，美育是一种娱乐的教育。这个观点是"日常生活审美化"的先声，也是蒋孔阳美育思想中最具有创新性的方面。它表明，蒋孔阳对美学的相关思考，与西方世界的学者是同步的。蒋孔阳对美育的研究、呼吁，是中国社会整体性、结构性变化在美学理论上的一种反映，它为完善国家教育方针奠定了坚实的理论基础。蒋孔阳留下的这些文字是中国当代美育发展史中最富有价值的思考之一。

上编

蒋孔阳的美学史研究

第 一 章

论德国古典美学

《德国古典美学》一书的面世颇费周折。1965年，蒋孔阳将书稿交给商务印书馆准备出版。第二年，"文化大革命"开始，蒋孔阳遭到批判，书稿的出版进程陷入停滞。直至1976年，蒋孔阳从商务印书馆要回书稿，进行修改。1980年6月，该书终于由商务印书馆出版。光阴荏苒，从1962年商务印书馆向蒋孔阳约稿到该书于1980年出版，前后历时近18年。

《德国古典美学》推出后，受到读书界普遍欢迎。该书为蒋孔阳赢得了很高的学术声誉。1984年，该书荣获上海高教文科科研成果二等奖；1989年台湾谷风出版社印行该书并给予高度评价；2014年，该书又被列入"中华现代学术名著丛书"，由商务印书馆再版。《德国古典美学》有史有识、有证有论，是一部长期打磨、精心结撰的著作，也是一部经受了时间检验、不断嘉惠后学的佳作，值得我们对该书的学术价值进行一些分析，为今后的美学研究提供借鉴。

第一节 比较的视野

从总体上看，蒋孔阳在研究中非常自觉、熟练地运用了唯物史观和辩证论，而从较为具体的角度看，以比较的视野组织材料并阐释问题，是《德国古典美学》非常显著的特点。比较的视野是对唯物史观和辩证论的落实。蒋孔阳首先把德国古典美学作为一个整体来把握，考察其产生的背景。这些背景，既包括阶级、社会背景，也包括理论背景，这些背景都是从比较的视野出发来呈现的。就连《德国古典美学》全书的结构，也是从比较的视野出发谋篇布局的结果。

一 比较的视野体现在对德国古典美学产生的阶级、社会背景的分析上

蒋孔阳梳理了对德国古典美学有影响的重大历史事件，比较了英国、法国、德国资产阶级的特征，特别是比较了德国古典美学的典型代表与英、法两国思想家对革命的态度。康德、费希特、谢林、席勒、歌德、黑格尔在法国大革命开始时，对法国资产阶级寄予厚望，热烈歌颂和欢呼，但当革命形势进一步发展，影响到德国时，他们对革命是厌恶、反对的。他们在态度上的转变，具有惊人的一致之处。蒋孔阳既把德国古典美学家对斗争、革命的态度与法国的伏尔泰、卢梭、拉美特利、狄德罗等的进行对比，也将其与英国的霍布斯、柏克和夏夫兹博里、休谟的态度进行对比，从德国古典美学家在态度上的变化性、双重性，揭示出德国资产阶级的软弱。蒋孔阳指出，这种软弱性的客观根源就在于德国资产阶级所处的实际运动阶段与英国、法国资产阶级的不同。

蒋孔阳还比较了各个思想家美学理论产生的社会背景。他指出，康德活动的时期，腓特烈二世统治普鲁士，这位国王既为了对外进行扩张而加强军备又对内倡导"开明专制"；费希特活动的时期，是在法国大革命后，复辟和反复辟的思想与力量正进行激烈较量；歌德与席勒的鼎盛期是在德国一个充满鄙俗气的邦国——魏玛——度过的10年，这也是法国大革命引发的一系列问题不断暴露出来的时期；黑格尔写《精神现象学》时，拿破仑军队打到了耶拿，而黑格尔哲学被视为德国的"国家哲学"是在1815年维也纳会议后的"王政复辟"时代。费尔巴哈活动的时期，正是1848年德国资产阶级革命

的前夜，资产阶级与普鲁士君主专制制度之间的斗争已经愈演愈烈。

二　比较的视野体现在对德国古典美学产生的理论背景的分析上

蒋孔阳指出，从国际背景来看，法国启蒙运动者强调文学艺术在开启理性、教育民众方面的作用。他们从文学艺术的历史中寻求对抗现实的思想理论资源，强调创作者的感情、想象和天才，并在创作中坚持现实主义的道路，反对"奇迹"，反对古典主义僵硬的程式，追求"真实"、自然与贴近社会生活。1688年"光荣革命"之后的英国文学艺术家开始倾向于保守，建立在当时的文艺活动基础上的英国经验派美学以感觉经验为出发点，细致研究美感经验的形成，涉及美的根源、快感、共同感、趣味、崇高、效用等问题。从国内背景来看，莱布尼茨强调真理的普遍性和必然性不是源于感觉经验，而是源于先天理性，并认为人的认识是从感性认识发展到理性认识。沃尔夫提出了"美在于完满"的观点。鲍姆加登在历史上首次确定了"美学"这一学科名称，并确定了美学的研究对象、范围，指出美学就是感性学，美学研究的是感性认识，美就是感性认识的完满。德国理性派美学的观点对德国古典美学的形成具有特别的意义。

三　比较的视野体现在《德国古典美学》的谋篇布局上

该书共有六章，主要涉及三个方面的内容：一是总体上介绍德国古典美学的形成；二是具体讨论德国古典美学家的思想；三是介绍后世美学家对德国古典美学的批判。第一个和第三个方面的内容，是该书的头尾两章，即第一章和第六章。第二个方面的内容，是该书的主体，共讨论了康德、费希特、谢林、歌德、席勒、黑格尔、费尔巴哈七位具有代表性的美学家的思想。蒋孔阳并非仅仅根据时间的先后，逐一介绍这些美学家的思想。他从美学家思想的内在逻辑出发，依据思想的相近相似，对他们进行了分类。其中，康德和黑格尔，一个是德国古典美学的开山，一个是德国古典美学的巅峰，在美学史上影响极大，所以对康德、黑格尔的讨论是独立成章的，即把对康德的讨论作为该书第二章，把对黑格尔的讨论作为该书第五章。而对其他四位美学家，蒋孔阳进行了分组，即把费希特和谢林的美学思想放在第三章、把歌德和席勒的美学思想放在第四章。费尔巴哈的美学思想被放到最后一章，即"对于德国古典美学的批判"里。根据美学家思想的异同来组织材料，使全书结构非常清晰。

四 比较的视野体现在对德国古典美学家思想的阐释上

在处理各个美学家的美学思想时，蒋孔阳也是以比较的视野来进行论述的。例如，对歌德与席勒思想的分析。蒋孔阳指出，歌德和席勒有许多交集，他们都从事文学艺术活动，在青年时代是狂飙突进运动的旗手，而在盛年，他们共同在魏玛度过了10年。他们相互影响，相互呼应，一同经历了浪漫主义和古典主义时期。他们都反对已经蜕化的、病态的浪漫主义，都试图逃避法国革命引起的骚乱和波动，都转向了古代文化，可是他们还是关心现实，认为文学艺术能够比革命更好地完成改善社会的任务。歌德研究自然科学，而席勒研究哲学；歌德主要受莱辛、赫尔德等启蒙运动者影响，而席勒主要受康德影响；歌德是从文艺实践出发讨论美学问题，而席勒主要是从哲学出发讨论美学问题；歌德注重客观自然的方面、感性的方面，是现实主义和唯物主义的，而席勒更注重主观理想的方面、理性的方面，是浪漫主义和唯心主义的。

蒋孔阳不是抽象地理解美学遗产，仅仅就思想谈思想。他具有非常丰富的具体知识。从康德的《判断力批判》于1790年出版到1841年费尔巴哈发表最主要的著作《基督教的本质》，德国古典美学时间跨度达半个世纪。蒋孔阳坚持唯物史观和辩证论，不仅将德国古典美学中的重要思想观点视为人类认识之树上开出的花朵，而且认为它们与德国资产阶级的利益相联系，并受到德国资产阶级立场的制约，但蒋孔阳并没有把这些重要思想观点与资产阶级立场的关系绝对化，他看到了德国美学家的立场是存在着变化的，他也看到这些思想观点不只有阶级根源，它们在其他的社会存在中也有其根据。因此，蒋孔阳把德国古典美学放到国际和国内阶级、社会、理论的大背景和美学家个人生活轨迹的小背景下讨论，既从一般的、普遍的意义上，也从具体的、特殊的意义上把握这些背景，力求共性与个性的统一，有全局，也有细部，在比较的视野下作了具体分析。他不仅揭示了美学家的思想是怎样形成和发展起来的，而且对美学家所占据的地位和所发挥的历史作用进行了评估，把美学家思想观点的意义清晰地呈现给我们。蒋孔阳有力地向我们表明，这些思想观点，不仅体现出德国资产阶级的要求、德意志民族的传统、美学思想发展的历史趋势，也体现出各个美学家的个性特色。

第二节　两条线索

蒋孔阳认为，德国古典美学家都探讨了美的本质，德国古典美学家的思想中都有浪漫主义的因素。这两个方面，是德国古典美学的普遍特征，也是主观论与客观论在德国古典美学中辩证发展的体现。蒋孔阳牢牢抓住了这两个方面来组织素材。这两个方面，也成了《德国古典美学》的两条线索。他细致剖析了这两条线索的关键环节，非常清楚分明地向我们呈现了德国古典美学内在的逻辑。

一　德国古典美学对美的本质的理解

美的本质是什么，这是美学中最基本的问题。蒋孔阳紧扣这个问题，深入细致地考察了德国古典美学家对这个问题的回答。

蒋孔阳指出，康德把美视为快与不快的感情，就是把美视为一种感性经验。这是康德对经验派美学的继承，但康德撇开了对象的内容，只注意对象的形式。虽然在讨论"美的理想"和"审美意象"时体现出将感性形象与理性概念相统一的倾向,但他强调天才的想象力,把理性概念视为先天的,认为"美的理想"和"审美意象"都缺乏现实的真实内容,所以康德的理解是偏向主观形式主义的。歌德主要受到狄德罗和莱辛的影响,推崇古人在创作上的现实主义精神,强调文艺创作既要依靠天赋又要花很大的力气去观察自然和现实生活,把创作奠定在坚实的基础之上,从而去解释世界的意蕴和奥秘。席勒从康德美学中吸收了"游戏"这一概念,又从歌德那里吸收了注重自然、注重感性经验的倾向,从而在一定程度上超越了康德思想中的主观性和抽象性。歌德对席勒的推动是根本性的。黑格尔提出美是理念的感性显现,这就是黑格尔给美下的定义。黑格尔把康德、费希特、歌德、席勒、谢林不同程度地运用过的辩证法全面地运用到美学的研究中,把感性与理性、内容和形式、特殊和一般这些在德国古典美学中争论不休的对立面综合、统一在一起。席勒和歌德关于把感觉、欲念、情绪等上升为理性,又让理性与客观自然中的感性相结合从而摆脱抽象性的思想,是黑格尔这一观点的源泉。其中,歌德对黑格尔的影响尤其大而直接。黑格尔给美下的定义,是德国古典美学历史发展的一个结论。在当时的美学家中,黑格尔最完美地解决了关于美的本质问题。

梳理德国古典美学家对美的本质的理解,是《德国古典美学》的核心任务之一,而对这个任务的处理,也成了《德国古典美学》最核心的线索。蒋孔阳不是把一大堆相关的材料一股脑地堆在一起,而是爬罗剔抉、去粗取精,他所呈现的材料是非常精当的。他一边梳理一边点评,他的点评也是精审犀利的。他力求原原本本地把问题交代清楚。他胸有全局,不是孤立地就事论事,而是系统地、历史地处理这一问题,不仅把各个美学家的观点理解为一个他们不断批判、超越自己的过程,而且把德国古典美学家对美的本质的把握在前后的内在联系中理解为一个历史地发展的过程,从而呈现出德国古典美学演进的客观规律。在他的处理下,德国古典美学就像一条大河,不仅有源有流,还有各种洪流的相互激荡。蒋孔阳笔下的德国古典美学是波澜壮阔的。

二 德国古典美学与浪漫主义的关联

蒋孔阳细致梳理了德国古典美学与浪漫主义的关联是如何演进的:康德徘徊于浪漫主义与古典主义之间,充满了矛盾;费希特和谢林彻底偏向了浪漫主义,他们的哲学为消极浪漫主义提供了有力支持;歌德和席勒早年是浪漫主义,而后来经过痛苦的纠缠,追求浪漫主义与古典主义的结合与统一。黑格尔既与浪漫主义进行斗争,也在一定程度上与浪漫主义具有相同的旨趣。

从赫尔德等的积极、进步的浪漫主义到歌德、席勒等的积极、进步的浪漫主义,再到许莱格尔兄弟、梯克、诺瓦里斯等消极、反动的浪漫主义,这是德国浪漫主义的发展线索。德国古典美学的演进是与这一线索相交织的。蒋孔阳认为,在一个矛盾尖锐的时代,德国古典美学对浪漫主义进行了深入思考。康德、歌德、席勒、黑格尔并不是否定积极的、进步的浪漫主义,而是否定当时流行的消极、反动的浪漫主义。而费希特与谢林则成为消极浪漫主义的哲学代言人。康德、歌德、席勒、黑格尔的思想中具有非理性的因素,但他们不是反理性的。他们看到了古典主义与浪漫主义的冲突,试图解决主观与客观、感性与理性、必然与自由的矛盾,但他们不是对立而又统一地处理这些矛盾,而是抽象地进行调和折中,因此他们的思想充满了矛盾性、动摇性。他们的理论探索,一方面为马克思主义经典作家正确解决这些问题给予启发;另一方面,又往往为消极的、反动的浪漫主义提供了根据。

歌德结合自己的创作实践讨论美学问题,其论著明白晓畅、活泼清新。在德国古典美学家中,歌德是一个例外。我们通常认为,德国古典美学因其运思方式的抽象性、思辨性、系统性而显得艰深晦涩、严正刻板,是典型的哲学美学。蒋孔阳指出,德国古典美学,与浪漫主义有关联。这实在是一个有趣的问题，但也是一个困难的问题。蒋孔阳说："美学是研究人对现实的审美关系的。由于文学艺术最集中最本质地反映了这一关系，因此，美学不能不特别重视文学艺术中的美学问题。"① 这是蒋孔阳对美学研究的基本认识。正是基于这样的认识以及对德国古典美学原著的深刻把握，蒋孔阳梳理了德国古典美学与浪漫主义的关联。他把这一关联理解为一个转变与发展的过程。在他笔下，美学家们是相互辩难、相互呼应的，德国古典美学被熔铸成了一个有机的整体，《德国古典美学》也由此体现出厚重的历史感。而在梳理这一线索的过程中，对浪漫主义文艺及批评的大量介绍，使该书没有一味地纠缠于名词概念，而是增强了美学理论与文艺实际相结合的色彩。

第三节　吸收与超越

在《德国古典美学》推出之前，关于西方美学的论著，大陆学者撰写的仅有两本，一是朱光潜的《西方美学史》，二是汝信、杨宇的《西方美学史论丛》。《西方美学史论丛》是一本论文集，共七篇文章，并非系统的美学史著作。蒋孔阳在研究中，参考了这两本著作，主要是第一本。② 朱光潜是杰出的美学家，他的《西方美学史》（以下简称朱著）是一部名著，该书最初分为上、下卷，分别出版于1963年和1964年。蒋孔阳的书是后出的，后出转精，它吸收了朱光潜的部分研究成果，也在朱光潜的基础上有所推进。

---

① 蒋孔阳:《德国古典美学》，商务印书馆2014年版，第14页。
② 如他转引了《西方美学史论丛》中关于西方学者诺克斯强调黑格尔的悲剧概念重要性的译文。参见蒋孔阳《德国古典美学》，商务印书馆2014年版，第354页。蒋孔阳也对《西方美学史论丛》有所超越，这里仅举一例：休谟和柏克都是经验主义的哲学家，都从感觉经验出发讨论美学，却得出了根本不同的结论。这是为什么？《西方美学史论丛》并没有很好地解答这一问题。而蒋孔阳运用历史唯物主义，把对休谟、柏克思想的分析与对18世纪英国资产阶级本身的复杂性的分析相结合，令人信服地回答了这个问题。

一　对朱光潜研究成果的吸收

首先，援用朱光潜所积累的素材。

朱著在开创国内的西方美学研究方面，具有筚路蓝缕之功。朱光潜注重原始资料，且外文精湛，这本著作援引原著的许多重要段落或论断，都是由他一手译出，这也是国内学界对这些重要材料的首次翻译。朱光潜曾说，"在搜集和翻译原始资料方面所花的功夫比起编写本书至少要多两三倍"①。这些原始资料为后来的学者继续进行研究奠定了良好的基础。蒋孔阳在撰写《德国古典美学》史时，尊重前辈学者的心血，不掠美，不重复劳动，转引了部分朱著中使用的前康德美学的材料。如休谟的《论人性》（论文）、柏克的《论崇高与美两种观念的根源》等。至于德国古典美学原著中的一些关键表述，朱光潜已经采用、蒋孔阳认为翻译得准确的，也直接转引。此外，黑格尔本人在《全书序论》中介绍了三卷本《美学》每一卷讨论的内容。朱光潜在第一卷《译后记》中也非常精当地介绍了三卷的大致内容。由于黑格尔的语言比较晦涩，为便于读者理解，蒋孔阳直接引用了朱光潜《译后记》所进行的概括。

其次，借鉴朱光潜的研究思路。

朱著的结尾部分，从四个方面或问题即美的本质、形象思维、典型人物性格、浪漫主义和现实主义对西方美学的发展进行了总结。蒋孔阳借鉴了朱光潜的思路，在《德国古典美学》的末尾，把马克思主义经典作家对德国古典美学的改造提炼、压缩为四个方面或问题，即美学的性质、人的对象化与美的本质、艺术的历史发展和典型。作为通史，朱著更加注重每个时代的总体面貌和各派美学家之间的源流关系，而蒋孔阳的《德国古典美学》充分发挥专史的优势，更加注重梳理发展线索，但朱光潜和蒋孔阳都以对关键问题进行总

---

① 朱光潜：《西方美学史》，人民文学出版社1979年版，第2页。

结的形式,把分散在各章的讨论贯穿为一个有机的整体,这样,起到了提纲挈领的作用。整部著作的内容不是零散的,而是被紧密联系在一起。他们所总结的这几个关键方面,既是从研究对象中概括出来的,坚持论从史出,又是与中华人民共和国成立后文艺理论研究中的热点问题密切相关的,从现实需要出发,总结美学思想遗产,坚持古为今用、洋为中用。他们都在研究美学史的同时,对当时的理论热点进行了回应。

二 对朱光潜研究成果的超越

首先,是弥补缺漏。

朱著是一部通史性的著作,在介绍德国古典美学时,并没有涉及费希特、谢林和费尔巴哈。汝信、杨宇合作撰写的《西方美学史论丛》也没有讨论费希特和谢林。这是一个很大的缺憾。蒋孔阳的《德国古典美学》是一部断代史性质的著作,专业性更强。他用了30多页的篇幅,细致介绍了费希特和谢林的美学思想,又在该书的第六章,介绍了费尔巴哈的美学思想。《德国古典美学》在体系的完整和内容的详备赅博上,迈出了一大步。

其次,对德国古典美学的理解有所推进。

朱光潜说:"在西方美学经典著作中没有哪一部比《判断力的批判》显示出更多的矛盾,也没有哪一部比它更富于启发性。"[①] 蒋孔阳赞同朱光潜的这个看法,但他进一步指出,康德徘徊于经验派美学与理性派美学、古典主义和浪漫主义之间,并对此进行了细致深入的分析。对康德这一矛盾的揭示,与蒋孔阳对费希特和谢林、歌德和席勒、黑格尔和费尔巴哈美学思想的分析是相贯通的。以对康德的分析为起点,蒋孔阳令人信服地论证了古典主义和浪漫主义的冲突是德国古典美学演进的内在动力之一。朱光潜指出,席勒的美

---

① 朱光潜:《西方美学史》,人民文学出版社1979年版,第396页。

学思想形成了"由康德的主观唯心主义转到黑格尔的客观唯心主义之间的桥梁"①。蒋孔阳细致地向我们阐明,与席勒一样,谢林也处于主观唯心主义向客观唯心主义发展的拐点之上。蒋孔阳更完整地展示了德国古典美学的发展轨迹,充实、丰富了我们对德国古典美学演进的关键性环节的理解。另外,蒋孔阳对德国理性派美学、对黑格尔与反动浪漫主义的斗争、对歌德和黑格尔文本中的"意蕴"一词、对黑格尔所用的"显现"一词等都比朱光潜有了更深入的理解。

再次,对马克思主义美学的理解有所推进。

1962 年,蒋孔阳在上海社科联作过《马克思主义经典作家对于德国古典美学的批判和继承》的讲演,该讲演由著名学者冯契主持。在时隔 18 年后出版的《德国古典美学》一书的末尾,蒋孔阳也以很大的篇幅深入讨论了马克思主义经典作家如何对待德国古典美学这一重大问题。蒋孔阳对马克思主义经典作家解读德国古典美学所进行的总结,与朱光潜对西方美学的发展所进行的总结,虽然有重合之处,但具体的论证有很大不同。如美的本质这一问题,朱光潜主要是从"史"的角度简要地概括各派美学家对这个问题的认识,而蒋孔阳不仅从"史"的角度概括德国古典美学家对这个问题的认识,更重要的是,他梳理了马克思主义经典作家对德国古典美学关于这个问题的认识所进行的批判、改造,努力从"论"的角度用马克思主义解决这一问题。又如,"典型"这一问题,朱光潜既简要地梳理了从古代到黑格尔关于典型人物性格的各种理解,也分析了马克思和恩格斯关于典型的五封信,而蒋孔阳是紧密结合德国古典美学的材料,从对典型的理解、对典型化的理解、对典型环境的理解三个方面呈现马克思主义经典作家的观点,概括性更强。蒋孔阳的这些概括、分析,已经显示出美学家的理论思维能力。这些分析既与蒋

---

① 朱光潜:《西方美学史》,人民文学出版社 1979 年版,第 447 页。

孔阳从20世纪50年代至70年代对美的本质、文学艺术的特性、形象与典型等的思考密切相关,也被吸收到蒋孔阳晚年建立其马克思主义美学体系的《美学新论》中。如果把蒋孔阳80年代之前撰写的系列论文、《德国古典美学》、《美学新论》连贯起来阅读,我们不难看到蒋孔阳从美学学者到美学史家再到美学家的内在承续脉络。

第四节 学术风格

《德国古典美学》是一本厚重的论著,它体现了蒋孔阳的风格。它是西方美学史研究中的一盏灯,不断散发光芒与力量。

一 啃硬骨头

德国古典美学是一场美学思想史上从未出现过的革命,它既继承了以往的美学传统,又批判、超越了以往的美学传统,特别是18世纪英国、法国、德国的美学传统,把辩证法卓越地运用到美学研究中,产生了一大批经典著作。在近代美学史上,德国古典美学在当时的声势最大,思想最为丰富复杂,而对后世的影响包括对马克思主义美学和其他各种美学思潮的影响也最为深远。因此,建设中国的美学学科,必须钻研、熟悉德国古典美学。

中华人民共和国成立后的美学大讨论是热烈的,参与学者多、影响大,取得了不少成绩,但也存在讨论内容比较单薄的问题,这与国内当时关于中国传统美学思想和西方美学思想方面的研究著作少,学者们对中西美学思想遗产了解不多直接相关。在蒋孔阳撰写《德国古典美学》时,德国古典美学家的原著,有的还没有被译成中文,如费希特的《人的使命》《对德意志民族的演讲》、谢林的《论造型艺术对自然的关系》、爱克曼辑录的《歌德谈话录》、席勒的《审美教育书简》等;有的尚未被完整翻译出版,如由朱光潜翻译的黑格尔《美学》共有三卷，当时出版的仅有第一卷；有的是学者们对译本有不同意见，如《判断力批判》。这些著作，是《德国古典美学》一书的核心材料。鲍桑葵的《美学史》、克罗齐的《美学史》①、吉尔伯特和库恩的《美学史》，都是关于西方美学史的名著，也是蒋孔阳的重要参考材料。它们在当时都未被译成中文，蒋孔阳都是研读外文版。蒋孔阳无域外求学经历，撰写《德国古典美学》，他面对的困难是很大的，但他敢啃硬骨头，以自己扎实掌握的外文文献为基础，对德国古典美学细致地进行分析和研究，尽可能地还原了它的历史真面目。

在 1993 年第 12 期的《书摘》上，蒋孔阳发表了《推荐八种我最喜欢的书》一文。蒋孔阳告诉我们，康德的《判断力批判》和黑格尔的《美学》都在他最喜欢阅读的著作之列。蒋孔阳的"喜欢"，既显示出他严格的学术标准，也显示出他敢啃硬骨头的精神。蒋孔阳长期在复旦大学中文系执教，开了一种风气，培养了一大批学生。这些学生也像老师一样，敢啃硬骨头，他们的工作成绩和蒋孔阳的相互辉映，薪火相传，在学界构成了一道独特的风景。非常难得的是，在蒋孔阳晚年，一些朋友和学生聚集在他周围，撰写了七卷本、400 多万字的《西方美学通史》。② 该书是当时国内外时间跨度、篇幅、规模最大，集大成的西方美学通史。其中第四卷《德国古典美学》，由蒋孔阳的学生曹俊峰、朱立元、张玉能执笔。他们搜集、发掘了一些新的材料，在研究中既以唯物史观为指导，也根据思想的原创性与历史贡献实事求是地对德国古典美学家做出评价。这可以说是在新的时代条件下，对蒋孔阳《德国古典美学》的学术精神的承续，也是对蒋孔阳《德国古典美学》的视角与素材的补充。

---

① 克罗齐的《美学》有两个部分，即《美学原理》和《美学史》。《美学原理》当时已经由朱光潜译成中文，《美学史》还没有中译本。

② 此书出版于 1999 年（上海文艺出版社），2013 年出了第二版（北京师范大学出版社）。

二 深入浅出

在《德国古典美学》一书中,蒋孔阳喜欢举例。这看似小技,其实很不简单。

席勒认为人既具有感性冲动,又具有形式冲动;在感性冲动中,人受自然必然性的限制,在形式冲动中,人受道德必然性的限制;感性冲动与形式冲动的和谐就是游戏冲动,在游戏冲动中,人是自由的,人性也是完满的。蒋孔阳举了一个例子进行说明。他说,当我们喜欢一个我们本不该喜欢的人时,这与感情相关,我们受到感性冲动的限制;当我们尊敬一个使我们反感的人时,这与道德相关,我们受到形式冲动的限制;而当我们尊敬一个引起我们兴趣的人,并对他生出爱时,与这个人相处这件事情本身就会令我们感到愉快,因为这时感情与道德的要求满足了,感性与形式的束缚也解除了,我们已经进入了游戏冲动的状态。通过举例,具体阐明美学家的观点,这是蒋孔阳运用举例方法的第一种情况。

康德认为,审美判断虽然具有普遍性,却与概念无关。蒋孔阳批评了康德的观点,认为审美判断的确不同于逻辑判断,但审美活动也是人类思维活动的一种形式,它与概念、与正确的思想认识是相关的。蒋孔阳用一个虚构的、但又合情合理的事例,具体地说明这个观点:"大火中,我们看到一个人从火中钻出来,我们都赞美他是救火的英雄,觉得他的形象很美;可是一会儿,人们告诉我们说,这个人是纵火的凶犯,于是我们都痛骂这个人,觉得他的形象很丑;可是再过一会儿,经过调查,证明这个人的确奋不顾身,是个救火的英雄,于是我们的感情又马上发生变化,认为他的英雄行为是美的。"[①] 通过举例,对美学家的观点进行批判,这是蒋孔阳运用举例方法的第二种情况。

---

① 蒋孔阳:《德国古典美学》,商务印书馆2014年版,第86页。

像这样精彩的例子，书中还有很多，我们不再征引。

德国古典美学家的原著让普通大众望而生畏，即使是专业研究人员也会感到困难重重，阅读时饱受煎熬。这既跟他们讨论的问题的复杂程度有关，也与美学家的写作风格有关。如康德，他的美学论著就很少举例。从具体到抽象，又从抽象到具体，这是人类认识的辩证运动。要透彻地理解德国古典美学家的思想观点，准确地判断它们正确与否，我们必须从抽象走向具体，把它们和我们的感性经验相结合，用感性的内容去丰富它们，使其理性内涵具有坚实的基础，或者用感性的内容去检验它们，判定其真假。而举例，就是抽象与具体结合，把普遍的思想观点与从其中演绎出来的特殊命题相结合，用特殊命题对其进行证实或证伪。这就是举例的实质。蒋孔阳对举例的运用，是建立在对我们深刻地认识事物所必经环节的理解之上的。

《德国古典美学》与满纸都是枯燥的理论，重道理轻事实的一般高头讲章不同。为了精确地把握德国古典美学的思想观点，为了把抽象晦涩的原著解读得清楚透辟、实实在在，让读者易于理解、辨别是非，蒋孔阳大量使用举例的方法。他是真心为读者着想。当然，这也是他对自己提出的高要求。能否把高深的美学道理，用平易的语言娓娓道来，这是检验美学研究者功力的一块试金石。只有深入，才能浅出；只有专精，才能通俗。蒋孔阳不绕弯子，不含含糊糊，他举重若轻，游刃有余，使这本书不仅有钢筋铁骨，而且有血有肉，险峻难攀的德国古典美学，化成了平坦易行的康庄大道。抽象与具体相结合、理性与感性相结合，耐心地去细细研磨，吃透讨论的对象，并深入浅出地表达出来，这就是大学者的研究态度和著述风格！笔者20年前，在云南乡下无意中邂逅《德国古典美学》这本书，拿起来就放不下，如获至宝，至今回忆起来，犹历历在目。笔者为自己在青葱岁月能够读到这样的书而感到幸运，也对作者为读书界提供了这样的好书而心存感激。

结　语

　　研究历史遗产是为现实服务的，所以必须采取批判分析的态度，指出能对我们有益的精华。《德国古典美学》是中国当代学者阐释西方思想资源的一次重要实践。它既到社会基础中寻找思想本身的原因，也到思想中去寻找思想本身的发展脉络；它既抓住了德国古典美学的概貌及演进的内在规律，也抓住了各个美学家的特点；它既紧紧扣住了德国美学家们理论争辩的主题，也回应了中国美学研究中的热点。它有对具体内容的细致梳理，却不是面面俱到的，而是有目的、有重点的，把握了美学观点的精神实质；它所占有的材料是丰富的，却不零碎杂乱；它呈现了美学史，也没有抛开哲学史和文学艺术史；它既是精湛专业的，又是清新鲜活的。《德国古典美学》代表了40年前汉语学界对德国古典美学的认知和阐释水平，成了广为流传的经典美学读物，在40年中，它关联着老、中、青三代美学爱好者在不同语境中的文化记忆和阅读体验，推动了美学在中国的发展。

　　当然，尽管蒋孔阳做了很大的努力去克服当时主流研究风气的弊病，他的这本著作还是留下了那个时代的精神痕迹，这主要体现在对阶级分析法的运用上，但我们不应苛求前辈学者。即使我们以后来的视角把这一点视为《德国古典美学》的一个瑕疵，也遮掩不住它的光芒，亦不会影响我们在当下语境中对它的接受。阶级分析法是需要的，也是可以运用的，但不能简单化、绝对化。认真研究这本论著，美学史研究者会获得深刻的启发。

第 二 章

论先秦音乐美学

中国美学史并非蒋孔阳重点研究的领域。他在学界最为人所熟知的两本著作是《德国古典美学》和《美学新论》。蒋孔阳曾说，在他自己编、译、著的 10 多本著作中，他自己"特别心爱"① 的是《先秦音乐美学思想论稿》。《先秦音乐美学思想论稿》写于 20 世纪 70 年代中期。在"拔白旗"运动中，蒋孔阳受到冲击，从 1958 年起就"靠边"，1966 年被关进"牛棚"，② 1975 年到 1976 年，他从牛棚回到了复旦大学教研组，获得了一生中少有的空闲时间。他天天跑图书馆，自由地看书，翻阅了大量中国古代的著作和近人相关的研究文献，受顾颉刚主编的《古史辨》启发，着手研究中国古代的音乐美学思想，陆续写出了《阴阳五行与春秋时的音乐美学思想》③ 等多篇文章，④ 这些文章构成了《先秦音乐美学思想论稿》的

---

① 蒋孔阳：《蒋孔阳全集》第 4 卷，上海人民出版社 2014 年版，第 439 页。
② 参见蒋孔阳《德国古典美学》，商务印书馆 2014 年版，第 425—427 页。
③ 该文 1979 年发表于《社会科学战线》第 3—4 期。
④ 这些文章包括《评墨翟的"非乐"思想》《评〈礼记·乐记〉的音乐美学思想》等，分别发表于《学术月刊》1979 年 2 月号，《中国社会科学》1984 年第 3 期。另，1981 年 5 月 8 日，蒋孔阳在东京参加第 26 届国际东方学大会，作了题为《评老子"大音希声"的音乐美学思想》的学术报告。它们的相关思想已经吸收到了《先秦音乐美学思想论稿》中。因此，《先秦音乐美学思想论稿》是一本很成熟的著作。

初稿。① 《先秦音乐美学思想论稿》的初稿完成于 1976 年，1986 年由人民文学出版社出版。《先秦音乐美学思想论稿》是一部断代史，是对先秦音乐美学思想所进行的一次系统研究，是一部专论。在中国美学史研究领域，它具有填补空白的意义。虽然历经美学界学术风向和话语方式转变的风风雨雨，30 多年后的今天阅读这本著作，仍然可以感受到其重要的学术价值。

《先秦音乐美学思想论稿》对先秦音乐美学主要代表人物的思想进行了细致的梳理和准确的考量。蒋孔阳不是学音乐出身，他不懂中国古代的音乐，因此，他的研究与音乐史家的研究不同，其研究不涉及先秦时期的音乐史料，不涉及音乐家的具体活动，不涉及具体的音乐作品，不涉及音乐的规则和技法，不涉及音乐家用音响、旋律、节奏、音调、音色等物质的感性材料所创构出来的音乐形象。蒋孔阳是美学家，他主要是从美学的角度考察先秦音乐思想的基础，考察先秦著名思想家对音乐的本质、作用的认识，对音乐的审美要求与审美评价。先秦诸子对音乐的看法，体现在他们围绕"礼乐"这一当时的理论焦点所展开的讨论中。因此，考察先秦诸子"礼乐"思想的内容、这些内容产生的背景、这些内容在诸子的整个哲学体系中的地位，就成了《先秦音乐美学思想论稿》的核心任务。蒋孔阳虽然也使用了部分出土的文物，但他的研究主要是文本分析，解读诸子著作中关于音乐的论说是其主要的研究方式。而在研究中，蒋孔阳通过娴熟地运用唯物史观和辩证方法，系统地对先秦音乐美学思想的性质、内容、价值等进行了深入讨论。

第一节　唯物史观的运用

马克思主义认为，"一切精神活动和意识形态形式都只有把它们

---

① 参见蒋孔阳《蒋孔阳全集》第 1 卷，上海人民出版社 2014 年版，第 611 页。

置放在一定的历史条件下、历史范围内、历史环境里和历史过程中，才能得到科学的解释"①。蒋孔阳以唯物史观为指导，从广阔的背景中，从多重关联中，考察先秦诸子的音乐美学思想，这主要体现为四个方面：从社会生活实践的需要来理解音乐的起源和分化；从阶级基础和思想根源来理解先秦音乐美学思想的演变；立足于历史的实然状况，联系"礼"来讨论"乐"；强调劳动人民的利益，注重揭示先秦诸子对劳动人民生产生活的态度。

一　从社会生活实践的需要来理解音乐的起源和分化

恩格斯认为，"劳动创造了人本身"②，"语言是从劳动中并和劳动一起产生出来的"③。劳动是人类社会生活中的一种实践，也是一种需要。蒋孔阳吸收了恩格斯的观点，同时也吸收了普列汉诺夫和鲁迅的观点，依据我国的史料，认为音乐也是从劳动这种实践和需要中产生出来的。音乐的功能主要是实用性的，它直接为生产劳动服务。上古时期生存条件恶劣，先民们从事的劳动主要是集体劳动，他们通过音乐舞蹈来组织、鼓动集体劳动，通过音乐舞蹈来控制生产动作的节奏，通过音乐舞蹈来减少生产劳动中的痛苦和疲惫，提高生产劳动的效率，通过音乐舞蹈来交流思想感情，表达他们对于生产劳动的愿望。生产劳动培育了先民从事音乐舞蹈的身体器官，生产劳动中所使用的工具和先民日常生活中所使用的器具，也成了最早的乐器，如磬、埙、哨、缶、钟、鼓等最初都是生产生活用具，后来转变成乐器。由于生产力水平低下，原始先民时常感受到大自然带给他们的压力，他们以幻想的形式希冀获得控制自然的力量，从而增加生产、避免灾祸、改善生活，于是就出现了以歌舞为职的

---

① 陆贵山：《马克思主义文艺论著选讲》第六版，中国人民大学出版社2019年版，第11页。
② 《马克思恩格斯文集》第9卷，人民出版社2009年版，第550页。
③ 《马克思恩格斯文集》第9卷，人民出版社2009年版，第553页。

巫，巫通过歌舞来娱神、降神。古代有乐官，如钟师、大司乐等，也有巫官，如大宗、大祝、大卜等。乐官源于巫官。既有乐官和巫官同时设置的情况，也有乐官就由巫官来充任的情况。巫官和乐官关系紧密，都是负责降神的，古人迷信，祭祀之风盛行，古代的歌舞都具有巫术性质。

蒋孔阳认为，随着社会的发展，音乐开始分化。出现了劳动人民的音乐和统治阶级的音乐。劳动人民的音乐仍然是直接为生产劳动服务的，主要体现为实用性，具有巫术性质，可称为民间音乐。统治阶级的音乐远离了生产利益，为有闲者的享乐和神权统治服务，主要体现为娱乐性和典礼性、专业性和技术性。统治者也把音乐神秘化，把音乐的起源归于神，强调"圣王作乐"，音乐成了典章制度的装饰品，成了身份等级的标志，传授音乐的乐师具有神圣地位，学习音乐的人也只能是贵族子弟，音乐被统治阶级所垄断。这种音乐可称为庙堂音乐。蒋孔阳指出，中国进入奴隶社会之后，占统治地位的音乐是庙堂音乐，占统治地位的音乐美学思想，也是统治阶级的音乐美学思想。

二 从阶级基础和思想根源来理解先秦音乐美学思想的演变

蒋孔阳立足于唯物史观，在多重关联中，勾勒出了先秦音乐美学思想演进和转化的脉络。

蒋孔阳指出，春秋时期是一个大转变时期，奴隶主开始没落，奴隶社会逐渐解体，地主阶级兴起，封建社会萌芽，意识形态的斗争日趋激烈。殷、周奴隶主贵族的天道观和音乐美学思想受到了阴阳五行学说的挑战。殷代奴隶主贵族认为，世界是神创造的，人格化的"帝"是万事万物的主宰，而"帝"与殷代的祖先是一家，他们之间具有血缘关系，因此"帝"是殷朝的保护者。殷代的统治者既用音乐来使自己欢娱，也用音乐来使"帝"和祖先欢娱。到了周代，"天"在大多数情况下取代了"帝"。"天"是讲道义的，如果周朝有"德",它就保护周朝;如果周朝无"德",它就遗弃周朝。所以周文王制礼作乐,让礼乐既为周朝统治者提高个人修养服务,也让礼乐"配天",从而让"天"相信周朝是有德的。无论是"帝"的观念还是"天"的观念,都是政治伦理的起源论。音乐在西周时期配合其他上层建筑,为这种起源论服务,为阶级统治的延续发挥了重要作用。

蒋孔阳认为,春秋时期,新兴地主阶级开始冲击西周的天道观和音乐美学思想。"地"的观念、"物"的观念从"天"的观念中获得了解放。"地"作为"天"的相对物,开始与"天"抗衡,自然事物及其规律成为研究对象。新兴地主阶级用阴阳和五行解释世界的起源,解释自然现象和社会现象。阴阳和五行都是自然现象。新兴地主阶级认为,在无形的六气(主要是阴阳二气)作用之下,产生了五行的属性,即五味、五色、五声。五行是万物的基质。音乐的基本性质、音乐的两种重要作用(即省风作用、宣气作用)以及音乐中的具体问题(如五声、六律、八音等),都用阴阳五行说来解释。奴隶主贵族阶级中分化出来的一部分人,降落民间,不再那么迷信周代的"天",他们联系生产来理解音乐,重视音乐在生产中发挥的作用。蒋孔阳站在进步史观的立场指出,这些转变是有积极意义的。

春秋末期和战国时期,政治和伦理问题凸显,阴阳五行说不再受到关注。子思、孟轲、驺衍为了充实儒家学说,战胜论敌,对阴阳和五行说加以改造吸收,使其从唯物主义的世界观变成了与"天命论"、政治伦理相结合的唯心主义,阴阳和五行说被神秘化。到了两汉,阴阳五行说向着谶纬神学发展,成了无稽之谈。在阴阳五行说的这一转变中,音乐主要从社会政治伦理的角度被人们所理解,完全成了为"天命论"服务的东西,天统阴阳、阴阳统五行,音乐依五行的次序,适应季节朝代、制度的变换,与君臣关系相配,具有了形而上学的含义和神秘力量。对这一蜕变,蒋孔阳是持批判态度的。

三 立足于历史的实然状况，联系"礼"来讨论"乐"

蒋孔阳指出，在先秦，"礼"是社会政治伦理关系的集中体现，而音乐所占据的地位，主要是通过与"礼"的结合来体现的。因此，"礼乐"实难分开。

"礼"的主要作用是区分尊卑贵贱，它是仪式、规矩与程序，阶级色彩非常浓厚。"礼"不能独立发挥作用，必须与"乐"相配合，没有"乐"，就不能制造特定的气氛；没有"乐"，"礼"的节奏与顺序易于失控。王、诸侯、大夫、士是不同的等级，他们所祭祀的对象、祭祀的时间、祭祀的地点不同，礼、乐也不同；他们举行的仪式不同，如出征、凯旋、朝觐、宴会、迎宾送客等，礼、乐也不同。"礼"和"乐"都被严格规定，哪里有"礼"，哪里就有"乐"。"礼"和"乐"完全被统治阶级垄断。"乐"不是独立存在的，它是依附于"礼"的，是为"礼"服务的。没有"礼"的支撑，统治阶级的"乐"就丧失了基础；而"礼"在"乐"中体现出来，如果没有"乐"，"礼"就无法进行，完全变成了空壳。不懂"乐"，必然不懂"礼"，谈"礼"，就涵摄了"乐"。

蒋孔阳指出，春秋战国时，社会历史条件发生了重大变化，出现了"礼崩乐坏"的局面。私家讲学和诸子百家兴起，"礼乐"问题成为百家争鸣的一个焦点。蒋孔阳探明了关于"礼乐"问题争鸣的实质和核心："究竟是继续主张和维护'礼乐'制度，还是反对和取消'礼乐'制度。"[①] 诸子百家围绕"礼乐"问题而展开的争鸣是非常复杂的，给我们留下的文献也是众多的。蒋孔阳以严谨、深刻的思维逻辑对这一争鸣进行了准确的概括。他对"礼"和"乐"的理解是符合历史状况的，他联系"礼"来讨论"乐"，也是抓住了

---

① 蒋孔阳：《蒋孔阳全集》第1卷，上海人民出版社2014年版，第463页。

先秦音乐美学思想的根本特点的。

四　强调劳动人民的利益，注重揭示先秦诸子对劳动人民生产生活的态度

如蒋孔阳对墨子"非乐"思想人民性的肯定。蒋孔阳指出，孔子以是否合乎礼来区分正邪，而不注重从是否合乎客观事实的角度来区分是非。他强调礼乐，礼乐只是手段，其目的是政治：通过推行仁政和德政，达到天下太平。孔子所推崇的"礼乐"制度是专属统治阶级的，普通民众不仅无资格享受，也无能力享受。"礼乐"制度建立在剥削之上，与下层劳动人民的利益相冲突，因此遭到反对。墨子是小生产者和小私有者的理论代表，他比较关怀劳动人民的疾苦，出于劳动人民的愿望和要求，强调与劳动人民的生产生活密切相关的"利"，与儒家强调的"义"针锋相对，反对儒家所鼓吹的"礼乐"。

荀子认为，音乐与生产不同，它本身无法从事生产，但它可以对礼的施行进行辅助，对等级差别进行调和，可以帮助法治路线的实施，维持秩序，从而促进生产的发展，让天下财货充盈，国家富足。蒋孔阳指出，荀子把乐与经济上的富、文化上的礼联系起来考虑，重视生产，强调让老百姓吃饱肚子，比墨子"非乐""节用"的主张更有意义，也比孔子和孟子"主忠信"、讲"仁义"的主张更为切合实际。在蒋孔阳看来，荀子在中国音乐美学史上第一次系统地、全面地、正确地阐述了音乐、政治与生产的关系。

《韩非子》中写道，百姓筑墙时，讴癸、射稽在一旁歌唱，两位音乐家的歌声对百姓的劳作产生了不同的影响，听射稽的音乐时，百姓筑墙的速度更快、质量更好，所以韩非认为射稽的歌唱比讴癸的好。韩非评价音乐时，关注音乐所产生的实际效果，关注音乐是否能够促进生产。蒋孔阳评论道，韩非把音乐与生产劳动结合起来考虑，这是非常可贵的。

另外，蒋孔阳还指出了先秦时代劳动人民无法参加郊祀、社祀的状况，注意到庄子所描写的大量由"技"进"道"、"以天合天"的劳动实践故事。

马克思主义美学不是纯书斋式的学问，他的本质是批判的。蒋孔阳细致挖掘了先秦诸子关于劳动、关于劳动人民的言论。他这样做是有明确的现实指向性的。在剖析诸子言论时，蒋孔阳借题发挥。他说，剥削阶级、反动的统治阶级极其虚伪，他们不谈"利"，不谈"私"，张口闭口都是"义"和"公"，冠冕堂皇，但把自己的"大私"当成天下的"大公"，无视劳动人民的真实利益，无视劳动人民的死活。蒋孔阳其实是在影射"四人帮"。我们从这里可以看到，蒋孔阳对极"左"思潮泛滥之后造成的生产破坏，人民生活恶化的忧心，看到他关心、同情劳动人民，要求艺术反映劳动人民生活的态度。蒋孔阳表达了对"四人帮"的反抗。考虑到《先秦音乐美学思想论稿》的写作年代，我们不得不佩服蒋孔阳的理论勇气和胆识。

第二节　辩证方法的运用

蒋孔阳反对一点论，反对走极端的线性运思方式，着眼于学术、学科发展的内部规律，在学术的不同形态、学术思想的一般与具体、各派学术的冲突交融、思想的中西古今差异，逻辑与历史的统一中，辩证综合地考察先秦诸子的音乐美学思想，提出了科学见解，卓然挺立。

一　在学术的古代形态与现代形态的张力中，系统总结先秦音乐美学思想的一般性质

我们今天讨论中国古代的文化时，我们的视域是受到现代知识体系制约的。现代知识体系由各种学科、专业构成。这些学科、专

业是对研究对象、方法等进行划分之后形成的，它们以获得专门化的、细致的、深入的认识为旨趣。现代学者都有自己的学科、专业身份，都是以某某学科、某某专业的名分进行工作。因此，我们在研究古代文化时，就是以现代的学科、专业为视角，对其进行构建，如我们会说，某某史料是关于文学的，某某史料是关于舞蹈的，某某史料是关于音乐的，等等。从现代学术的立场出发，我们会认为，相对于中国古代的美学思想，中国古代的音乐美学思想只是一个分支、一个部门。实际情况果真如此吗？

在20世纪的学术史中，朱光潜较早地在《诗论》中谈到了诗歌、音乐、舞蹈同源、三位一体这个问题。[①] 朱光潜借助了人类学、社会学的证据，并从诗歌本身中去寻找诗歌、音乐、舞蹈同源的痕迹。蒋孔阳则以先秦诸子留下的典籍为主要依据，以详尽的阐述向我们表明，古人对"乐"的理解，有广义的，也有狭义的。古人把整个宇宙视为一种自然的音乐，认为所有自然现象和社会现象都可以用音乐反映，它们都可被称为"乐"，因此，古人总是从天、地、人三个方面来讨论"乐"。这是广义的"乐"。狭义的乐，所指的也不是单纯的歌唱钟鼓，不是单纯的音乐活动，而是诗歌、音乐、舞蹈的总称。在古代，诗歌、音乐、舞蹈是相互交织在一起的，三者之中的任何一个都不能离开另外两者独立存在。诗歌、音乐、舞蹈是古代主要的文化活动形式，因此，"乐"是当时人类文化活动的总称。姑且不说广义的"乐"，即使是狭义的"乐"，也比我们今天所理解的"音乐"要广泛得多。

蒋孔阳向我们表明，中国古代音乐极其发达，流传至今的典籍中，关于音乐的讨论非常多。作为音乐、舞蹈、诗歌结合而成的广泛艺术实践，古人所说的"乐"不是现代音乐史研究的专属对象。古人讨论音乐，不是把音乐视为部门艺术，而是把多种门类的艺术

[①] 参见朱光潜《诗论》，北京出版社2005年版，第9页。

囊括其中。"我国古代最早的文艺理论,主要是乐论;我国古代最早的美学思想,主要是音乐美学思想。"① "我国古代的思想家,差不多都是联系音乐来探讨整个文艺现象的规律。他们把乐论当成整个的文艺理论,他们的美学思想也集中地表现在有关音乐的美学思想上。"② 也就是说,"比较起其他各门艺术来,音乐在古代的社会生活中,占有最为重要的地位,起着最为重要的作用"③。因此,与书法美学、绘画美学思想相比,音乐美学思想不仅仅是古代的美学思想在音乐这一领域的体现,它在中国美学思想中是更具有特殊性的。研究先秦的音乐美学思想,就是在研究先秦的整个文艺美学思想,它对整体把握中国古代的美学思想,意义非比寻常。

蒋孔阳对现代学术有清醒的意识。他看到了"古"与"今"的不同。他不以现代学术的地图为导引,武断地、暴力地切割、剥离古代史料,而是摆脱现代学术的门类限定,努力贴近中国历史的实际状况,在尊重史料的基础上,尽力还原古代学术的本来面目。他呈现给我们的先秦诸子的音乐美学思想,不是狭隘的、纯粹的,而是跨界的、博大的,既有广度,又有深度。先秦诸子的音乐美学思想,在他的阐释下焕发出蓬勃的生命力。这是一方面。另一方面,蒋孔阳并不排斥现代学术的观念和分类原则。在研读史料时,他心系中国美学思想从古代形态、传统形态向现代学科形态的转型,关注中国美学学科的系统化、逻辑化建设。他尖锐地指出,先秦诸子没有自觉地、专门地讨论音乐作为一门艺术所具有的规律,他们主要考虑的不是音乐本身的问题,他们都是结合着政治来讨论音乐的,只是在阐述他们的社会伦理思想时,不同程度地涉及音乐创作和欣赏方面的问题。先秦诸子重德而轻艺,在他们眼中,乐师只懂得如何玩弄器具,乐师的技艺也就是吹吹打打,艺只是末,德才是本。

---

① 蒋孔阳:《蒋孔阳全集》第1卷,上海人民出版社2014年版,第394页。
② 蒋孔阳:《蒋孔阳全集》第1卷,上海人民出版社2014年版,第396页。
③ 蒋孔阳:《蒋孔阳全集》第1卷,上海人民出版社2014年版,第399页。

把德置于艺之上，似乎是无可厚非的，但先秦诸子所理解的"德"除了指艺术工作者的品德修养外，还有特定的内涵，这些内涵是与他们的社会伦理思想相关的，如在孔子、孟子那里，德与位相关，并不是什么人都配享德，只有圣王才能制礼作乐。德与位（社会地位）不是同等重要的，与位相比，德是次要的，只不过是位的陪衬。正因如此，艺术工作者的社会地位在先秦诸子眼中是低的，与匠人同列。先秦诸子的音乐思想是为政治服务的，是他们的治国理政学说的一个组成部分，具有浓厚的政治伦理色彩。换句话说，他们的音乐美学思想，只不过是他们的政治伦理思想在音乐这一艺术领域中的体现。蒋孔阳大胆断言，先秦诸子关于音乐的很多论断，与其从音乐美学的角度来理解，不如从政治伦理的角度来理解更为恰当；不仅先秦的音乐美学思想是这样一种情况，先秦诸子的文艺美学思想也是如此。

二　具体而全面地评价先秦各家的音乐美学思想

蒋孔阳认为，先秦音乐美学思想的内容及其产生的影响是复杂的。对这种复杂情况，必须具体地进行分析，以辩证的态度对待。蒋孔阳坚决反对在评价一个事物时，常常攻其一点，不及其余。

如蒋孔阳对孔子"正乐"思想的评价。蒋孔阳指出，"礼"与"乐"虽有联系，但并不联结在一起。直至春秋战国时，以孔子为首的儒家才将它们捆绑在一起，形成一套完整的"礼乐"学说，将周人的礼乐思想理想化、系统化。孔子主张恢复殷周的礼乐制度，推崇奴隶主贵族宴饮时所用的雅乐和祭祀时所用的颂乐，极力排斥一切非礼之乐，反对当时各个地方新兴的音乐。其立场是保守的，但孔子把仁义这一新的内容充实到殷周的礼乐制度中，这是一个重大的革新。蒋孔阳既看到了孔子落后的一面，也看到了孔子进步的一面。

在讨论韩非的音乐美学思想时，蒋孔阳将其与儒家音乐美学思想进行比较。蒋孔阳指出，韩非所赞赏的音乐不是装点门面的庙堂音乐，而是在生产劳动中发挥积极作用的音乐；所赞赏的音乐家主要是那些籍籍无名的民间音乐家，而不是享受俸禄的朝廷乐师。蒋孔阳肯定了韩非在讨论音乐时对物质生产的重视，认为这是对古代唯物主义美学思想传统的继承，但蒋孔阳并不武断地、一概而论地认为法家的音乐美学思想就比儒家的高明、进步。在他看来，法家和儒家在音乐美学思想上的不同是由他们主张的政治有差异而导致的。

在讨论庄子的音乐美学思想时，蒋孔阳指出，庄子的音乐美学思想和关于文艺的言论，是相对主义和虚无主义的。庄子从反对现实走向否定现实，从反对礼乐走向否定文化。庄子是出世的，态度是消极的、颓废的，影响是负面的，因为古代许多主张礼乐，主张救世的知识分子遇到挫折时，往往到庄子学说中寻求安慰，被庄子麻醉。他们沉迷于庄子学说，成了"外儒内道"或"外道内儒"。庄子是反对音乐和其他艺术的，但庄子对文艺的影响也是巨大的。蒋孔阳指出，在社会政治伦理思想方面，儒家在中国历史上的影响是非常大的，与其他学派相比，具有绝对的优势，但在美学与文艺思想方面，"庄周不说三分天下有其二，至少是与儒家平分天下"①。庄子在这方面的贡献，主要有两点：一是他反对儒家的"礼乐"思想和世俗的文艺思想，崇尚自然、朴素与真情，这对后世的文人学者冲击、摆脱礼教和世俗审美观念的羁绊产生了影响；二是通过大量劳动实践故事，深刻探讨了音乐和文艺创作的规律，极大地促进了我国古代文艺的发展。这是庄子学说积极、进步的地方。但是，蒋孔阳尖锐地指出，庄子对中国古代知识分子的影响，主要是消极的。

三 不对古代学者和学术简单粗暴地进行划线，揭示古代各个学派往往异中有同，同中有异

蒋孔阳采取史、论结合的写作方式，一面对诸子留下的文献进

---

① 蒋孔阳：《蒋孔阳全集》第 1 卷，上海人民出版社 2014 年版，第 518 页。

行严谨、细致的梳理、介绍，一面对这些文献展开精到的评论。这些评论散见于全书不同部分。我们把它们聚合在一起，就可以提炼出蒋孔阳对儒、道、墨、法诸家的看法。这些看法揭示了诸子之间的继承与冲突，揭示了先秦百家争鸣的复杂性、丰富性，也揭示了不同观念如何在互动与交融中一起推动先秦音乐美学思想的演进。

蒋孔阳指出，儒家倡导"礼乐"，重视"礼乐"安天下、移风俗的重要作用。墨子和法家从对国家政治治理和经济发展有用处还是没有用处来考量礼乐，他们认为礼乐对耕战不利，因此是无用的、应该反对的。儒家、墨子、法家的态度都是积极的。老子和庄子从"道"的高度来考量礼乐，认为礼乐只会导致天下纷乱，所以他们嘲笑礼乐，否定礼乐，要求取消礼乐。老子和庄子的态度是消极的，但他们把音乐从制度性的"礼"中解放出来，使其冲破了各种伦理规范的束缚，比儒、墨、法三家更深刻地揭示了音乐和其他艺术本身在创作和审美方面的一些规律。老子和庄子虽然有反对儒家的一面，但也有相通的一面，如庄子"至乐无乐"的思想与儒家颜回在陋巷中"不改其乐"的精神有内在的联系，而老子和庄子也并非铁板一块，二者对"道"的理解以及对后世的影响，也有很大差别。

蒋孔阳注意到，儒、道、法三家对欲望的态度是不一样的。儒家主张用"礼乐"来节制人的欲望，道家和法家反对欲望，但道家和法家又有所不同。道家认为，圣人治理天下，应该"常使民无知无欲"[①]，他们试图逃避欲望，这是消极的。法家认同道家反对欲望的主张，但他们比道家走得更远，坚持不仅要无欲，还要禁欲。蒋孔阳指出，比起道家的逃避欲望和法家的禁欲，儒家的"节制欲望"，要更加符合现实、更加符合人情一些。

蒋孔阳认为，儒家和法家都要求"尊君"，但"尊君"的方式不同。儒家主张按照血缘的亲疏关系，通过和平的"礼乐"来保持

---

① 任法融：《〈道德经〉释义》，东方出版社2009年版，第35页。

等级制度，重视主观的人格修养；法家主张通过法治、通过"威"和"势"来加强中央集权，重视客观的强制。儒家和法家在先秦就"礼乐"问题进行了许多争论，但从中国历史上的实践来看，儒、法后来合流，相须为用，成了维护封建君主统治的主要手段。

四　得心应手地进行中西古今对比

在中西的比较中，蒋孔阳向我们揭示了中西音乐活动、音乐思想等的相异、相同之处。

蒋孔阳凭借广博的知识面，告诉我们，先秦时期，我国的音乐已经相当发达。古希腊只有七弦琴、奥洛斯管等几种乐器，根据文献记载，我国先秦的乐器有70多种，仅《诗经》一书所提及的乐器就有29种。古希腊的音乐家大多是诗人，表现形式主要限于声乐唱念，而我国在周代就由政府建立了庞大的、专门的音乐机构，从事专业音乐工作的人数量众多，而且在贵族子弟所接受的教育中，音乐是非常重要的内容之一。

蒋孔阳指出，西方古代的美学思想以诗论为主，"模仿说"居于统治地位，这是由亚里士多德的《诗学》所奠定的；中国古代的美学思想以乐论为主，"言志说"居于统治地位，这是由《乐记》的音乐美学思想所奠定。西方古代的美学思想热衷于作纯哲学的、形而上的讨论，而中国古代的美学思想从人伦关系出发讨论艺术，强调音乐、诗歌的教化作用，音乐、诗歌本身只是手段，政治才是目的。

蒋孔阳认为，在老子那里，"道"是天地万物的总原理、总规律。老子对"道"的理解是客观唯心主义的，这与柏拉图对"理念"的理解一致，但柏拉图的"理念"与当时古希腊的宗教是相关的，体现出浓厚的宗教意味，而老子的"道"是纯形而上学的，没有任何宗教、神学的意味。因此，二者又是完全不同的。"大音希声"是老子的重要观点。济慈在他的著名诗作《希腊古瓮颂》中写道:"听见的乐声虽好,但若听不见却更美。"① 在蒋孔阳看来,济慈的观点和老子的"大音希声"是相通的。

蒋孔阳指出,战国时代是新兴地主阶级用暴力兼并天下的时代,为了富国强兵,商鞅、韩非等法家代表鼓吹君主专制、法治路线和耕战政策,反对儒家推崇的古代"先王之政"和"礼乐"制度。法家代表了历史前进的方向,但那是一条血与火的路,这与西方资产阶级赤裸裸地用刀枪积累原始资本,为资本的盈利扩展空间是一样的,因为它们都充满了残酷与罪恶。

蒋孔阳还注意从古今比较中阐明先秦音乐美学思想的特点。

蒋孔阳指出,美学是一种独立的意识形态,具有自己的特殊规律,美学的根本问题是美。什么东西是美的,什么东西是不美的,评价的标准是什么,这是美学在今天的重要问题;而对于先秦诸子来说,什么是乐,"怎样才能给人带来真正的快乐"②,这是重要的问题,是他们考量各种艺术的重要视点。中国古代的"乐"被捆绑于"礼","乐"的发展受到极大束缚。虽然有少数思想家如嵇康提出"声无哀乐论",重视艺术本身的特点,但这几乎是空谷足音,而西方现代的美学强调艺术的独立性、创造性。

先秦儒家认识到了音乐的声音和感情有密切联系。蒋孔阳认为,情感总是有个性的,但我们不能由此认为先秦儒家已经意识到了音乐的个性特点和个性表现。艺术发展史表明,个性得到承认,并在艺术中得到表现,是在资产阶级兴起之后才出现的。儒家是情感主义者,但也是理性主义者,礼、社会规范就是理性的体现。儒家主张情感应受到理性的制约,音乐等艺术应以礼、社会规范为指引,否则,情感是悖逆的,音乐等艺术是"淫"的。儒家所理解的个性,其实只是类型化的"性格",与我们今天所理解的肯定个体价值的个

---

① [英]济慈:《济慈诗选》,查良铮译,人民文学出版社1958年版,第75—76页。
② 蒋孔阳:《蒋孔阳全集》第1卷,上海人民出版社2014年版,第577页。

性是不同的。

总之，蒋孔阳在研究先秦音乐美学思想时，具有跨文化、跨时空的广阔视野，注意中西古今的比较。他的比较不牵强，不生硬。他具有开放的胸怀，尊重不同文化的平等地位；具有强烈的历史感，不要求古人像今人一样思维。他"不是比高低，而是比特点"①，让我们在比较中，更好地把握社会历史背景的差异、思想渊源和文化传统的差异、艺术实践的差异，从而更好地理解先秦音乐美学思想的特点。同时，由于比较方法的成功运用，《先秦音乐美学思想论稿》这本学术著作让人兴味盎然。

五　坚持逻辑与历史统一，提出独立见解

先秦诸子的学说，受到学术界的普遍重视，相关的研究成果也甚夥。蒋孔阳既在原始文献的阅读上狠下功夫，又重视思想、学术发展的内部规律，坚持逻辑与历史的统一，迎难而上，就学界聚讼纷纭的问题，大胆地提出了一些与前辈学者不同的看法，卓然独立。

《老子》（又名《道德经》）成书于何时，从宋朝以来就一直存在着争论。清代学者和冯友兰等现代学者认为，《老子》是战国中期的作品。蒋孔阳同意这个观点，但前辈学者主要是立足于《老子》一书的文体及思想内容做出的判断。蒋孔阳从思想发展史的规律论证了这个问题，对前辈学者的研究进行了补充。蒋孔阳指出，先有某些"显学"，确立某些信条，后有怀疑者、批判者出现，这是思想史发展的规律。《老子》一书充满了怀疑、批判精神，应该是在儒墨等"显学"之后出现的。从思想方法的角度看，孔子和墨子都强调"名"与"实"的统一，后来的辩者将"名"与"实"分离，聚焦于"名"。正是在这一思维轨道上，《老子》中作为万物本根的形而上的"道"得以提出。由于《庄子》《荀子》《韩非子》等书经常引

---

① 蒋孔阳：《蒋孔阳全集》第3卷，上海人民出版社2014年版，第415页。

用《老子》,《老子》是先出的,所以《老子》应该是战国中期的作品。

《老子》说:"甘其食,美其服,安其居,乐其俗。"① 冯友兰在《中国哲学史》中对这一句话的理解是,"即在《老子》之理想社会中,尚须'甘其食,美其服,安其居,乐其俗',则其民非绝对无欲明矣"②。蒋孔阳认为,冯友兰对这句话的理解是有误的。在他看来,"甘其食,美其服,安其居,乐其俗"是指在理想社会中,"人民要安于现状,有什么吃什么,有什么穿什么"③。这样的理解才符合《老子》的思想体系,因为老子认为,如果以五色、五声、五味来满足感官欲望,就会破坏"真"和"朴"。

孟子说,"民为贵,社稷次之,君为轻"。一些学者对孟子的这句话给予了赞扬。冯友兰认为,"孟子以为一切政治的、经济的制度,皆为民设"④。钱穆认为,孟子已经和孔子的"尊王正名之旨"有别。⑤ 侯外庐则认为,"这便是所谓'古典的民主'了"⑥。蒋孔阳吸收了赵岐⑦、朱熹⑧、张岱年⑨等的观点,认为冯、钱、侯等对孟子作了过高的评价。在蒋孔阳看来,孟子说"民为贵",是希望君主能够重视、笼络人民,扩大人口和土地,在列国争雄中,稳住地位。孟子是站在君主的立场上而不是站在人民的立场上,他不是以民为主而是以君为主。因此孟子是没有我们今天所说的"民主"思想的,超越历史发展,把现代的、美好的桂冠戴到孟子的头上去,是不合适的。

---

① 任法融:《〈道德经〉释义》,东方出版社2009年版,第277页。
② 冯友兰:《中国哲学史》上册,华东师范大学出版社2000年版,第144页。
③ 蒋孔阳:《蒋孔阳全集》第1卷,上海人民出版社2014年版,第506页。
④ 冯友兰:《中国哲学史》上册,华东师范大学出版社2000年版,第90页。
⑤ 参见钱穆《国学概论》,商务印书馆1997年版,第49页。
⑥ 侯外庐:《中国古代思想学说史》,岳麓书社2010年版,第180页。
⑦ 参见邓秉元《孟子章句讲疏》,华东师范大学出版社2011年版,第201页。
⑧ 参见朱熹集注《孟子》,岳麓书社2006年版,第176页。
⑨ 参见张岱年《中国伦理思想发展规律的初步研究 中国伦理思想研究》,中华书局2018年版,第10—22页。

又如，关于《乐记》的作者和创作时代，梁启超[①]、郭沫若[②]、吴毓清[③]、孙尧年[④]等提出不同的看法。蒋孔阳认为，《乐记》不是一人一时的作品，不必完全否定公孙尼子和《乐记》有某些关系，《乐记》的基本思想和主要章节已在战国末年形成，汉初儒者则是《乐记》的编辑者。《乐记》是儒家的著作。

结　语

在蒋孔阳的研究中，除了他把孔子称为孔丘之外，我们很难找到他受到林彪、"四人帮"流毒影响的其他明显痕迹。蒋孔阳的研究是以马克思主义为指导的，他在很大程度上克服了极"左"思潮的干扰。他不一概地、笼统地乱套僵死的条条框框和简单模式，总是结合文本进行具体分析。他运用了阶级分析法，但是很审慎，不片面夸大。他具有广阔的视野，阶级分析只是其中的一个视角或维度。他是从阶级矛盾、政治思想斗争、物质生产状况、自然科学发展以及其他文化状况的广泛联系中来考察先秦的音乐美学思想的。他不乱贴阶级标签，既看到古代思想家的优点，也指出其不足和理论上的教训。即使对理论上有错误的思想家，他也不粗暴地一棍子打死。在蒋孔阳的笔下，学术与政治二者既有联系，也有相对的独立性。他没有把思想家追求真理时所犯的理论错误轻率地关联到政治方面的落后或反动。他的结论很有说服力。

正如前面所说，从1958年至1975年，前后共17年，蒋孔阳不断受到冲击和批判。关牛棚、隔离审查、劳动改造等遭遇是充满痛

---

① 参见梁启超《古书真伪及其年代》，中华书局1955年版，第128页。
② 参见郭沫若《青铜时代》，载《郭沫若全集·历史卷》，人民出版社1982年版，第490页。
③ 参见吴毓清《〈乐记〉的成书年代及其作者》，《音乐学丛刊》1981年第1辑。
④ 参见孙尧年《〈乐记〉作者问题考辨》，载《文史》第10辑，中华书局1980年版，第176页。

苦的。虽历经坎坷，但他在《先秦音乐美学思想论稿》的字里行间，没有流露出困惑与迷茫。我们从他的文字里，感受到他对马克思列宁主义的坚定信仰，但这不是一种迷信、偏执，因为他对历史唯物论和辩证法有着深入透彻的理解，他对马克思列宁主义基本原理的运用是准确的、高超的，他所得出的结论是建立在对史料的细致分析之上的，是以理服人的。他一分为二地看待先秦诸子的音乐思想，有肯定，有批判。他并没有因为手中掌握的是作为主流意识形态的马克思列宁主义而自我膨胀。他的马克思列宁主义立场是鲜明的，是有气量的，是"海纳百川"的。他对马克思列宁主义的运用，不是侵略性的、攻击性的。他对先秦诸子的态度是客观公正的，也是令人舒服的。传统文化与马克思列宁主义之间的关系，在他的笔下，不完全是紧张的，而是有相通、相互阐明的一面。蒋孔阳说："从先秦诸子的著作中，我不仅看到了中国的历史，也看到了中国的今天。"① 我们从《先秦音乐美学思想论稿》中感受到了马克思主义者的人格风范、学术风范。

先秦音乐美学思想，是一个理想的学术生长点，具有广阔的空间。研究中国古代美学思想从研究先秦的音乐美学思想入手，不失为一条明智的路径。这体现出了蒋孔阳敏锐的学术眼光。可惜的是，蒋孔阳不仅没有以先秦音乐美学为基点，把自己的研究拓展开来，就连自己计划中的、关于先秦音乐美学思想的两篇文章（《评〈易传〉的音乐美学思想》《评〈吕氏春秋〉的音乐美学思想》）也没有完成。"文化大革命"结束后，他没有时间和精力去从事这方面的研究，这应该是蒋孔阳在着手研究先秦音乐美学思想时始料不及的。他们这一代人，学养非常深厚，但在60—70年代遭受了非常多的干扰，在鼎盛之年丧失了独立从事学术研究的条件，浪费了很多时间和精力，没能发挥出应有的作用。而在粉碎"四人帮"，

---

① 蒋孔阳：《蒋孔阳全集》第4卷，上海人民出版社2014年版，第440页。

党重新重视大批老知识分子、大力进行国家各方面建设、努力开创社会主义新局面的时候,他们承担的各种事务太多,且已进入老境,想在学术研究上多做一点贡献,心有余而力不足,这是令人遗憾的。

第 三 章

论中国古代诗画

  蒋孔阳对中国古代诗歌和绘画美学的研究，主要体现在《唐诗的形成及其美学特点》和《中国古代绘画中所表现的美学思想》这两个文稿中。蒋孔阳于1980年9月23日到日本，在神户大学进行为期一年的讲学。他在该校的中国语言文学系担任客籍教授。这两个文稿是他在神户大学的讲课稿。① 《中国古代绘画中所表现的美学思想》的部分内容曾以《外师造化中得心源——中国古代绘画美学思想学习笔记之一》和《"形似"与"神似"——中国古代绘画美学思想学习笔记之二》为题名发表，分别刊载于上海美学学会编的《89'美学文集》和复旦大学出版社1991年出版的《中国语言文学研究的现代思考》中。发表时，原稿中的相应内容有所调整，但改动不大。这两个文稿是比较完整的，被收入《蒋孔阳全集》第5卷，并注明是蒋孔阳的遗稿。《唐诗的形成及其美学特点》和《中国古代绘画中所表现的美学思想》篇幅都不是很大，两个文稿共计有十多万字，但写得很精当，有不少真知灼见，值得仔细研读。下面就谈谈蒋孔阳这两份遗稿的学术价值。先谈蒋孔阳对唐诗美学特点的研究，次谈蒋孔阳对中国古代绘画美学特点的研究。

---

① 参见蒋孔阳《蒋孔阳全集》第6卷，上海人民出版社2014年版，第554页。

第一节　唐诗的美学特点

蒋孔阳喜欢唐诗，并能背诵许多诗篇。他对唐诗美学特点的研究，是以丰富的审美经验为基础的。蒋孔阳的研究，有一个明显的特点，即非常自觉地以美学理论为指导，而这些美学理论，是蒋孔阳美学思想的重要组成部分。换言之，蒋孔阳对唐诗美学特点的研究，与一般的美学史或文学史学者的研究不同，而是美学家所做的研究。

一　以部门艺术的相通分析唐诗的美

艺术是一个大系统，涉及各种内容。对艺术进行分类，"在近代美学中极重要"①。音乐、建筑、诗是艺术大家庭中不同的成员，是"艺术"这一"母项"下包含着的"子项"，是部门艺术。它们在表现方法、创作手法、载体或器材上，所依赖的感觉器官、造成的效果等方面都有显著的差别。我们不能把它们混淆起来，搅成一锅粥。这是一方面。另一方面，音乐、建筑、诗同为艺术，它们的区别不是绝对的。它们在艺术这一大系统中，不是彼此孤立的，它们是相通的，有一些相互类似之处。蒋孔阳认为，唐诗虽然不是音乐、建筑，但唐诗具有音乐美和建筑美。

蒋孔阳说唐诗具有音乐美，是从语言的角度说的。蒋孔阳指出，一般语言与诗的语言有着很大的区别。一般语言遵循思维的逻辑，注重语法结构，它主要关心的不是语言的声音，而是语言的含义、内容，主要服务于人们对事物的认知及相关信息的传递。诗的语言遵循的是感情的逻辑，语法结构不是完全固定的，它随着感情的起伏行止而变化，它主要不是为认知及信息的传递服务，而是为感情

---

① 宗白华：《宗白华全集》第1卷，安徽教育出版社2008年版，第560页。

的表达服务。出于感情表达的需要，它主要关心的不是语言的含义、内容，而是语言的声音。唐诗是中国古代诗歌艺术的辉煌成果，唐诗的语言是诗歌语言的典范。唐诗充分地体现了诗歌语言的音乐美。蒋孔阳从唐诗与唐代吟咏歌唱活动的关联，从唐诗的对偶、平仄、押韵、节奏等方面，细致分析了唐诗的音乐美。

蒋孔阳说唐诗具有建筑美，是从意象创造的角度谈的。蒋孔阳认为，建筑是空间艺术，它用砖、瓦、木、石等实体性的物理材料，可以持实为虚、化实为虚。建筑中的门、窗、房间、走廊、院子等都是虚的部分，通过它们，建筑提供了饮食起居的活动空间，发挥了实用的功能；通过它们，建筑的内部世界与外部世界联通了，与天地、宇宙联通了，与整个宇宙一道吐纳呼吸、融为一体。很多唐诗，所用的词大部分是实词，虚词、抽象概念很少甚至没有，它们有如建筑中的砖瓦木石，所呈现的意象都是实在的、具体的，有如建筑中的台阶、墙壁、房间。很多唐诗，它们的具体意象，有如一幅幅照片，接二连三地以蒙太奇的方式呈现出来，也像建筑工匠把房屋一幢幢地建造出来一样。读者通过联想把具体意象串联起来，从而去体会、欣赏诗的美，有如游览者、客人环绕着房子漫步，或踱步进入房子内部观赏流连。

诗是时间艺术，建筑是空间艺术。前者是线性的，后者则是有前有后，有上有下，是立体的。蒋孔阳认为，在高超的艺术处理中，时间性的东西可以变得具有空间意味，空间性的东西也可以变得具有时间意味，二者在一定程度上是可以相互转化的。唐诗"善于把时间搏入空间当中，让时间的流逝，随着空间的排列，尽可能让每一个意象延长其静观的一刻，从而使意象和意象重叠交织起来，形成一个令人有建筑感的诗歌形象"[①]。蒋孔阳认为，唐诗对事物的描写，主要不是分析性的或者说演绎推理性的，而是把物象罗列出来。

---

① 蒋孔阳：《蒋孔阳全集》第 5 卷，上海人民出版社 2014 年版，第 123 页。

物象在空间中各自独立存在,它们是并列的,但诗人通过一些具有动作意味的或运动意味的词,把空间上并列的物象"搏入到时间的对比关系中"①,以此打动读者。

  蒋孔阳认为,唐诗既能以大观小,也可以通过小反映大。唐诗的以大观小是借鉴了中国画的方法,在旷远广大的空间中,把诗歌的意象变成了画,获得建筑般的空间立体感。唐诗的以小反映大,与建筑的特征相通。建筑把小空间与大空间,即把房间、院落与天地宇宙贯通,把天地宇宙浓缩到小空间中,用小空间反映大空间。唐诗字数少,用笔简省凝练,却能反映出广大的时间与空间,令人感到充满无限诗意。蒋孔阳说:"唐诗中的绝句,有如中国建筑中的亭子。亭子的结构只有几根柱子和一个顶,然而它却吞吐着整个宇宙的气息。"②

  蒋孔阳反复强调,唐诗不是音乐,也不是建筑。他论述唐诗的音乐美、建筑美,是立足于唐诗所用语言和唐诗所创造的形象与音乐、建筑的相同性,是通过对音乐美、建筑美的参照,来说明唐诗的声音美和立体美,说明唐诗的艺术感染力和美学特征,说明中国古人的审美意识。所以蒋孔阳的落脚点不是作为艺术体裁的诗的技艺,而是作为理论的美学。他在论述中所解析的那些诗,只是他的理论的一个个具体例证。

二 以个性说为理论根据分析唐诗的美

  马克思在《1844年经济学哲学手稿》中对异化劳动进行了尖锐的批评,认为与异化劳动相对的自由的、创造性的劳动才能创造美。蒋孔阳认为,自由的、创造性的劳动是指劳动者以具有个性的、自觉的身份进行的劳动。在这种劳动中,劳动者体现出了自由意志,

---

① 蒋孔阳:《蒋孔阳全集》第5卷,上海人民出版社2014年版,第124页。
② 蒋孔阳:《蒋孔阳全集》第5卷,上海人民出版社2014年版,第126页。

并凭借他的意志,去作自由的判断和选择。个性是在人生阅历中形成的,以人生经验为基础,它鲜明、独特,因而是确定的,但它不是固定不变的,而是随着环境的变化、生命的绵延而不断发展、变化,处于不断的生成之中,是向未来敞开的,因而也是复杂、丰富的。个性是人内心中独特的、最珍贵的东西。只有当我们对自己的个性有所自觉、有所认识时,我们才会对事物产生美感。因为,人总是置身于一定的环境中,这个环境在他心灵的成长过程中,要经历从沉睡到苏醒的变化。环境不会自己苏醒,是由人唤醒的。当人的心灵具有个性时,用于观察周围环境的眼睛也是有个性的。通过打量,通过以同情或移情的态度来观察、体会,他就能从熟识的环境中发现新鲜的东西,从别人觉得普通的事物中发现独特的东西,让周围世界中的事物捕获他的心灵,他与周围环境中的事物相互交融、契合无间。这时,他就发现了周围现实世界中的美。蒋孔阳说:"美和个性是分不开的,愈是美的东西,愈是富有个性。"① 蒋孔阳又说:"凡具有'广阔久远'影响的,常常根植于个性当中。唯有真正具有个性特征的,才能具有永恒的生命。"②

  蒋孔阳在讨论唐诗的个性美时,既指诗人的个性,也指作品中体现出的个性。在蒋孔阳看来,唐朝诗人的心灵是有个性的,他们观察事物的眼睛是有个性的,他们对事物的描写是有个性的,他们的想象是有个性的,他们的情感是有个性的,他们所创造的意象也是有个性的。正因为诗人和诗是有个性的,他们就不再是个别的、特殊的东西,而被提炼了、升华了,成了包含一般的、普遍的哲理的东西。

  蒋孔阳认为:"李白、杜甫、王维、孟浩然、高适、岑参……这一系列唐诗中灿烂的群星,他们都是高度有个性的人物,因此,他

---

① 蒋孔阳:《蒋孔阳全集》第5卷,上海人民出版社2014年版,第127页。
② 蒋孔阳:《蒋孔阳全集》第5卷,上海人民出版社2014年版,第130页。

们都写出了高度有个性的诗。他们的诗,没有例外的,都具有个性的美。"① 蒋孔阳结合时代背景、人生际遇等方面,重点分析了李白、杜甫、李商隐诗歌的个性美。他以三位诗人的诗为个案,阐明唐诗如何闪耀出独立个性与自由意志的光辉。蒋孔阳在此表达了他美学思想中的一个重要观点:文艺创作需要个性的独立与自由,社会只有包容文艺工作者的这种独立与自由,文艺才会繁荣。在新的历史时期,他通过对唐诗个性美的揭示,热情呼唤社会、政治的民主,呼唤文艺创作的自由。

三 以意境说为理论根据分析唐诗的美

意境是中国古代诗歌美学的一个重大问题。它既是诗歌创作的理想,也是诗歌品评、鉴赏的标准。蒋孔阳指出,虽然从中国古代美学思想发展史来看,唐代的美学理论家青史留名的并不多,他们的才力也算不得突出,理论贡献比较单薄,但佛教在唐代社会生活中占有重要地位,理论家们把佛教的"六根""六识""六境"等观念与中国本土对于境界、心物感应的认识相结合,与唐代丰富多彩、蔚为大观的诗歌创作实践相结合,提出了意境说。

蒋孔阳用意境说来分析唐诗的美。也就是说,意境说是他的工具、武器。"工欲善其事,必先利其器",对意境说进行阐明,应是他从意境的角度对唐诗的美进行分析的逻辑起点。蒋孔阳是这样做的。他通过梳理意境说产生的历程,通过澄清意境说与言志说、缘情说、形似说、神韵说的关联,通过细致地辨析"意"、"境"、"物(象)"、心物感应等的含义,概括出了意境的内涵。

蒋孔阳指出,"意境"包括"意"与"境"。"意"是诗人主观方面的因素,如诗人的动机、情感、思想、修养和精神品质等,它是内在的,不具有具体形象,只是抽象的存在。"境"是诗人所面对

---

① 蒋孔阳:《蒋孔阳全集》第5卷,上海人民出版社2014年版,第127页。

的事物，它是客观方面的因素，如自然环境、社会环境、生活习俗等，它是外在的，是外显的现象，具有具体形象。现实世界中的"境"被诗人观照之后，变成了心灵中的"境"，这是由实到虚的转变。而诗人的"意"，融入外在的"境"中，获得了形体，成为客观的具体艺术形象，这是由虚到实的转变。"意境"是"意"与"境"的相互作用、相互交融，是二者的统一，是精神升华后所得的成果，是主体的心灵所开辟出的新世界。它不是物质世界，但又离不开物质世界，它要以物质世界为基础，并反映着物质世界，即"境"。

蒋孔阳还借鉴亚里士多德和黑格尔的美学思想来阐释意境。亚里士多德在《诗学》第七章讨论悲剧时说："一个完整的事物由起始、中段和结尾组成。起始指不必承继它者，但要接受其他存在或后来者的出于自然之承继的部分。与之相反，结尾指本身自然地承继它者，但不再接受承继的部分，它的承继或是因为出于必须，或是因为符合多数的情况。中段指自然地承上启下的部分。因此，组合精良的情节不应随便地起始和结尾，它的构合应该符合上述要求。"① 亚氏在《诗学》第二十三章又说："和悲剧诗人一样，史诗诗人也应编制戏剧化的情节，即着意于一个完整划一、有起始、中段和结尾的行动。这样，它就能像一个完整的动物个体一样，给人一种应该由它引发的快感。"② 亚里士多德在《政治学》中还说："美与不美，艺术作品与现实事物，分别就在于美的东西和艺术作品里，原来零散的因素结合成统一体。"③ 亚里士多德提出了艺术作品是有机整体的思想。黑格尔在讨论自然美时认为，一个有生命的自然事物之所以美，就在于该事物显现给我们的形象是生气灌注的，形象的各个部分"融化成为一个整体，因而显现为一个个体，一个

---

① ［古希腊］亚里士多德：《诗学》，陈中梅译，商务印书馆1996年版，第74页。
② ［古希腊］亚里士多德：《诗学》，陈中梅译，商务印书馆1996年版，第163页。
③ 朱光潜编译：《西方美学史资料附编》上册，载《朱光潜全集》第六卷，安徽教育出版社1990年版，第394页。

把这些特殊部分既作为差异的,又作为协调一致的,而包括在一起的统一体"①。在讨论艺术美时,黑格尔认为,艺术作品的"灵魂"或"神"通过展开为外在的形象而"得到客观存在和真实性",艺术作品的"肉体"或"形"所包含的"并立的部分是结合为统一体而且都包含在这统一体里的,所以这展开为外在现实的每一部分都显现出这灵魂,这整体"。②"正如人体所不同于动物体的在于它的外表上无论哪一部分都可以显出跳动的脉搏,艺术也可以说是要把每一个形象的看得见的外表上的每一点都化成眼睛或灵魂的住所,使它把心灵显现出来。"③ 因此,"艺术作品通体要有生气灌注"④。亚里士多德和黑格尔都认为艺术作品是有机整体,甚至把是否体现为一个有机整体作为衡量艺术作品的基本尺度。"有机整体"原本是自然哲学的范畴,⑤ 亚氏和黑格尔把这个范畴移用到美学中,用以说明艺术作品不能是片段、细节的机械堆积、拼凑,而必须是各个部分相互依存、严密完整、协调一致、生气灌注的。蒋孔阳认为,"意境"不能被分解为若干点或归纳为若干条,它就是一个有机整体,即它是有生命的、完整的,是丰富多样的细节围绕着主题思想展开,通过主题思想贯穿起来、统一起来,因而不是混沌的而是有秩序的,从而有深度和感染力。

在蒋孔阳看来,诗歌与小说、戏剧一样,要致力于塑造艺术形象。小说、戏剧有完整的动作、情节,有完整的人物性格。诗歌中的艺术形象,与它们的不同。诗人受到外物的感触,产生了思想感情,不具有形象的思想感情与外物交融后,构成了具体可感的画面,艺术形象由此形成。除了意境之外,诗歌的形象性特点再无别的体

---

① [德] 黑格尔:《美学》第1卷,朱光潜译,商务印书馆1979年版,第162页。
② [德] 黑格尔:《美学》第1卷,朱光潜译,商务印书馆1979年版,第197页。
③ [德] 黑格尔:《美学》第1卷,朱光潜译,商务印书馆1979年版,第198页。
④ [德] 黑格尔:《美学》第1卷,朱光潜译,商务印书馆1979年版,第198页。
⑤ 参见朱立元《黑格尔美学引论》,天津教育出版社2013年版,第403页。

现渠道或途径。因此,诗歌的艺术形象就是意境,诗歌的美就是从作为整体的意境当中体现出来。就诗歌而言,"'意境'实在可以说是经过诗人的创作过程,把本来是矛盾的主观和客观、理性和感性、心与物、情与景等方面,统一起来,在一首诗中形成的一个完整的、独立自主的艺术形象"①。

在阐明了何为意境、意境对诗歌的重要性之后,蒋孔阳接着指出,唐诗最为明显的美学特点是构造出了美妙的意境。他从唐诗的情景相生、生意盎然、韵味无穷三个方面对此给予说明。蒋孔阳认为,与前代诗歌相比,唐代诗歌真正达到了情景相生、交融的境界。诗人们写景叙事时,思致、情感依靠景、依靠事而得以产生,并依靠景、依靠事而具体体现出来。诗人的"意"是个性化的"意",诗人面对的"境"也是某种特殊的景或事。诗人主观的"意"与"境"的物理特征契合无间,它们相互交织,相互生发,"情因景而发,景因情而深"②。所写的句句是"境",却又句句是"情"。一首诗,就是一个完整、独立、自足、和谐的艺术天地。在这个自成一统的天地里,有秩序,有深意,有韵味,说不尽,道不完,让我们盘桓、回味不已。

第二节　古代绘画的美学特点

在《中国古代绘画中所表现的美学思想》里,蒋孔阳主要回答了三个问题:中国绘画从远古到明清,经历了哪些发展阶段?从总体上看,中国绘画有些什么特点?中国绘画的美学思想,可以归纳为哪些?第一个问题是铺垫性的,是为解决后面的问题提供一个历史的参照框架。后两个问题是蒋孔阳关注的核心,也是在今天看来

---

① 蒋孔阳:《蒋孔阳全集》第5卷,上海人民出版社2014年版,第141页。
② 蒋孔阳:《蒋孔阳全集》第5卷,上海人民出版社2014年版,第144页。

最有学术价值的部分。因此,我们着重考察蒋孔阳对后两个问题的回答。

一 在中西比较中揭示中国绘画的基本特点

要弄清中国绘画的基本特点,首先要知道什么是中国绘画。中国绘画艺术的历史悠久漫长,画家数不胜数,绘画作品浩如烟海,画法争奇斗艳。因此,在中国古代绘画艺术的遗产中,确定哪些是其代表,就是非常重要的了。在扼要考察中国古代绘画艺术的早期萌芽和创造、汉代的壁画和人物画、魏晋时期专业画家和专门绘画理论著作的出现、唐代文人画和水墨画等的空前繁荣、宋元时代文人画和水墨山水画的高峰、明清两代绘画的新面貌之后,蒋孔阳做出这样的总结:就载体而言,中国画有壁画和卷轴册页画两派,卷轴册页画是中国绘画的代表;就题材而言,中国画有人物画、山水画、花鸟画、竹石画等,山水画是中国绘画的代表;就画法而言,中国画有着色画、水墨画,水墨画是中国绘画的代表;就画师的身份角色而言,中国画有工匠画、文人画,文人画是中国绘画的代表。以扎实的历史材料为基础,确定中国绘画的代表之后,蒋孔阳就以这些代表为分析对象,在中西比较中提炼中国绘画的基本特点。蒋孔阳认为,中国绘画是笔墨的艺术、线条的艺术,用"以大观小"的方法来塑造形象,是不受时空限制的综合艺术。

在蒋孔阳看来,西方绘画注重对客体的模仿,注重对客体本来面目的真实反映,要求精确描绘客体的形象,它的用笔主要是描,而中国绘画虽然也要描绘客体的形象,但中国绘画更注重通过点、撇、纵、横和浓、淡、明、晦的笔墨艺术抒写主体的情感和意趣,它的用笔主要是写;西方绘画受希腊雕刻和建筑影响,追求造型的美,用油彩和毛刷画出块状的面,讲究光线的明暗,即便是使用线条,也是为了勾出客体的轮廓,而中国绘画受书法影响,它用文房四宝画出的是线条,它用流动、灵活、风格各异的线条来表现客体的姿态、气势、节奏与神韵,以线条塑造形象;西方绘画采用焦点透视法,注重客体物理位置的远近、光线的明暗及形体的大小比例,在平面空间中获得立体、真实的效果,而中国绘画用散点透视、"以大观小"的方法把万里江山收入立轴或横幅中;西方绘画是严格的空间艺术,不留空白,而中国绘画突破时空限制,可在同一幅画中表现不同的时间,可抛开光学原理把白天和夜晚画得没有分别,可把不同的空间并列呈现,可以根据情感意趣缩放外物的比例,可把现实中没有空白的空间变成绘画中的大片留白;西方的绘画与文学、雕刻等部门艺术有非常明确的界限,绘画就是绘画,不能是别的,它是单一、纯粹的艺术,而中国画"直接把书法、诗歌、题款、钤印、装裱等结合在一道,形成一种以画为主的综合艺术"①。

  蒋孔阳对西方美学下过很大的功夫,他曾受教育部委托翻译李斯托威尔的《近代美学史评述》,曾翻译西方美学论著中经过精心选择的不少篇章,②曾撰写《德国古典美学》和一些关于西方美学的论文。可以说,对西方美学思想,蒋孔阳是有非常精深的造诣的。而对于中国古代美学,蒋孔阳也是有深入把握的,这可以从他在许多文艺理论和美学著述中对中国古代美学资源大量恰切的利用,以及写于20世纪70年代中期的《先秦音乐美学思想论稿》中看出来。中国绘画艺术的基本特点是什么,回答这个问题,从中西比较的角度入手是正确的。而蒋孔阳是具备进行中西比较的基础和能力的。

  比较的方法,并不是什么新的东西。在我国,历朝历代的诗论家,对《诗经》与《楚辞》、李白与杜甫、唐宋诗文等就进行过许多比较研究。在西方,学者们对柏拉图与亚里士多德、希腊与罗马、奥古斯丁与阿奎那、经验论与唯理论、古典主义和浪漫主义、英国传统与法德传统,也进行过许多比较。在中华人民共和国成立前,

---

① 蒋孔阳:《蒋孔阳全集》第5卷,上海人民出版社2014年版,第180页。
② 这些译文以"西方文论和美学译文"为总题编入《蒋孔阳全集》第5卷。参见蒋孔阳《蒋孔阳全集》第5卷,上海人民出版社2014年版,第355—504页。

王国维、蔡元培、鲁迅、宗白华、朱光潜等对中西方的美学思想进行过比较，取得了一些成绩，但在中华人民共和国成立之后，由于国内、国外的各种复杂原因，我们的物质文明和精神文明建设相当封闭，学术研究视野狭窄。20世纪80年代以来，中国的政治、经济、文化等发生了很大的变化。日新月异的新时代向学术研究提出了促进文明互鉴的要求。没有比较，就没有鉴别。蒋孔阳顺应时代潮流，不断倡导以中西比较的视野开展美学研究，如积极支持中西美学艺术比较的学术会议，并就中西美学比较进行理论探索。1984年，蒋孔阳撰写了《对中西美学比较研究的一些想法》，出版于1993年的《美学新论》一书的"第六编"，就是"中西艺术和中西美学"[①]。可以说，在中西比较中推进美学研究，是蒋孔阳的重要学术理念。我们通观蒋孔阳的一系列论著，可以发现，比较研究是蒋孔阳学术研究的重要方法，他的比较研究是逐步推进的，经历了同一文化系统中的"西—西"比较到跨越文化系统的"中—西"比较过程。他完稿于1965年的《德国古典美学》就大量使用了比较的方法，但那只是在西方美学系统内部进行的比较，不是中西方的跨文化比较。而从中西比较的角度看，对中西绘画的比较，并不是他进行跨文化比较的第一次尝试，因为他在70年代中期所写的《先秦音乐美学思想论稿》中，就在中西美学思想之间进行了许多具有深度的比较。虽然如此，中西比较只是《先秦音乐美学思想论稿》这部著作所采用的众多研究方法中的一种，而在讨论中国绘画的基本特点时，中西比较成了他最核心的方法。可以说，《先秦音乐美学思想论稿》只是他进行中西比较的萌芽，《中国古代绘画中所表现的美学思想》才是中西比较的真正展开，而上面提及的、在80年代之后推出的论著，是他对中西比较实践的理论反思。有趣的是，蒋孔阳对中西绘画的比较，是在日本讲学期间进行的。或许，置身于日本文

[①] 参见蒋孔阳《蒋孔阳全集》第3卷，上海人民出版社2014年版，第371—444页。

化这一异域文化中的际遇，加强了他进行中西比较的决心，也增进了他对中西比较的自觉，为他后来不断倡导中西比较奠定了生活和学术方面的基础。

蒋孔阳在比较时，不犯文化本位主义的错误，不对西方一概排斥，不盲目推崇东方、瞎赞一通。他不抱有较量、对抗的心态，他是冷静的、平和的。他的目标，不是要判定中西绘画孰优孰劣，不是直接为增进中国人的文化自信服务，而是要在比较中，找出中国绘画与西方绘画的差异，总结出中国绘画的真正特点。他所说的那些特点，不是胡乱标榜，而是科学的结论。他所揭示的中国特色，对于西方绘画的未来发展，也是有借鉴价值的。蒋孔阳的比较，是典范性的。

二 以辩证思维概括中国绘画中的美学思想

蒋孔阳在讨论中国古代绘画美学思想时，和他在讨论中国绘画的基本特点时一样，同样运用了中西比较的方法，只是与矛盾分析法相比，中西比较的方法在此没有那么突出罢了，中西比较的方法，已被融入矛盾分析法之中。蒋孔阳翻译过哈罗德·奥斯本（Harold Osborne）的《美学与艺术理论》（Aesthetics and Art Theory）中的第四章[1]，即"中国绘画艺术中的美学思想"[2]。他对奥斯本在该书中就中西艺术所进行的对比是熟悉的。奥斯本认为，西方绘画是自然主义的，注重对客观现实的模仿，而中国绘画是非自然主义的，注重表现艺术家与道契合的人格。蒋孔阳吸收了奥斯本的部分观点，并把我们对中国绘画美学思想的认识，提到了新的高度。蒋孔阳从中国古人关于绘画的理论中，清理出了这么几对范畴："形似"与"神似"、"师造化"与"法心源"、"个体"与"整体"、"道"与

---

[1] Harold Osborne, *Aesthetics and Art Theory*, New York: E. P. Dutton Press, 1970.
[2] 参见蒋孔阳《蒋孔阳全集》第4卷，上海人民出版社2014年版，第100—106页。

"自然"。他既坚持两点论,又坚持重点论,深刻把握了中国古代绘画美学思想。

在讨论绘画时,和讨论唐诗时一样,蒋孔阳极为重视中国古人的意境论。诗和画毕竟是两种不同的艺术,在运用意境说时,他充分考虑到了两种艺术的特点。在分析唐诗时,他主要使用的是"意境"一词,而在分析绘画时,主要用的是"境界"一词。蒋孔阳认为,中国早期绘画强调形似,文人画出现之后,虽然画师和画论家也讲形似,但他们要求在形似的基础之上进一步达到神似,神似成为绘画的主要目的;中国画强调要向自然学习,即"师造化",但也强调"法心源",要求在二者的统一中,画家以自己的性情、人格、修养等主观方面的本质力量为山川写照、为山川传神;中国画讲究个体与整体的统一,要求把个体即画中人、事、物的个性特征相互联系起来,烘托、渲染出情景交融的艺术境界,在整体境界中表现个体;道与自然,分开来看,前者是本质,后者是现象,但合起来看,本质即现象,现象即本质。中国古人总是把二者联系在一起理解,倾向于从感性直观的角度把握道,重视"天人合一",强调笔墨的简、淡、雅、拙,强调自然而然,反对人工雕琢。

讨论中国绘画中的美学思想,最简便的做法就是直接到中国哲学史论著中去寻找素材、资料,这些素材、资料可以为绘画美学思想提供形而上的支持。冯友兰的《中国哲学史》、张岱年的《中国哲学大纲》都是公认的杰作,另外,中国科学院哲学研究所中国哲学史组、北京大学哲学系中国哲学史教研室联合编写的《中国哲学史资料简编》(全七册)也是很好用的资料。这些资料是随手可得的,但蒋孔阳不是一般的学者,他没有走这样的"捷径"。他所征引的材料,主要不是中国古代哲学家的,而是画家和画论家的,因而他的讨论更具有针对性。在讨论中,蒋孔阳对中国哲学与绘画关系的处理,是非常谨慎的,这尤其体现在他对于中国绘画如何形成注重"传神""神似"的传统这一重要问题的回答上。蒋孔阳从中国古代哲学中的形神之辩考虑这个问题。佛教传入东土之后，引发了"形"与"神"的大辩论，先后有范缜撰写《神灭论》、沈约撰写《形神论》、刘勰撰写《灭惑论》。一方面，蒋孔阳指出，"形、神的辩论，主要是中国哲学思想史中的问题，它与绘画中所说的'形似'与'神似'，不仅没有直接的关系，而且各自对问题的提法也不同"①；另一方面，蒋孔阳也指出，"思想上的影响，不同于物理上的影响，它不是直接的，象母鸡孵蛋一样，而是间接的，曲折的，像打弹子一样，注目在 A，结果却打到了 B，甚至是 C 或 D。正是在这个意义上，当时形、神的争论，引起了画家们对于'神'的问题的重视"②。蒋孔阳还辩证地看待哲学中所说的"理"与绘画艺术所追求的"神"。"理"是哲学家尤其是宋明理学家讨论得非常多的一个范畴，而在绘画等艺术中，"理"讲得少，讲得多的是"神"。在蒋孔阳看来，哲学中所说的"理"与绘画艺术中所说的"神"，既有差别，也有深刻的联系。他说："'理'是抽象的道理，原则规律。而'神'则是具体化的、生命化的。"③ 因此，我们不能把二者混同。但是，"理具体化、生命化，融入形中，通过形表现出来，这时就成为神"④。

结　语

蒋孔阳对德国启蒙运动时代的著名美学家莱辛关于画与诗的区分进行了反思，认为莱辛的区分并不完全适用于中国艺术。

莱辛撰写了一本著作——《拉奥孔》，该书有一个副标题，即"论画与诗的界限"。拉奥孔是希腊传说特洛伊战争中的著名人物，

---

① 蒋孔阳：《蒋孔阳全集》第5卷，上海人民出版社2014年版，第177页。
② 蒋孔阳：《蒋孔阳全集》第5卷，上海人民出版社2014年版，第186页。
③ 蒋孔阳：《蒋孔阳全集》第5卷，上海人民出版社2014年版，第188页。
④ 蒋孔阳：《蒋孔阳全集》第5卷，上海人民出版社2014年版，第188页。

古典时代的雕刻和诗歌对拉奥孔遭到大蛇绞杀的故事都有过反映。莱辛通过比较古典雕刻中的拉奥孔与古典诗歌中拉奥孔的不同,总结出了画与诗的区别。他认为,画与诗在媒介上不同,空间中的形体和颜色是绘画的媒介,而时间中发出的声音是诗的媒介;① 画与诗所依赖的感觉器官不同,欣赏绘画要用眼睛,眼睛适宜接受在空间中并列的、静止的物体,欣赏诗要用耳朵,耳朵适宜接受在时间中流动的、发展的事物;② 因此,画与诗在题材上不同,在空间中并列的物体及其可以用眼睛看见的属性是绘画的特有题材,在时间中前后承续的动作或情节是诗所特有的题材。③ 莱辛的看法是重要的,因为他通过对画与诗的比较,从理论上阐明了空间艺术和时间艺术的根本区别。

在分析唐诗的美学特征时,蒋孔阳认为,唐诗善于把时间搏入空间,把空间搏入时间,体现出了音乐美和建筑美,但蒋孔阳也指出,"这音乐美和建筑美,只是一种象征性的比喻",因此,唐诗和音乐美、建筑美"之间只具有比喻的关系而并不具有实质性的关系"④。蒋孔阳在此是继承了莱辛关于空间艺术和时间艺术的区分思想的。而在研究中国古代绘画时,蒋孔阳发现,不能用莱辛的理论硬套中国的绘画,他尖锐地指出,莱辛的讲法,"对于西方的画来说,完全是正确的。对于中国画来说,有其正确的一面……但是,又有其不正确的一面"⑤。中国画也是表现空间的,这是莱辛正确的一面,但中国的文人画是写意的,它可以超脱时间和空间的限制,这是莱辛错误的一面。我们从蒋孔阳对唐代诗歌的讨论到对中国绘画的讨论中可以发现,由于研究对象的不同,他对莱辛《拉奥孔》

---

① 参见莱辛《拉奥孔》,朱光潜译,人民文学出版社1979年版,第84页。
② 参见朱光潜《西方美学史》,人民文学出版社1979年版,第303页。
③ 参见莱辛《拉奥孔》,朱光潜译,人民文学出版社1979年版,第84页。
④ 蒋孔阳:《蒋孔阳全集》第5卷,上海人民出版社2014年版,第121页。
⑤ 蒋孔阳:《蒋孔阳全集》第5卷,上海人民出版社2014年版,第177页。

所进行的反思也是不同的。

在中华人民共和国成立之后，蒋孔阳认真学习马克思列宁主义，并以马克思列宁主义为指导，撰写了许多关于文艺理论和美学的论著，产生了较大影响。虽然从1958年的"拔白旗"运动开始，他就受到很大冲击，但他对马克思列宁主义的信仰从未动摇。"文化大革命"结束后，蒋孔阳继续运用马克思列宁主义的观点、原理、方法从事文艺理论和美学的研究，逐渐在学术界确立了马克思主义美学家的地位。从1951年出版译著《从文艺看苏联》到1999年《西方美学通史》出版，在近半个世纪的学术生涯中，蒋孔阳所写的主要论著，都具有浓厚的马克思列宁主义色彩。正如前面所说，《唐诗的形成及其美学特点》和《中国古代绘画中所表现的美学思想》是蒋孔阳在日本讲学期间的讲稿，由于它们的受众都是日本学生，而中日两国政治、经济制度不同，主流话语方式有别，只有充分考虑到日本学者、学生所处的思想文化环境，求同存异，扩大共识，才能更好地与他们进行学术文化的交流。蒋孔阳一反往常的做法，他的讲稿很少直接引用马克思列宁主义经典，马克思列宁主义经典作家的名字也很少出现在讲稿中。但深入细读后，我们会发现，马克思列宁主义依然主导着这两个讲稿对问题的讨论与解决。蒋孔阳对唐诗产生背景的分析、对中国古代绘画艺术发展历程的梳理，就贯穿着历史唯物主义的基本原理。而他对中国古代绘画美学思想的归纳，就娴熟地运用了矛盾分析法。他以对立统一的思维发现和处理中国古人关于绘画的审美意识中的一系列矛盾，他运用唯物辩证法的造诣，令人叹服。

蒋孔阳对中国古代诗论、画论中的名词和术语有准确的理解，既能保持它们的本来含义，又能把它们与西方的美学术语也就是现代的美学术语融通。他对唐诗美学特点、对中国绘画美学特点及美学思想的归纳，是从通过中西美学相互交流、相互比较促进我们建立"既适应中国民族化的传统又符合世界现代化潮流的美学体系"

这一角度出发的,① 是从唐诗和中国绘画乃至西方艺术的总体面貌着眼的,因而不能绝对化地去理解这些结论。我们可以说,无论是唐诗还是中国古代的绘画,它们的倾向和特征的体现,在历史发展过程中,是有先后的,但也是交叉并行的。诗人、画家、理论家的艺术追求,是有变化的,他们给我们留下的艺术作品、理论作品,也是有多种面目的。蒋孔阳提醒我们,在寻求一般的、普遍的结论时,不能忘记具体的、特殊的丰富性、复杂性。

---

① 参见蒋孔阳《蒋孔阳全集》第4卷,上海人民出版社2014年版,第71—72页。

中 编

蒋孔阳的文艺理论研究

第四章

论文艺理论研究方法

蒋孔阳对中国文艺理论的状况充满了忧虑。例如，关于中国文学理论，他曾经说："文学理论落后于文学创造，这在各国的文学史上，都不少见。但像我国近半个世纪来的落后状况，实属罕见。"①为了推动中国当代文艺理论的发展，一大批学者共同努力，蒋孔阳就是其中之一。蒋孔阳的贡献很大，作用很明显。他从方法论的角度对文艺理论研究所作的思考，体现出马克思主义文艺理论的生气和生机。认真梳理、总结蒋孔阳的思考，汲取其精神，具有重要意义。

第一节 理论联系实际

理论联系实际是马克思主义的重要指导原则。正是在这个原则的指导下，中国共产党领导中国人民取得了新民主主义革命、社会主义革命和社会主义建设的胜利，但在"文化大革命"时期，这个原则受到了严重歪曲、误解。我们不是从历史唯物主义的角度而是从唯心主义的角度来理解这个原则，从而脱离了实际。蒋孔阳指出，所谓"实际"，就是"物"，就是客观现实，就是实践，它不是条条

---

① 蒋孔阳：《蒋孔阳全集》第 4 卷，上海人民出版社 2014 年版，第 171 页。

框框,更不是上级的指示。蒋孔阳认为:"唯物主义尊重'物',也就是尊重客观现实生活中实际存在的问题,回答这些问题,以求真正做到理论联系实际,而不是要实际来联系理论。"①

文艺理论研究必须贯彻理论联系实际的原则。在蒋孔阳看来,社会主义初级阶段(尤其是改革开放)是我们各项工作所需要面对的"实际",它是一般的、普遍的"实际"。它在文艺理论研究中,具体体现为四个方面的问题。② 第一,党和国家所施行的改革开放政策,是一个大转变,是一个伟大实践,它向文学艺术提出了什么新的研究课题?第二,随着国门的打开,国外的文艺理论尤其是欧美的文艺理论大量涌入,让人眼花缭乱,文艺创作者、文艺理论研究者应该如何正确对待?第三,典型、题材、英雄人物与悲剧等,是传统的、极具影响力的文艺理论,这些文艺理论在全新的时代背景下,依然具有生命力,因为它们得到了革新,取得了新的性质与内容。那么,这些性质与内容是什么?第四,马克思主义文艺理论具有重大价值,是我们必须坚持的,但我们坚持的是它的基本原则。在这一前提下,我们应该如何改进与充实马克思主义文艺理论的具体内容,使它得到更大发展?蒋孔阳对这四个问题,给予了初步的回答。

关于第一个问题,蒋孔阳认为,林彪和"四人帮"的文艺观念是"左"的文艺观念。"左"的文艺观念"把错误当成真理,把落后当成先进,把明显地违反文艺规律的东西当成指导文艺的金科玉律"③,干涉多,帽子多,行政命令多。"左"的文艺观念是由"左"倾路线造成的,虽然"左"倾路线被果断纠正,但"左"的文艺观念入侵到人们的肺腑,流毒依然存在。文艺工作者要认清林彪和"四人帮"的错误文艺观念,从内容到形式、从观点到方法,更新认

---

① 蒋孔阳:《蒋孔阳全集》第4卷,上海人民出版社2014年版,第270页。
② 参见蒋孔阳《蒋孔阳全集》第4卷,上海人民出版社2014年版,第142—143页。
③ 蒋孔阳:《蒋孔阳全集》第4卷,上海人民出版社2014年版,第173页。

知，改变原有的知识结构和"陈旧的审美心态"，① 跟上时代步伐，捍卫文艺创作和文艺欣赏、评论的自由，反映正在发生改变的现实生活，同时，不让经济大潮和资产阶级自由化冲淡社会责任感，对新的生活做出新的审美判断，表达出时代的"心声"，把文艺引向广阔的天地。

关于第二个问题，蒋孔阳认为，对"意识流、精神分析学、格式塔心理学、结构主义、现象学、符号学、分析美学、释义学美学、接受美学，以至最新的解构主义"，既不要趋之若鹜，顶礼若神明，也不要因狭隘而"害怕得如'鬼'"。② 文艺理论研究者要有客观、科学的研究态度，不要抽象地肯定，也不要抽象地否定，而是要进行细致、具体的分析，进行深刻、系统的研究，结合西方的社会生活和思想意识，还原它们的真面目，实事求是地阐明各自的长处与短处。更为重要的是，应该以当代我国文艺创作的实践为立足点，联系古今中外的文艺创作经验，对于那些有助于提高和繁荣我国文艺创作的，都进行总结与肯定，充实、融会到我们的文艺观念中。

关于第三个问题，蒋孔阳认为，典型应该是莎士比亚化的，是真实的，能够占据"生活的制高点"③，能够体现"生活的最高原理"④；文艺家应该选择那些"普遍令人关心"的⑤、能够普遍地引起广大欣赏者心灵震荡的生活、人物、思想、事件作为题材；英雄人物是"复杂而丰富的"，⑥ 应该通过对其日常生活而不仅仅是业绩的描写来表现；悲剧应该体现美或有价值的东西的毁灭，悲剧主人公应该具有坚强的性格，毁灭"具有历史社会的必然性"，⑦ 应该引

---

① 参见蒋孔阳《蒋孔阳全集》第6卷，上海人民出版社2014年版，第128页。
② 蒋孔阳：《蒋孔阳全集》第4卷，上海人民出版社2014年版，第193页。
③ 蒋孔阳：《蒋孔阳全集》第6卷，上海人民出版社2014年版，第159页。
④ 蒋孔阳：《蒋孔阳全集》第6卷，上海人民出版社2014年版，第156页。
⑤ 参见蒋孔阳《蒋孔阳全集》第6卷，上海人民出版社2014年版，第159页。
⑥ 参见蒋孔阳《蒋孔阳全集》第6卷，上海人民出版社2014年版，第52页。
⑦ 参见蒋孔阳《蒋孔阳全集》第3卷，上海人民出版社2014年版，第356页。

起人们对这种导致毁灭的社会力量的愤恨。

关于第四个问题,蒋孔阳认为,必须正确理解文艺的主体性问题,因为这有助于深化对文艺与现实关系的认识。蒋孔阳指出,文艺要面对政治、经济和社会等外在的客观因素,但文艺对这些因素的反映不是机械的。文艺家具有主体,具有自我,具有独立自主的精神,具有自己的人格力量。他要发扬自己的个性、坚持自己的个性。他要把生活燃烧起来,他要有"灵魂的闪光",要有"感情的喷涌",要有"血泪的交迸"。[①] 他的人格决定了作品的品格,只有"自己的人是社会主义的人,是现代化的人,他才能写出为社会主义为现代化服务的好作品来"[②]。他要追求自由而不走向自由化,要强调主体意识而把主体意识与社会责任统一起来,在当代世界高举中国特色社会主义文艺理论的鲜明旗帜,并且要让它独放异彩。

第二节　继承中外遗产

研究中西自成体系的文艺理论遗产,总结其特点及卓越的贡献,从而促进中国当代文艺理论的提高和进一步发展,是学界的一个重要课题。

近代以来,中国传统文艺理论受到西方文艺理论的巨大冲击。中国传统文艺理论的思想体系与思想面貌被视为"古"与"旧",西方的则被视为"今"与"新"。这种观点是"欧洲文化中心论"在文艺理论领域的具体体现。蒋孔阳批评了"欧洲文化中心论",他指出,在过去,欧洲是世界霸权的中心,所以有些人就认为它也是文化的中心,但欧洲称霸的历史已经结束,"至于文化,那就更不用说了"[③]。在蒋孔阳看来,世界上没有永恒不变的事物,也没有彻底

---

① 参见蒋孔阳《蒋孔阳全集》第 4 卷,上海人民出版社 2014 年版,第 7 页。
② 蒋孔阳:《蒋孔阳全集》第 4 卷,上海人民出版社 2014 年版,第 8 页。
③ 蒋孔阳:《蒋孔阳全集》第 4 卷,上海人民出版社 2014 年版,第 339 页。

全新的事物。"新"和"旧"、"今"与"古"是比较而言的,是相对的,不是绝对的。没有"旧",无所谓"新",没有"古",无所谓"今",反之亦然。"温故而知新"表明,离开"温故",无法"知新"。

蒋孔阳说:"人类的确是在不断地进行新的创造的过程中前进,旧的东西不断地消失,新的东西不断地诞生……但是,人总是人,人总是站在前人的肩膀上来和现实发生关系,来进行新的创造,这样,人又总是离不开历史的传统。"① 蒋孔阳认为,文艺理论是历史的科学。当文艺理论富有历史性的时候,也就是它富有生命力的时候。传统文艺理论是"抹煞不了的,更不可能丧失!"②

林彪和"四人帮"将非常丰富和复杂的文艺现象,以对立的思维方式,简单、武断地切分为进步的与落后的,或革命的与反革命的,或主流、或支流、或逆流。上纲上线后,有的观点受到重视,有的观点受到歧视,有的观点受到排斥甚至打压。他们不明白,理论的创造过程是曲折的、复杂的和多元的,往往是各种观点交互渗透。林彪和"四人帮"缺乏历史的、辩证的观点。

蒋孔阳指出,从事文艺理论的研究,必须要有历史的观点。文艺理论中的很多问题,在历史上就曾被人提出和讨论。在文艺理论发展的历史长河中,凡是成名成家的,都不是绝对正确的,但也不是绝对错误或全无价值的。没有人能穷尽文艺理论的所有真理。真理是一个过程,只能一代代地发展、完善。对中西文艺理论,都要探本溯源,真正做出全面、系统的研究。对一些基本的概念、范畴和命题,要清晰地交代其来龙去脉,即它们始于何时,盛于何时,有何演变。经过历史的分析,我们能够发现古人所提出的问题有何局限,发现它们在历史上所包含的现实内容,发现前人的研究

---

① 蒋孔阳:《蒋孔阳全集》第 4 卷,上海人民出版社 2014 年版,第 348 页。
② 蒋孔阳:《蒋孔阳全集》第 4 卷,上海人民出版社 2014 年版,第 369 页。

所具有的生命力和对当下的真实意义，我们要在不变中求变，在继承中创新。在新的情况下，对前人留下的问题以新的形式进行新的研究。

对于不同的学说，不要抑此扬彼，不要囿于一得之见，不要拜倒在古人或洋人脚下，而是要胸有全局，兼收并蓄，取精用宏，深刻把握继承与革新的辩证关系，发展马克思主义文艺理论，开辟中国文艺理论研究的广阔前景。

通过回顾历史，蒋孔阳指出，"中国文化历来都是在与外来文化的冲击和交流中成长和发展起来的"①，"对'中国特色'不要作狭隘的理解，也不要作固定的理解，而要着眼于是否有利于中华民族的发展"②。中国特色是不断需要新的内容的，是要不断发展的。国外优秀的东西，被我们吸收、容纳与消化之后，就变成了中国特色的一部分，使中国特色日新月异。在刘勰的时代，佛教思想文化不断传入中原，锐不可当。刘勰家贫无以为生，住在寺庙达十余年，他深入研究佛教经典，整理经藏，并撰写了《灭惑论》等。刘勰深受佛教影响，他的《文心雕龙》将儒家、道家的文艺理论与佛教思想相结合，把中国传统文艺理论推进到儒、道、佛糅合的发展阶段。可以说，刘勰在对外来文化的吸收中，丰富、发展了民族特色。鲁迅的《阿Q正传》，是在西方小说的影响之下写出来的，"但既然写出来之后，它反映了中华民族的某种心态，有利于中华民族的改革和革新，因此，我们认为它就表现了中华民族的特色"③。

蒋孔阳总结了中国古代文艺理论的三个特点，即重情、重文和重玄。重情包括两层意思，"一是重视亲身的感受……笔锋常带感情；二是重视人情世故，重视以礼教风化为中心的人文精神"④。重

---

① 蒋孔阳：《蒋孔阳全集》第4卷，上海人民出版社2014年版，第648页。
② 蒋孔阳：《蒋孔阳全集》第4卷，上海人民出版社2014年版，第649页。
③ 蒋孔阳：《蒋孔阳全集》第4卷，上海人民出版社2014年版，第649页。
④ 蒋孔阳：《蒋孔阳全集》第4卷，上海人民出版社2014年版，第650页。

文包括两层意思,"一是重视文采的出众,这与西方文艺理论重视说理的缜密,形成了鲜明的对比。……二是重视审美精神,讲究言之不文,行之不远"①。重玄也包括两层意思,"一是讲究哲理,二是讲究言近旨远,寓理于象"②。蒋孔阳认为,我们应当将这些特点发扬光大。

不仅中国文艺理论有数千年的历史,西方文艺理论也如此。它们都是丰富的遗产,都应该继承。蒋孔阳认为,西方文艺理论的特色在于客观精神、分析精神、科学精神,在于形而上学的理论思维方面。这也是它们的优势。我们既不能有民族的自大感,也不能有民族的自卑感。我们要扩大眼界,虚心学习,不能盲目排斥或拒绝。排斥或拒绝先进的、优秀的东西,只能导致我们的落后。我们"处在中西文化交流的时代,要完全拒绝外国的东西,不仅不应该,而且也不可能"③。

蒋孔阳主张把研究与翻译结合起来,他说,"搞研究的人,多做一些翻译工作;搞翻译的人,也应当多做一些研究工作"④。蒋孔阳的这句话是在总结王元化《文学风格论》的学术意义时说的,主要是指把西方文艺理论成果翻译为中文,供研究时参考。事实上,我们也可以根据发展中国文艺理论的需要,把他所说的"翻译"做一点拓展,即它指的不仅是把外文文献翻译为中文,也包括把中国古代文献翻译为外文和现代白话文。中国古代文艺理论有一套名词、术语,是一个相对独立的思想体系。西方的文艺理论也是如此。中国现当代的文艺理论主要用白话文表达,受西方影响很大。古代文艺理论中的词汇,有些在现当代文艺理论中得到保留,但大部分已经消失。学者们在翻译时,就是在古代文艺理论词汇、现当代中国

---

① 蒋孔阳:《蒋孔阳全集》第4卷,上海人民出版社2014年版,第650页。
② 蒋孔阳:《蒋孔阳全集》第4卷,上海人民出版社2014年版,第650页。
③ 蒋孔阳:《蒋孔阳全集》第4卷,上海人民出版社2014年版,第394页。
④ 蒋孔阳:《蒋孔阳全集》第4卷,上海人民出版社2014年版,第398页。

文艺理论词汇和西方文艺理论词汇之间进行格义,翻译本身成了研究性的。只有把外文翻译为中文,才能参考国外的研究成果,提升研究的层次;只有把中国古代的翻译为白话的,才能让死的变为活的;只有把中国古代、现当代的翻译为外文的,中国文化才能走向世界,从国外同行那里,得到相关的反馈,推进我们对自身传统的认识。对于在国外增强中国学术的可见度,蒋孔阳尤其强调。在他看来,中国文艺理论界,翻译进来的东西多,翻译出去的东西少,国外的东西在中国产生了很大影响,但中国的东西在国外的影响非常有限,国外只能看到些零星的材料,因此他们也不太清楚中国的情况,国内和国外没有真正的交流。中国的文艺理论是达到、超过还是落后于国际水平,只有在国内外的交流能够大量地、顺利地开展的情况下,才能做出判断。蒋孔阳提醒我们:"西方的现代派的确接受了某些中国的东西,由于合乎他们的口味,有的就大加褒扬。对此,我们应当有自知之明,不应昏头。"① 国内外的深入交流,都要以沉潜、雄厚的研究做基础,才能避免语言转化时的生搬硬套、牵强附会。总之,翻译和研究,对于继承遗产、对于古今中外的融会贯通非常重要,它们是相互助推的。

　　蒋孔阳对欧洲18世纪、19世纪时期的文艺及其理论情有独钟。在蒋孔阳看来,冷落、忘记这一时期的历史遗产,我们无法深入开掘西方现当代的文艺理论。蒋孔阳说,在他们那一代人的成长过程中,这个时期的文艺及其理论是他们耳濡目染、朝夕与共的。他们把这个时期的作家如狄德罗、莱辛、巴尔扎克、托尔斯泰,理论家如康德、黑格尔、别林斯基、车尔尼雪夫斯基等视为成人治学的典范,视为毕生追求的理想,从他们那里吮吸乳汁。在极"左"年代,对西方现当代的文艺作品和文艺理论进行了长期的封闭。实行改革开放政策后,年轻人一下子接触到了很多这方面的东西,他们认为

---

① 蒋孔阳:《蒋孔阳全集》第4卷,上海人民出版社2014年版,第56页。

这是最新的东西，是至宝，饥不择食，一股脑儿地予以接受。西方现当代文艺作品和文艺理论的基本特征是反传统，目标直指18世纪、19世纪。年青一代受此影响，忽视了18世纪、19世纪。蒋孔阳认为，18世纪、19世纪是现当代的源与根，"反传统也是在继承传统的基础上来反的"①，只有认真熟悉18世纪、19世纪，才能理解现当代反的是什么，为什么反，进而判断反得对不对。蒋孔阳还认为，只有继承历史遗产，追本溯源，我们才能高举马克思主义文艺理论的伟大旗帜。80年代后期，面对学界大量引进西方现当代文艺理论，但又不能很好地消化，在照搬、移植中几近迷失的状况，蒋孔阳比过去更感到18世纪、19世纪文艺理论所散发的伟大智慧和璀璨光辉。他强调，马克思主义文艺理论是马克思、恩格斯在科学地总结、概括这一时期文艺理论的基础上建立起来的，这一时期的文艺实践及其理论是马克思主义文艺理论的深厚土壤。要发展马克思主义文艺理论，必须对这一时期的重要价值和意义有深切、充分的理解。

第三节 广泛的争鸣

马克思主义文艺理论从20世纪30年代起就成了中国文艺理论的主流，但中国文艺理论研究的道路是崎岖的。50年代，中国掀起了文艺理论研究的热潮，但在苏联教条主义与极"左"路线影响下，把假马克思主义甚至反马克思主义视为马克思主义。在林彪、"四人帮"横行的时候，"一切都强调'斗争'，一切都'箭在弦上'"②。他们敌视学术研究，为学术研究制造种种障碍，对文艺做狭隘的、片面的理解，"到处开红灯，禁止交流道路的通行"③。由于没有平等讨论，没有尊重差异、包容多样的氛围，学者们噤若寒蝉，是非

---

① 蒋孔阳：《蒋孔阳全集》第4卷，上海人民出版社2014年版，第221页。
② 蒋孔阳：《蒋孔阳全集》第4卷，上海人民出版社2014年版，第272页。
③ 蒋孔阳：《蒋孔阳全集》第4卷，上海人民出版社2014年版，第74页。

难辩，有口难言，文艺理论丧失了活力，僵化枯燥。当时，文艺理论是靠政治的权威来维持自己的生存的。虽然也有学者作过一些研究，但这些研究是分散的、零碎的。可以说，文艺理论研究遭到了摧残。

党的十一届三中全会后，学术界展开了"实践是检验真理的唯一标准"这一著名的大讨论，"拨乱反正，涤旧去偏，逐步恢复了马克思主义的真面目"①。同时，大讨论有助于恢复被"四人帮"搞坏了的社会风气。80年代，人们重新追求人生的价值，包括美的价值，文艺活跃起来了。根据党中央的精神，蒋孔阳认为，文艺理论不应再搞"一个权威、一种结论、一种模式"②。一花独放不是春，学界需要打破万马齐喑的局面，形成文艺理论研究百花齐放、百家争鸣的繁荣局面，使中国文艺理论的春天，"来得更为灿烂，更为绚丽！"③

蒋孔阳号召和提倡文艺理论研究中的学术争鸣。蒋孔阳指出，学术中的争鸣是在坚持四项基本原则、以社会主义的是非作为准绳的前提下，以实事求是的精神，服从真理的勇气，不回避客观现实生活中存在的矛盾，不回避文艺实践、文艺理论研究中存在的问题，哪怕是敏感的问题，解放思想，消除顾虑，通过独立的思考，从不同的方面，在不同的程度上提出新看法。学术中的争鸣不是"文化大革命"意义上的"斗争"或"批判"。

在蒋孔阳看来，争鸣体现的是理论探索的精神，非常有助于打破头脑中的惯势，摆脱对陈言的因袭。争鸣者不应固执成见、忠实于经典著作中某些字句或讲法的习惯理解，而是要"突破成见，忠实于我国文艺发展的客观实践"④。不是为争鸣而争鸣，而是为促进

---

① 蒋孔阳：《蒋孔阳全集》第4卷，上海人民出版社2014年版，第270页。
② 蒋孔阳：《蒋孔阳全集》第4卷，上海人民出版社2014年版，第169页。
③ 蒋孔阳：《蒋孔阳全集》第4卷，上海人民出版社2014年版，第162页。
④ 蒋孔阳：《蒋孔阳全集》第4卷，上海人民出版社2014年版，第166页。

中国文艺理论的发展、壮大而争鸣。马克思曾说，真理占有我，而不是我占有真理。马克思的这句话，是蒋孔阳多次谈到的。蒋孔阳指出："马克思主义之所以伟大和具有长远的生命力，就在于并不自以为占有真理，高踞于客观事实之上；而在于它永远联系实际，根据实践的发展来发展和充实自己。"① 在蒋孔阳看来，文艺理论研究者不应以"我"字当头，而应以"真理"当头，一切以真理为鹄的、旨归，对不同观点、学说，持开放态度，但不盲目，经过具体的分析、研究，认为"是的"，就虚心接受，认为"非的"，就大胆地进行诘难，与其辩论。在争鸣中，要追求真理，而不是追求一己的胜利。要认真研读论辩对方的著作、文章，以人生、现实为依据，仔细核实各种材料，发扬"实事求是"的学风。蒋孔阳强调，文艺理论研究者应该深刻认识到，并非通过争鸣，就一定能得出最终的结论，解决问题，获得真理，但通过争鸣，解决问题、获得真理的希望就大大提高了。论辩双方不仅有差异，也可以相互充实与补充，正确的观点往往要经过反反复复的分析、辩论才能获得。因此，不要把自己封闭起来，即使观点不是臻于完善、无懈可击，也要积极参与讨论。要张开双臂，勇于接受别人的质疑、挑战，"随时听从真理的召唤，修正自己的错误，吸取他人的长处"②。在开放中，让自己丰富起来，澄清一些问题，走向更高更深层次，也更加接近中国当代文艺实践。

蒋孔阳是生活于上海的学术大家。有同志向蒋孔阳建议，建立上海学派，蒋孔阳表示反对。蒋孔阳的态度首先是建立在对第二次文艺理论研究热潮的准确判断上。这次研究热潮，它的特点主要是"研究性和介绍性"③。它与20世纪50年代的那次研究热潮不同，50年代的那次研究热潮主要以"派性和争论性"④ 为特点，有其弊端。

---

① 蒋孔阳：《蒋孔阳全集》第4卷，上海人民出版社2014年版，第166页。
② 蒋孔阳：《蒋孔阳全集》第4卷，上海人民出版社2014年版，第419页。
③ 蒋孔阳：《蒋孔阳全集》第4卷，上海人民出版社2014年版，第233页。
④ 蒋孔阳：《蒋孔阳全集》第4卷，上海人民出版社2014年版，第233页。

其次，蒋孔阳的态度是建立在对"文化大革命"的反思上。"文化大革命"期间，极"左"路线占据上风，文艺理论界宗派主义突出，对学术研究具有很大的破坏作用。这是深刻的教训。再次，蒋孔阳的态度是建立在他对学术理论发展的深刻认识之上。蒋孔阳说："学派是自然形成的，是先有了独立的学说和观点，并取得了公认的成果，然后自然而然地形成某一个或某几个学派，而不是由几个人的主观意志所能够建立的。"① 蒋孔阳还说："中国古代，喜欢以地域名派，如江西诗派、吴门画派等，它们不仅是地域的概念，而且是观点的概念，因此，能够在学术上或艺术上自成一派。"② 在蒋孔阳看来，上海是一个地域概念，在上海地区工作或成长的文艺理论研究者，"他们的观点，可以是相同的，也可以是不同的，甚至是相反的"③。不同地域的同志，可能会有相同的文艺理论观点。上海地区的文艺理论研究，不应局限于某一学派的观点。学派不应当以地域为限。蒋孔阳认为，在上海，在其他地方，任何学者都有提出自己看法的自由，任何学者都有充分展现自己的机会。他反对学术上任何具有派性的霸权主义，坚持学术本位，尊重学术民主，尊崇学术成就。在他看来，中国的文艺理论研究，应该"在党的'双百'方针的指导下，百家争鸣，众流竞进"④。

蒋孔阳曾经给自己的学生写了这样的话：

为学不争一家胜
著述但求百家鸣

蒋孔阳说："这两句话，基本上表现了我做学问的态度：不求一

---

① 蒋孔阳：《蒋孔阳全集》第4卷，上海人民出版社2014年版，第162—163页。
② 蒋孔阳：《蒋孔阳全集》第4卷，上海人民出版社2014年版，第3页。
③ 蒋孔阳：《蒋孔阳全集》第4卷，上海人民出版社2014年版，第3页。
④ 蒋孔阳：《蒋孔阳全集》第4卷，上海人民出版社2014年版，第3页。

家独霸学术论坛,但愿百家争鸣,万紫千红。"① 蒋孔阳不仅这样说,也这样做。例如,虽然蒋孔阳坚持的是实践美学,但在他编《美学与艺术评论》时,他不囿于实践美学,"既不反对、也不偏袒任何一派的美学观点"②,只要文稿言之有故、持之有理,他都采用。

第四节 比较的方法

比较的方法作为一种文艺研究方法,在古代就广泛存在。如清代的画家吴历参加耶稣会后接触到西方绘画,对中西绘画方法进行过比较。在西方,也有学者采用比较的方法,如黑格尔在《历史哲学》《美学》中,把中国与西方进行比较,但在这些研究、讨论中,比较并没有成为一种独立的方法。19世纪末20世纪初,文学方面兴起了采用比较方法的研究风尚,西方不少大学纷纷设立比较文学系。蒋孔阳认为,比较的研究以单方面研究的积累为基础,但随着学术的发展,单方面的研究,无论是中国文艺理论研究,还是西方文艺理论研究,已经不能满足需求。在文艺理论中开展比较的研究,这是一个趋势。它也是在中国对外开放的过程中,中西文艺理论不断相互接触、交流、矛盾与渗透在学术研究方法上的必然要求。

在蒋孔阳看来,采用比较的研究方法,标志着中国的文艺理论研究进入了一个新阶段。这是一个更具有视野的阶段,因为学者们把中国的文艺理论放到世界范围、世界的高度来进行认识;这是一个更现代化的阶段,因为学者们将熟悉世界文艺理论的动向,追赶世界学术潮流,促进中国文艺理论研究理念、研究方法、研究范围的更新;这是一个更具有主体自我意识的阶段,因为学者们自觉、主动地把中国已有的文艺理论和其他文明文化系统与历史背景中

---

① 蒋孔阳:《蒋孔阳全集》第4卷,上海人民出版社2014年版,第423页。
② 蒋孔阳:《蒋孔阳全集》第4卷,上海人民出版社2014年版,第164页。

的文艺理论进行比较，可以为建立适应中国传统、符合中国文艺需要、吸收世界潮流因子的中国特色马克思主义文艺理论体系准备重要条件。

蒋孔阳指出，中国的文艺理论是在与外来文化的相互接触、交流与融合中发展的。唐代中国文化与西域文化的接触是第一次文化大交流，鸦片战争后中国文化与西方文化的接触是第二次文化大交流。第二次文化大交流虽然因清王朝、北洋军阀、国民党反动派和林彪、江青反革命集团的破坏而受到干扰，但在党的十一届三中全会后，以更大的规模、更广的范围和更猛的势头展开。中国文艺理论必将在这一次文化交流中经受"空前的考验，脱胎换骨，取得新的生命"①。

黑格尔在《小逻辑》中说，真正高水平的比较，要达到这样的要求，即"看出异中之同和同中之异"②。蒋孔阳深受黑格尔的影响，他深刻地指出，"比较不是达尔文所说的'对立的原则'，而是普列汉诺夫所说的'对比的原则'"③。蒋孔阳认为，中西之间有共同的审美爱好，共同的文艺实践，有相近的文艺思想与文艺原则，这是中西文艺思想能够比较的基础。通过比较，一是要探求中西文艺思想之间存在的共同规律，将中国文艺思想纳入世界范围、世界水准，这是求同；二是要探求中西文艺思想各自的特殊规律，彰显民族特色，确立在世界文艺理论版图中的位置，这是求异。蒋孔阳认为，在比较研究中，必须把握同与异之间的辩证关系，不能将其简单化。

宗白华和朱光潜都深谙中西文艺思想，运用比较的方法开展研究，达到左右逢源、贴切圆润的境地，既让中西文艺思想互相印证，也由此把握中国文艺思想的特点。张文勋的《儒道佛美学思想探索》

---

① 蒋孔阳：《蒋孔阳全集》第4卷，上海人民出版社2014年版，第74页。
② ［德］黑格尔：《小逻辑》，贺麟译，商务印书馆1980年版，第253页。
③ 蒋孔阳：《蒋孔阳全集》第4卷，上海人民出版社2014年版，第75页。

对儒、道、佛三家各自独特鲜明的思维方式和它们在文艺理论中的运用、表现进行了细致分析，这是求异；接着以特点的揭示为基础，探讨它们如何相互渗透与融合，共同构建中华民族的审美心理结构和文艺思想，这是求同。除了中国学者在做比较研究之外，外国学者也在做比较研究，哈罗德·奥斯本的《美学与艺术理论》通过中西比较，看到了中国艺术的民族特点。在蒋孔阳看来，以上四位学者的成果，都较好地体现了比较的方法在文艺理论研究中的运用。

第五节 实证的方法

蒋孔阳指出，国内的文艺理论研究者，长期以来，主要是用哲学的、心理学的方法来进行研究，把文艺理论牢牢地捆绑在哲学思辨的车轮上。这是一种宏观的研究，它致力于建立体系。这种研究方法也是国内很多学者在耳濡目染中所习惯了的。蒋孔阳认为，对文艺理论研究来说，哲学或心理学的方法并不是唯一的方法。他主张，在文艺理论研究中，需要采用实证的研究方法。

实证的研究方法，是一种运用解剖刀式的研究方法，是一种具有浓厚科学色彩的研究方法。它处理的是事实性的东西，可以为理论提供扎实有力的支撑，避免理论的空疏。蒋孔阳指出，"所谓实证的研究，主要指两点：一是加强科学性，不仅要有定性的哲学探讨，同时也要有定量的实证分析"[1]。蒋孔阳说，"胡适把对古书中一个字的发现，比喻成发现了一个星球。这固然有点夸大，但对于讲求实证的学者来说，却应当是一种值得提倡的精神"[2]。从中国的传统来说，实证的研究体现为考据。蒋孔阳断言，"每一个学术上的新时代的诞生，总是和重视考据的朴实学风联系在一起的"[3]。在蒋孔阳

---

[1] 蒋孔阳：《蒋孔阳全集》第4卷，上海人民出版社2014年版，第310页。
[2] 蒋孔阳：《蒋孔阳全集》第4卷，上海人民出版社2014年版，第178页。
[3] 蒋孔阳：《蒋孔阳全集》第4卷，上海人民出版社2014年版，第316页。

看来,西方的文艺复兴、中国"五四"时期文化的勃兴,就是例证;近代王国维等一大批学术大师所取得的划时代成果也是例证。

中国的文艺理论研究,在20世纪80年代因开放而出现了高潮,但在80年代、90年代之交,出现了徘徊,走入了困境。要走出这个困境,蒋孔阳认为,必须加强实证研究,但蒋孔阳也提醒我们,不能走极端。因为文艺理论是人文学术,不是科学,不能说实证的方法对文艺理论研究就是最好的方法,或者说是唯一的方法。我们既不能用哲学、心理学来代替文艺理论,让哲学、心理学淹没文艺理论,也不能用科学来代替文艺理论,让科学淹没文艺理论。蒋孔阳强调的是,实证的方法对于开创文艺理论研究新纪元的不可或缺性,而不是它对于其他方法的替代或排斥。在蒋孔阳看来,考据能够提供大量的实物、事实,但是仅仅有实物、事实,还构不成学问。面对材料,需要有理论的框架与总体的构思,不是被材料所占有,而是占有材料;在立足材料时,超越材料;在继承前人时,超越前人。通过对实物、事实的综合、整理、说明、阐发,从高层次上驾驭材料,层层发掘、丝丝入扣,从而实现感觉和判断、考据和理论、实证性研究和哲学性思考、微观剖析和宏观阐发的有机结合。

郑元者的《艺术之根:艺术起源学引论》提供了欧洲等史前洞穴艺术的大量考古资料,并对这些史料进行了精细而颇有深度的考察、论证,从而推进了我们对人类艺术起点问题、艺术发生问题的认识。在郑元者的研究中,以大量的考古实证资料为基础,增强了研究的历史感、厚重感,同时也增强了研究的动态品格,因为历史的研究就是动态的研究。吕新雨的《神话·悲剧·〈诗学〉》重点讨论亚里士多德的《诗学》,但她不走传统的老路,就《诗学》谈《诗学》,而是把它放在古希腊乃至整个西方文化背景中来谈。她对古代爱琴文明,对古代希腊神话与悲剧进行了细致考证,提供了很多扎实的史料与知识。由于有认真的考证作基础,她对古希腊悲剧与现代悲剧的比较,对诗学传统与反传统的辩证就不再是空谈,而是体现出很强的说服力。池泽康郎是一个医生，在《人体美学》中，他运用自己所掌握的解剖与人体结构知识，"具体地剖析人的指甲、耳朵、额头、眉毛、眼睛、鼻子，以至手和脚的美学意义"①，通过交叉、穿梭，在医学与艺术之间搭建了桥梁。科学美学被视为美学的一个新的研究方向，它包括两个方面：一是各门科学自身给人带来的美感；二是运用科学方法来研究审美现象、美学问题。《人体美学》两个方面兼备。在蒋孔阳看来，以上三种著作，都较好地体现了实证方法在文艺理论研究中的运用。

结　语

　　蒋孔阳对文艺理论研究的思考，具有时代的印迹，具有学术标本乃至历史标本的意义。他的思考集中在20世纪80年代、90年代，他是中国从封闭走向开放的亲历者、见证者，他的思考是在改革开放这一巨大的社会变革与实践中应运而生的，体现着时代的呼声。他和其他学者一道，深度参与了当代中国文艺理论的建设，对中国文艺理论研究的全面复苏和全新开始起到重要的引领和推动作用。

　　蒋孔阳的思考，有相当一部分是在他为学界同行出版的著作所写的序文中呈现的。而这些著作也往往为他的思考提供了例证性的支撑。他发掘新人，对学界同行尤其是年轻学者给予很多肯定、勉励。在这些序文中，寄予着他建设良好学风、净化学术环境的良苦用心。他为文艺理论研究的培根铸魂、守正创新做出了很大努力。

　　蒋孔阳提出了中国当代文艺理论发展的根本问题、前沿问题，他的思考富有个人特色。他有很强的共生意识、发展意识。他不排斥其他形态的文艺理论，鼓励多样化探索与争鸣，但他有明确的倾向，坚持一元论，他心目中理想的文艺理论，在性质上有规约，在

---

① 蒋孔阳：《蒋孔阳全集》第4卷，上海人民出版社2014年版，第359页。

时代价值上有限定。在各种思潮起伏与议论纷纭的时候，他有清醒坚定的原则立场，以敏锐的学术眼光，回应着文艺理论研究中的新观念、新方法，回应着党和国家的需求。虽然"文化大革命"之前和之后，环境有很大的变化，但在蒋孔阳这里，没有出现对马克思主义的认同危机。他同时兼顾文艺理论的政治性与学科化。他不仅在口头上承认，实际上也没有背离马克思主义。高举马克思主义文艺理论旗帜，这在蒋孔阳身上是一贯的。当然，他也没有刻舟求剑。蒋孔阳的思考，都指向一个目标，根据时代的变革和新的文艺实践经验，建设当代形态的中国马克思主义文艺理论，满足时代的需求。蒋孔阳没有迷失方向，他的思考没有让马克思主义变形走样。他在坚守中，在与对立面的矛盾斗争中，同时也在开放中，在交流互补中，充实、丰富文艺理论。他的思考是革命性与科学性的统一，至今依然熠熠生辉。

第五章

论形象思维

　　形象思维问题是自中华人民共和国成立以来，直至80年代中期，中国重要的学术论题之一。它与中国的对外交往以及对内施行的政策、路线密切相关，也与中国美学理论、文艺理论的发展和文艺创作实践密切相关。形象思维问题是比较复杂的，相关争论很多，在美学、文艺理论研究者中还没有定论。虽然部分学者认为"形象思维"这个概念是很成问题的，但直至今天，在不少美学、文艺学论著里，这个概念仍被使用，在大学的美学、文学、艺术课堂上，不少老师也在使用这个概念来讲授学科知识。关于形象思维问题的那两次大讨论，虽然已经过去了很多年，但当我们翻阅当年推出的那些论著时，我们一点也不感到隔膜。学者们讨论问题的蓬勃热情，令我们感动；学者们侃侃而谈而又质朴的文风，也令我们喜爱。美学家蒋孔阳就是这些学者中的一位。他持久地关注形象思维问题，参与了那两次大讨论，他的形象思维论，值得我们去梳理、总结和反思。

第一节　形象思维论的提出

一　形象思维论的背景

　　20世纪30年代，别林斯基、普列汉诺夫、法捷耶夫以及努西诺夫的思想被介绍到中国,"形象思维"这个概念也随之被引进。钱杏邨(1930)、胡秋原(1930)、冯雪峰(1931)、何丹仁(1931)、周扬(1933)、陈望道(1933)、周立波(1935)、胡风(1935)①、以群(1939)、蔡仪(1943)等,或翻译、或撰文,对"形象思维"这个概念进入中国并在中国传播做出了一些贡献。② 他们已经在与哲学、自然科学的比较中,初步阐明文艺的特征在于运用形象思维,而哲学、自然科学运用的是抽象思维。在1949年中华人民共和国成立之前,我国学者虽然已对形象思维进行过一些讨论,但这些讨论是比较零散的。

50年代初,苏联的布罗夫对形象思维的传统看法提出了质疑,否定形象思维的存在,在苏联引发了一场大争论。发生在苏联的这场争论波及中国。在中国,从1928年起出现的普罗文学以及延安时期的革命文艺,都存在公式化、概念化的倾向。苏联女作家尼古拉耶娃、B.伊凡诺夫反对布罗夫、重视形象思维的论述,对中国理论界启发很大。由于党重视文艺的教育作用,与文艺创作密切相关的形象思维得到了热烈讨论,推出了许多论著。

《红旗》杂志在1966年4月刊载了郑季翘反对形象思维论的著名文章,即《在文艺领域里必须坚持马克思主义认识论——对形象思维论的批判》。郑季翘的文章,不仅成文的过程受到文艺界高层的关注,而且行文基调定得高,刊发的规格也高。他的文章发表之时,正是全国政治和思想文化氛围开始发生大变之时,文章配合了当时的新动向,因此,没有学者能够出来与之进行学术争鸣。郑季翘文章的发表,使形象思维从学术问题转变成了政治问题,结束了关于形象思维讨论的第一次热潮。

1976年,"文化大革命"结束,中国社会的发展出现了一些可

---

① 胡风说,他是国内最早提出、介绍形象思维的人,不确。参见胡风《"形象的思维"观点的提出和发展》,《艺谭》1984年第3期。

② 参见梅雯、旷新年《形象思维在中国的命运》,《文艺理论与批评》2013年第6期。

喜的变化,学术界的紧张氛围有所松动。1977 年 12 月 31 日,《人民日报》刊载了毛泽东 1965 年 7 月 21 日与陈毅讨论诗的一封信,① 这在学术界产生了很大的震荡效应,由此拉开了国内学界重新讨论形象思维的序幕。这个讨论一直持续到 1985 年。这是国内就形象思维展开讨论的第二次热潮。

在两次讨论热潮中,文化部、中宣部等相关单位介入其中,《新建设》《红旗》《光明日报》《人民日报》《哲学研究》《文学评论》《文艺研究》《中国社会科学》等影响力很大的报刊、一些知名大学的学报和各地一些报刊都刊发过讨论文章,有些报刊还设立了讨论专栏,一些文艺理论教科书和专著也涉及对形象思维的介绍、讨论,还编辑出版了外国理论家、作家讨论形象思维的译丛等。总之,学者们的相关成果蜂拥而出。

二 关于形象思维问题的论著

蒋孔阳参与了关于形象思维的两次大讨论。对于形象思维问题,从 50 年代起,蒋孔阳就比较关心。他写了《形象和形象性》《从真实的生活到艺术的形象》《谈谈阿 Q 的典型性问题》等文章。1957年,蒋孔阳在中国青年出版社出版了《文学的基本知识》一书,该书是按照一个一个的话题来写的,共有 28 个话题,话题之间具有一定的独立性,但也有内在的联系。该书共有 4 个话题即"形象""典型""典型性格""人物形象"涉及形象思维问题。1957 年 5 月,蒋孔阳在上海人民广播电台作了一次题为"文学艺术的特征"的广播。同年 10 月,蒋孔阳在上海新文艺出版社出版了《论文学艺术的特征》一书。该书的核心任务就是阐明形象思维是文学艺术的特征。这两部著作使蒋孔阳在 1958 年开始的"拔白旗"运动和 1966 年开

---

① 《毛主席给陈毅同志谈诗的一封信》也在 1978 年第 1 期的《文学评论》(复刊号)、1978 年第 1 期的《诗刊》(复刊号)刊发。

始的"文化大革命"中受到批判。党的十一届三中全会后,蒋孔阳重新讨论形象思维问题。1980年,蒋孔阳在百花文艺出版社出版了《形象与典型》。这部著作共收录了蒋孔阳的11篇文章,其中,《形象与形象思维》《形象思维与艺术构思》《对于形象思维的一些补充意见》《形象思维与议论》《形象思维理论的历史发展》这5篇文章是在第二次形象思维讨论热潮中写成的。这些论著,是学界将蒋孔阳视为中华人民共和国成立之后重要的文艺理论研究者的主要依据。

第二节 形象思维论的内容

虽然蒋孔阳很少直接与其他学者发生理论交锋,但他对当时学者们提出的各种主要观点是非常熟悉的。下面,我们将紧扣两次讨论热潮中学者们广泛关注的焦点,分六个方面梳理、总结蒋孔阳的形象思维论。

一 形象思维理论有一个发生、发展、完善的过程

在人类历史上,形象思维与文艺是同时出现的。虽然我国古代在文艺创作中早就使用了形象思维,但"形象思维"这个名词是个舶来品。在国内学术界,对形象思维理论的历史进行过讨论并且影响比较大的学者,除了蒋孔阳之外,还有朱光潜和钱钟书。朱光潜的讨论主要见于《西方美学史》,钱钟书的讨论主要见于《外国理论家 作家论形象思维》。蒋孔阳在梳理西方形象思维理论的历史时,参考了朱光潜的成果,对他有所批评。他也可能参考了钱钟书的成果,他的研究与钱钟书所做的工作,对我们理解形象思维理论的历史,可以视为是互相补充的。

在《西方美学史》中,朱光潜对西方近代的美学思想进行述评时,形象思维是一个重要的主题。朱光潜说,虽然在西方文艺理论史上,常用的是"想象",到了18世纪中期以后才出现了"形象思

维"这个词，但"'形象思维'和'想象'所指的都是一回事"①。正是基于这样的认识，朱光潜从西方美学史的角度来考察形象思维时，对"形象思维"和"想象"这两个词并不作区分，把它们等同起来。

钱钟书认为，"在西欧的文艺理论和哲学著作里，'形象思维'是个不经见的名词"②。"大体说来，所谓'形象思维'相当于古希腊人的 phantasia 和古罗马人的 imaginatio。在中世纪和文艺复兴时期，phantasia 和 imaginatio 两词并用，也没有意义上的差别。"③ 在翻译中，当原作者把 phantasia 和 imaginatio 两词混同使用时，钱钟书就将其译为"想象"。钱钟书还说："形象思维作为文艺创作的固有规律，在西方古典文论中，从亚里士多德以来就有所论述……虽然在用词的含义上不完全一致，但多数作家，特别在进入十九世纪浪漫主义时期以后，都强调想象在创作中的支配作用，实际上就是肯定了形象思维。"④

蒋孔阳和朱光潜、钱钟书一样，认为"形象思维"一词在文艺理论、美学中的前身是"想象"，它们都表达了文艺创作的特殊规律。在朱光潜看来，"想象"和"形象思维"是没有什么差异的，而在钱钟书看来，二者是有区别的，"形象思维"是现代文论中的概念。蒋孔阳的看法与钱钟书的相似。他认为，比起"想象"来，"形象思维"这个词更加反映了文艺理论家们从理论上探讨文艺创作规律的自觉性，更加表明文艺理论家们对文艺创作规律认识的深入和理论总结的完整。

---

① 朱光潜：《西方美学史》，人民出版社 1979 年版，第 662 页。
② 中国社会科学院外国文学研究所、外国文学研究资料丛刊编辑委员会编：《外国理论家 作家论形象思维》，中国社会科学出版社 1979 年版，第 4 页。
③ 中国社会科学院外国文学研究所、外国文学研究资料丛刊编辑委员会编：《外国理论家 作家论形象思维》，中国社会科学出版社 1979 年版，第 4 页。
④ 中国社会科学院外国文学研究所、外国文学研究资料丛刊编辑委员会编：《外国理论家 作家论形象思维》，中国社会科学出版社 1979 年版，第 180 页。

黑格尔在《美学》中说，"艺术美是诉之于感觉、感情、知觉和想象的，它就不属于思考的范围，对于艺术活动和艺术产品的了解就需要不同于科学思考的一种功能。还不仅此，我们在艺术美里所欣赏的正是创作和形象思维的自由性"①。这是朱光潜的译文。有人据此认为，黑格尔已经在使用"形象思维"这个概念，并且是最早明确地使用这个概念的人。钱钟书认为，朱光潜的译文不准确。②蒋孔阳也指出，黑格尔在此处所讲的"形象思维"根据德文原文是"构成形体"或"形象塑造"的意思，朱光潜的译文有误。蒋孔阳进一步指出，形象思维的基本特点是感性形象和理性内容、形象和思维两个方面的统一。黑格尔对此已经有充分的认识，但由于黑格尔认为绝对精神是认识的源泉，因此，在黑格尔那里，理性概念、思想性的观念居于统治地位。所以，文艺创作不是从生活出发去塑造艺术形象，而是从观念或思想出发去塑造艺术形象。此外，在黑格尔那里，绝对精神通过纯思维认识自身，而文艺的思维无法脱离感性形象，因此无法认识绝对精神，认识真理。所以，蒋孔阳从"形象思维"的严格意义上否定了朱光潜的翻译。

中西语言之间有很大的差别。在翻译的过程中，译文和原文之间难免会有一些出入。因此，我们不能以中文译本为据，寻章摘句地去确定在西方文艺理论和美学史上，是哪一位思想家最先使用了"形象思维"这个词。我们应该根据思想家具体的义理阐释来判定是谁最先提出了"形象思维"这个概念。钱钟书和蒋孔阳正是这样做的。蒋孔阳坚持认为，在历史上第一次提出"形象思维"概念的是

---

① 朱光潜翻译的黑格尔《美学》第 1 卷 1959 年由人民文学出版社印行。因忙于其他工作和"四人帮"对知识分子的打压，直到 1970 年，朱光潜才开始续译。1979 年，商务印书馆出版了朱光潜校改了的黑格尔《美学》第 1 卷。在商务印书馆的版本中，上面引文里的"形象思维"一词已改为"形象塑造"。参见[德]黑格尔《美学》第 1 卷，朱光潜译，商务印书馆 1979 年版，第 6 页。

② 参见中国社会科学院外国文学研究所、外国文学研究资料丛刊编辑委员会编《外国理论家　作家论形象思维》，中国社会科学出版社 1979 年版，第 4 页。

别林斯基。

和钱钟书一样,蒋孔阳认为,形象思维是从古至今就存在的,但形象思维的理论不是从古至今就存在的,它有发生、发展、完善的过程。钱钟书从西方语言的角度考察了形象思维理论的发展史,而蒋孔阳则主要从义理阐释的角度考察了这一历史。蒋孔阳认为,古希腊和罗马时期,以德谟克利特、柏拉图、亚里士多德、斐罗斯屈拉塔斯(约170—245)为代表,他们的理论探讨属于形象思维理论的萌芽阶段。从文艺复兴到18世纪的启蒙运动,以大陆哲学家笛卡儿、莱布尼茨、维柯、狄德罗、鲍姆加登(1714—1762)和英国经验派哲学家为代表,他们的理论探讨属于自觉地寻求形象思维理论的阶段。德国古典美学家康德、黑格尔等和俄国革命民主主义者别林斯基(1811—1848)、杜勃罗留波夫(1836—1861)、车尔尼雪夫斯基(1828—1889)等的理论探讨,属于形象思维理论的形成阶段。普列汉诺夫(1856—1918)、高尔基(1868—1936)、法捷耶夫(1901—1956)等在列宁、斯大林领导下的苏联时期的理论探讨属于形象思维理论的发展、完善阶段。蒋孔阳通过开展纵向的历史研究,建构了西方形象思维理论的发展史,向我们清晰地、动态地、历史地揭示了形象思维理论演进的各个重要环节,揭示了形象思维理论如何经过一大批理论家的努力,不断明确、深化,最终被建立在唯物主义和现实主义的基础上。

二 形象思维是一种相对独立的思维方式

蒋孔阳认为,文艺是一种社会现象,是一种社会意识,它具有自己的特殊之处。把握这个特殊之处,就是文艺研究者的核心任务。而文艺的特殊之处就在于它主要是运用形象思维来反映现实、表达思想感情的。在蒋孔阳看来,形象思维是"运用生动的、具体的、能够唤起美感的方式,来进行构思的人类思维活动"[1]。蒋孔阳又说,

---

[1] 蒋孔阳:《蒋孔阳全集》第1卷,上海人民出版社2014年版,第17页。

"艺术家的构思永远是形象的,永远是从具体到具体,把现实的事物通过个别的形式提高到一般的概括的意义。这种形象化的构思方式,就是我们一般所说的形象思维"①。蒋孔阳关于形象思维的这两个清楚而明确的定义都是在第一次大讨论中提出来的,这与同一时期其他学者如吴调公②等所提出的定义是非常相近的。

蒋孔阳认为,逻辑思维和形象思维是不同的。

首先,逻辑思维和形象思维在处理现实的感性材料上有差别。逻辑思维要求大量地占有材料,形象思维要求体验生活。逻辑思维不改变材料,要充分地尊重材料;而形象思维则要改变原来的材料,创造新的形象。逻辑思维要冷静地对待材料,材料对于思维者是外在的,形象思维要把感情灌注到材料中去。逻辑思维不注重具体的现象、细节,它把特殊的情况视为例外来处理,要抛弃偶然的东西;而形象思维要把具体的现象、细节视为本质的、重要的,它甚至要选取特殊的人物、事件作为构造艺术形象的原型。

其次,逻辑思维和形象思维在构思上有差别。从构思的方式来看,逻辑思维以一般的形式反映客观现实,而形象思维则以个别的形式反映客观现实。从构思的出发点来看,逻辑思维要占有大量的材料、数据,形象思维则要发现创作的原型或形成创作的冲动。从构思的过程来看,逻辑思维是从个别的材料、数据出发,落到一般的公式、定律或原理,是从个别到一般,从具体到抽象;而形象思维则在个别的形象上面,反复酝酿,直至艺术形象的诞生,它虽然也是从个别到一般,"但一般却始终体现在个别的形式中,不通过个别的形式来反映一般"③,因此,它是从个别到个别,从具体到具体。从构思的方法来看,逻辑思维是用抽象化的方法,要运用观察、假设、实验、判断、推理等具体手法,而形象思维是用典型化的方法,

---

① 蒋孔阳:《蒋孔阳全集》第1卷,上海人民出版社2014年版,第212页。
② 参见吴调公《与文艺爱好者谈创作》,长江文艺出版社1957年版,第17页。
③ 蒋孔阳:《蒋孔阳全集》第4卷,上海人民出版社2014年版,第546页。

要对生活进行观察和体验、概括和集中,还需要"创造的想象、幻想和虚构、突出的刻画、夸张"等具体手法。① 从效果来看,逻辑思维的成果是定义、法则、规律,所以,逻辑思维主要是摆事实、讲道理,以理服人;而形象思维的成果是概括化与个性化统一的艺术典型,所以形象思维是通过具体的艺术形象以情感打动人。

蒋孔阳认为,逻辑思维主要是科学家所用的思维方式,形象思维则主要是作家和艺术家所用的思维方式。它们都是掌握和认识客观现实的思维方式,满足不同的实践需要。形象思维和抽象思维分工不同,各有自己的主要运用领域,各有所长。通过细致地比较逻辑思维和形象思维的特点,蒋孔阳非常明确地指出,"形象思维和逻辑思维是对称的"②。也就是说,形象思维不能被归结为、等同于逻辑思维,是与逻辑思维并列的另外一种思维,具有一定的独立性。蒋孔阳的观点可称为"平行论",与浦满春③、何洛④的观点相似,属于两次讨论热潮中肯定形象思维存在的一派,是多数派,与批判、否定形象思维存在的巴人、毛星、郑季翘、高凯、韩凌、舒炜光、王极盛等相对立。

蒋孔阳的"平行论"与蔡仪的不同。蔡仪把思维分为形象思维、抽象思维(狭义的、不涉及内容的、形式逻辑的)、辩证思维。蒋孔阳是把人类的思维形式二分,而蔡仪是把人类的思维形式三分。在蔡仪的框架中,形象思维和抽象思维是并列平行的,但在这两种思维形式上面,还有一种更高的思维形式,即辩证思维。根据笔者对《蒋孔阳全集》的阅读,蒋孔阳似乎从未把辩证思维视为一种思维形式。在两次大讨论中,蒋孔阳都明确而坚决地肯定形象思维的存在,拥护形象思维论,这与李泽厚也不同。从第一次大讨论到第二次大

---

① 参见蒋孔阳《蒋孔阳全集》第 4 卷,上海人民出版社 2014 年版,第 558 页。
② 蒋孔阳:《蒋孔阳全集》第 4 卷,上海人民出版社 2014 年版,第 544 页。
③ 参见浦满春《形象思维探讨》,《红旗》1978 年第 2 期。
④ 参见何洛《形象思维的客观基础与特征》,《哲学研究》1978 年第 5 期。

讨论初期，李泽厚是形象思维论的拥护者，但在 1980 年，他委婉地否定了形象思维的存在，成了形象思维论的否定者，其标志就是《形象思维再续谈》的发表。

三　文艺反映现实的特点不在于内容而在于方法

蒋孔阳认为，现实生活中的事物，都是概念与形象的统一。我们认识、反映这些事物时，可以通过概念的方法，也可以通过形象的方法。哲学和科学采用的是前一种方法，文艺采用的是后一种方法。文艺的认识对象和内容，是与哲学、科学共享的。如自然科学中的生理学、人类学、优生学等是研究人的，哲学中的伦理学和社会科学中的政治学、经济学、法学等是研究人及其生活的，但是，它们的研究方法不同。

自然科学研究人，首先要进行分割，选取其中的某一个部分或层面，开展抽象的、孤立的分析，而文艺对人及其生活的认识、反映是将其视为一个活生生的、有生命的整体。生理学研究人的眼睛，是要弄明白眼睛的结构、性能，它可以进行光学实验，可以运用显微镜等器材，这时的眼睛是"死物"，是从整个人体中被孤立出来的。人的眼睛出现在文学艺术中时，它的生理结构、性能等是被忽略的，眼睛是作为艺术形象的人物的一个有机组成部分，文艺创作者透过眼睛，关注的是人的心理、精神以及人的性格、命运等。鲁迅的《祝福》多次描写了祥林嫂的眼睛，达·芬奇的《蒙娜丽莎》对画中女子的眼睛进行了匠心独运的刻画，他们是要以此反映出人物的思想、感情。

地质学家要研究山水、动物学家要研究禽兽，在他们眼里，山水、禽兽是客观的物理对象，他们要进行采样，要进行解剖。文学家和艺术家也会描写山水、禽兽，但山水、禽兽被他们赋予了主观的情感色彩，被人格化了，成了某种精神的象征。因此，自然科学对自然现象的反映和文艺的反映在方法上是不同的。

文艺和哲学社会科学反映客观现实的方法也不同。柳宗元的《天说》和李贺的《梦天》，都反映了作为自然现象和物质存在的天，具有相同的内容，但反映的方法不同。毛泽东的《新民主主义论》和鲁迅的《阿Q正传》，都是反映中国社会和中国革命的性质，具有相同的内容，但反映的方法不同。《水浒传》和《〈水浒传〉评论》都涉及宋江这个人物，具有相同的内容，但反映的方法不同。

通过多方比较，蒋孔阳得出结论，文艺反映现实和哲学、科学反映现实不同，这种不同，不在于反映的对象和内容，不在于它们有所谓的特定范围，而在于处理这些对象和内容时，所用的方法不同。文艺采用的是形象的方法，这正是文艺的特征所在。周扬说，科学和文学艺术既有共同的地方，也有不同的地方，"共同的是科学和文学艺术都是生活和现实的反映；不同的是科学通过概念，而文学艺术则通过形象来反映"①。蒋孔阳的看法和周扬的看法是一致的。此外，从蒋孔阳的论证思路中，我们可以看到他对黑格尔思想的吸收，② 也可以看到苏联学者如尼古拉耶娃对他的影响。③

四　逻辑思维与形象思维的关系

在蒋孔阳看来，逻辑思维和形象思维各有自己的特点，二者不能相互代替。他看到了形象思维和逻辑思维的差别，但他并没有把二者分离开来、对立起来。他认为形象思维不是绝对排斥逻辑思维的。李泽厚认为，逻辑思维是形象思维的基础。他说，"逻辑思维作为形象思维的基础"的含义之一，"是指逻辑思维经常插入形象思维

---

①　周扬：《建设社会主义文学的任务》，载《中国作家协会第一次理事会会议（扩大）报告、发言集》，人民文学出版社1956年版，第30页。

②　参见［德］黑格尔《美学》第1卷，朱光潜译，商务印书馆1979年版，第46—48页。

③　参见［苏］尼古拉耶娃《论文学的特征》，方健译，载《外国理论家、作家论形象思维》，中国社会科学出版社1979年版，第331页。

的整个过程中来规范它、指引它"。① 蒋孔阳也认为,"形象思维根本离不开逻辑思维,它是在逻辑思维的帮助下,再来进行构思的"②。在蒋孔阳看来,抽象思维为形象思维奠定基础,为形象思维提供指导,而形象思维也需要受到抽象思维的调节、制约。这是问题的一个方面。问题的另一个方面是,逻辑思维与形象思维是互相渗透、互相辅助的。蒋孔阳指出,科学家可以利用形象思维,更具体地说明自己的理论,表现自己的思想。如毛泽东在《改造我们的学习》中,引用"墙上芦苇,头重脚轻根底浅;山间竹笋,嘴尖皮厚腹中空"这个对子来说明改善学风的重要性。文艺工作者也需要进行大量的逻辑思维方面的活动,学习与现实生活相关的各方面的知识、研究与现实生活相关的各方面的问题,提升思想水平和理论高度,更深入地把握生活,帮助自己构思,使作品内容更深刻、更丰富。如姚雪垠创作历史小说《李自成》,查阅了大量的文献资料,对明末清初社会政治生活有了广阔的了解,以此帮助自己构思小说的人物和情节。而且,文艺工作者在创作的时候,要运用逻辑思维不断分析、反思、鉴赏自己的创作,把自己变成自己作品的第一个批评家,并根据自己的批评,不断地修改完善。如曹雪芹创作《红楼梦》"批阅十载,增删五次"。因此,文艺工作者不应当排斥逻辑思维,应该善于运用逻辑思维。蒋孔阳关于形象思维与逻辑思维互相辅助的看法,与张少康的形象思维"完全可以不依赖于抽象思维而独立地进行思维活动"的看法是相反的。③

人的心理活动是复杂的,尤其是在进行具有创造性的活动——文艺创作时,更是如此。没有一个文艺创作者是纯粹用形象思维来完成作品的,逻辑思维和形象思维在文艺创作中都发挥着作用,共

---

① 李泽厚:《试论形象思维》,《文学评论》1959 年第 2 期。
② 蒋孔阳:《蒋孔阳全集》第 4 卷,上海人民出版社 2014 年版,第 566 页。
③ 参见张少康《我国古代文论中的形象思维问题》,《北京大学学报》1979 年第 1 期。

同组成了统一而完整的心理过程,但蒋孔阳提醒我们,不能把逻辑思维与形象思维相提并论或是把它们混淆起来。从文艺创作的实际情况和文艺的特征来看,形象思维对于文艺是更具重要性的,它起着主导的作用。著名作家茅盾在反思创作过程时说,"逻辑思维与形象思维的交错又是反复进行的。……但是作家在写作初稿时,自然主要运用形象思维"①。蒋孔阳也指出,"形象思维虽然离不开逻辑思维,但作家从事创作,主要地却只能通过运用形象思维来构造艺术形象"②。也就是说,在文艺创作中,必须摆正形象思维与逻辑思维的位置,逻辑思维对形象思维只起到辅助的作用,形象思维是主,逻辑思维是客,不能喧宾夺主。创作者要运用逻辑思维,但这种运用是以逻辑思维不妨碍、不破坏他的形象思维为先决条件的。如果不注意控制逻辑思维,在作品中发表太多议论,就会破坏作品的整体艺术效果。例如古华1978年发表的长篇小说《芙蓉镇》,掺杂了很多对"文化大革命"时期政治和文化生态的评论,在一定程度上损害了小说的叙事。更有甚者,由于逻辑思维压倒了形象思维,有些作品既不像社会科学著作,也不像文艺作品,不伦不类。在"文化大革命"中,是有一些这样的作品的。

蒋孔阳不是泛泛地谈逻辑思维和形象思维孰高孰低、孰主孰从,而是聚焦于文艺的特征、文艺创作的实际来处理这个问题。蒋孔阳说,"以议论为诗违反了形象思维的特殊规律","用概念来代替形象,违反了形象思维构思的特点"。③ 因此,蒋孔阳反对概念化、公式化的文艺创作。蒋孔阳是主张用逻辑思维来辅助形象思维,把逻辑思维溶解或转化到形象思维中去的,我们不能认为他反对概念化,就是不要概念,反对抽象化,就是不要议论。

---

① 茅盾:《漫谈文艺创作》,《红旗》1978年第5期。
② 蒋孔阳:《蒋孔阳全集》第4卷,上海人民出版社2014年版,第568页。
③ 蒋孔阳:《蒋孔阳全集》第1卷,上海人民出版社2014年版,第254页。

五　形象思维和马克思主义认识论

郑季翘在批判形象思维时指出,人们进行思维时,必然要使用概念,"不用概念的思维,是不存在的"[1]。用概念来思维,就是逻辑思维。既然所有的思维都要依靠、借助概念,那么,所有的思维都是逻辑思维。思维只有一种,它就是逻辑思维。那种通过形象来思维的形象思维,是没有的,是不存在的。形象思维论纯粹是不顾人类思维实际状况的臆说。

蒋孔阳指出:"形象思维的构思过程,自始至终都是和个别的具体的感性东西,结合在一起的。它从个别仍然归结到个别,从具体仍然归结到具体。"[2] 它是从"原来实际存在在现实生活中的具体"走向"概括和集中了现实生活中本质的东西、必然的东西"的具体。[3] 文艺创作者运用形象思维进行创作时,是同时运用了感觉能力和理解能力的。"感觉能力指的是感性认识的能力,理解能力指的是理性认识的能力。"[4] 蒋孔阳根据恩格斯的《自然辩证法》和马克思的《1844年经济学哲学手稿》,认为人的感觉器官所具有的感觉能力与动物的感觉能力是不同的,它包含着社会历史的内容,是随着脑髓的发展、语言的发展和抽象思维的帮助逐渐发展和完善的,是在"社会历史的实践过程中,从单纯的感性认识的感觉,发展到能够理性地认识现实的感觉"[5]。文学家、艺术家不仅继承了人类感觉能力发展的全部结晶,还经过大量的专业训练以及创作、欣赏实践,他们的感觉能力比普通人敏锐,能够有意识地、娴熟地把感觉能力与理解能力相结合,通过生动而又具体的感性的方式,即

---

[1] 郑季翘:《文艺领域里必须坚持马克思主义的认识论》,《红旗》1966年第5期。
[2] 蒋孔阳:《蒋孔阳全集》第4卷,上海人民出版社2014年版,第554页。
[3] 蒋孔阳:《蒋孔阳全集》第4卷,上海人民出版社2014年版,第554页。
[4] 蒋孔阳:《蒋孔阳全集》第1卷,上海人民出版社2014年版,第269页。
[5] 蒋孔阳:《蒋孔阳全集》第1卷,上海人民出版社2014年版,第252页。

形象思维来对现实生活进行分析、综合，从而认识现实生活、反映现实生活。

马克思主义的认识论把思维划分为两个阶段，即感性认识的阶段和理性认识的阶段，认为这构成了思维的完整过程，并认为思维的普遍规律是从感性认识上升到理性认识。有些研究者认为，形象思维既然是以感性的形式来认识现实、反映现实，那么形象思维就是感性认识。① 形象思维只有感性认识的阶段，而没有理性认识的阶段，因此，它不符合思维的普遍规律。蒋孔阳指出，不能把感性的形式等同于感性认识。我们欣赏一幅绘画作品，看到的是感性的形象，但我们从中认识到了画家的思想感情，这思想感情是以感性的形式表达的，但它不是感性认识，而是理性认识。在蒋孔阳看来，形象思维属于认识的感性阶段的说法是错误的，逻辑思维是思维，形象思维也是思维，逻辑思维遵守思维的普遍规律，形象思维也是如此。

蒋孔阳认为，文艺创作中的形象思维既不是停留在实际事物上面，也不是停留在对事物表面现象的把握，"现实生活不能限制它，也不能满足它"②。它以现实生活为起点，通过生动的直观（感觉、知觉、表象）获得具体的感性材料，这是它的感性认识的阶段。形象思维还要上升到理性的阶段，即加工、改造现实生活中得来的东西，既要使其个性化，体现出鲜明而突出的个别性、具体性、生动性，又要使其概括化，把原本分散的、具有特征的生活现象和生活细节集中起来，创造出形象与思想的高度融合的艺术形象，"不仅再现生活，而且说明生活，力图影响生活"③。蒋孔阳关于形象思维要从感性认识阶段上升到理性认识阶段的看法，与孟伟哉④、周忠厚⑤等是一致

---

① 参见夏南《从马克思主义认识论看形象思维方法》，《社会科学战线》1978年第4期。
② 蒋孔阳：《蒋孔阳全集》第1卷，上海人民出版社2014年版，第254页。
③ 蒋孔阳：《蒋孔阳全集》第1卷，上海人民出版社2014年版，第254页。
④ 参见孟伟哉《关于艺术创作中的形象思维问题》，《社会科学战线》1978年第1期。
⑤ 参见周忠厚《形象思维与马克思主义的认识论》，《文学评论》1978年第4期。

的。而蒋孔阳关于形象思维既要使艺术形象个性化又要概括化的看法与李泽厚"形象思维是个性化与本质化的同时性进行"① 这一看法是一致的,虽然具体表述不同。

也有论者指出,需要区分两个阶段:一是文艺创作之前的阶段,这时创作者要认识生活、认识社会;二是艺术创作的阶段,这时创作者用塑造形象的方法把自己的认识传达出来,用作品去反映现实。② 第一阶段,要遵循马克思主义哲学认识论的规律,涉及认识方法。第二阶段就是形象思维的阶段,形象思维与认识无关,只与创作有关。形象思维与抽象思维平行论者把第一阶段和第二阶段视为同一的,看不到认识生活与文艺创作的根本区别。认识生活、认识社会要从感性认识进入到理性认识,文艺创作者这时用的是抽象思维,这个阶段的抽象思维为文艺创作、为形象思维的运用打下了基础。没有前一阶段抽象思维的运用,就不可能有后一阶段形象思维的运用。形象思维绝不是在认识的阶段进行的。

蒋孔阳指出,不能认为抽象思维是在认识世界的过程中发挥作用,形象思维是在反映世界的过程中发挥作用;不能认为形象思维只是文艺把握、反映现实的一种方式,只是一种文艺创作的表现方法,而不是一种认识方法。也就是说,不能认为形象思维作为一种心理活动,只是在特定条件下、特定阶段才产生的,即文艺创作者在塑造艺术形象时才产生的。持有这些错误看法的人,把文艺创作的过程机械地分割为认识生活与反映生活两个阶段,臆造出"认识—创作"这一僵硬的公式,这是不符合文艺创作的实际的。文艺创作是一个完整的过程,文艺创作从深入生活开始,创作的过程本身就包含了认识生活的过程。在创作中,认识生活与反映生活是统一的,创作者怎样认识生活,"就会怎样按照一定的方式把他所认

---

① 李泽厚:《试论形象思维》,《学术研究》1963 年第 6 期。
② 参见韩凌、舒炜光《形象思维问题新探》,《社会科学战线》1978 年第 2 期。这是一种很有代表性的观点。

识的生活反映出来"①。创作者运用形象思维,"把生活当成完整的画面,当成具体的生动的形象来认识"②。不仅在创作开始时如此,整个创作过程中都是如此。

蒋孔阳熟悉黑格尔的美学思想。他指出,"认识—创作"这个公式也是黑格尔所反对的:"拿诗的创作为例来说,人们可以把所要表现的材料先按散文的方式想好,然后在这上面附加一些意象和韵脚,结果这些意象就好像是挂在抽象思想上的一些装饰品。这种办法只能产生很坏的诗。因为本来只有统一起来才可以在艺术创造中发生效用的两种活动,在这里却拆散为两种分立的活动了。"③ 在蒋孔阳看来,"认识—创作"这个公式,会误导文艺创作,因为人们有可能不把"认识"理解为深入生活,而是理解为主题思想、逻辑概念甚至政治观念,从而把深入生活、认识生活的过程抛弃掉,不是从现实生活中发现、提炼主题思想,而是从主观臆造的概念、观念出发,去切割、选择素材。这个公式一旦被别有用心的人利用,就会造成与江青的"主题先行论"一样的后果。这是蒋孔阳坚决反对的。

蒋孔阳认为,不能笼统地用马克思主义哲学的一般认识论消解文艺的特性。形象思维论不能违反常识,更不是胡编乱造,而是既符合马克思主义的一般认识论,也揭示了文艺创作的特殊规律。

六 认识论与情感因素

蒋孔阳既从认识论的角度讨论文艺,也注重文艺作品和文艺创作中的情感因素。他认为,看见令人喜欢的东西,就喜欢,看见令人厌恶的东西,就厌恶;认为某种言行是正确的,就拥护,认为某种言行是错误的,就反对;这是人们在日常生活中非常自然的一种反应,这也是我们面对生活时的感情态度。科学著作表达的是抽象的

---

① 蒋孔阳:《蒋孔阳全集》第 1 卷,上海人民出版社 2014 年版,第 236 页。
② 蒋孔阳:《蒋孔阳全集》第 1 卷,上海人民出版社 2014 年版,第 237 页。
③ [德] 黑格尔:《美学》第 1 卷,朱光潜译,商务印书馆 1979 年版,第 49—50 页。

概念、思想，对抽象的概念、思想，我们需要诉诸理性来理解，文艺作品塑造的是具体的形象，对具体的形象，我们会自然而然地产生爱憎好恶的感情。每一部文艺作品，都有自己的主题思想，它具有认识方面的价值，但如果缺乏真挚的感情，缺乏由于心灵的燃烧而引起的感情的激动，不能打动欣赏者，那么，即使作品的主题思想再重大、再积极，作品也是干枯、浅薄的。如果作品不仅具有丰富的思想，而且饱含了感情的汁液，那么它所描写的形象、事实就会像"浸了油的火炬一样"①，充满难以抗拒的感染力。缺乏感情的作品，是无法使欣赏者获得感情上的满足的。文艺作品需要描写感情，表达感情，使所塑造的艺术形象"具有丰富的感情，具有健康的而又朴实的人情味"②。正是基于这样的认识，蒋孔阳对"四人帮"指控《洪湖水，浪打浪》等作品宣扬资产阶级"人情味"，感到非常愤慨。

在第二次讨论热潮中，不仅蒋孔阳注意到了情感对文艺创作的重要性，李泽厚也注意到了这个问题。李泽厚说，"虽然也可以也应该从认识论角度去分析研究艺术和艺术创作的某些方面，但仅仅用认识论来说明文艺和文艺创作，则是很不完全的"③。"多年来，一个很奇怪的现象，就是我们的文艺理论对文艺和文艺创作中的情感问题研究注意极为不够，而且似乎特别害怕谈情感……其实，艺术如果没有情感，就不成其为艺术。"④ 李泽厚的这些具有反思性的看法，从当时学术界讨论形象思维的整体倾向来说，确实是切中流弊的。笔者认为，这也是蒋孔阳能够赞同的，但李泽厚接着说，"我们只讲艺术的特征是形象性，其实，情感性比形象性对艺术来说更为重要。艺术的情感性常常是艺术生命之所在"⑤。这个看法，就不是

---

① 蒋孔阳：《蒋孔阳全集》第 1 卷，上海人民出版社 2014 年版，第 90 页。
② 蒋孔阳：《蒋孔阳全集》第 1 卷，上海人民出版社 2014 年版，第 234 页。
③ 李泽厚：《形象思维再续谈》，《文学评论》1980 年第 3 期。
④ 李泽厚：《形象思维再续谈》，《文学评论》1980 年第 3 期。
⑤ 李泽厚：《形象思维再续谈》，《文学评论》1980 年第 3 期。

蒋孔阳所能赞同的了，因为李泽厚把情感因素抬得太高了。李泽厚由注重情感性而走向强调"创作中的非自觉性"，具有唯情论倾向，这更是与蒋孔阳的形象思维论相冲突的了。

蒋孔阳看到文艺活动中非理性的层面，重视文艺中的情感因素，但并不主张在讨论形象思维时，从认识论转向情感论。在蒋孔阳的讨论中，占据中心位置的是形象，而不是情感。苏联的沙莫塔认为，"感动性"是艺术形象的特征。① 蒋孔阳批判地吸收了沙莫塔的观点，更为全面地把艺术形象的特征概括为五个方面，即真实性、具体性、完整性、典型性、感染性。显然，这里所说的"感染性"就是强调文艺创作中的情感因素，但情感因素仅仅是其中的一个方面。蒋孔阳认为，文艺不仅仅是一种认识、思维的形式或成果，文艺不仅仅具有认识价值、思想价值，文艺还要表达情感，但文艺的特征在于形象思维，而不在于情感，文艺并非仅仅是感情的产物。在文艺活动中，理性是主导，非理性的东西如情感一般来说只是相对次要的因素，情感需要与思维结合，需要被认识、被评价、被净化、被提升，为作品达成反映生活、反映现实这一目标服务。蒋孔阳的看法是比较辩证的、稳妥的。蒋孔阳注重情感，不是要在美学、文论中彻底抛弃认识论，而是在坚持文艺体现认识价值的基础上，兼顾了非理性因素对文艺的意义。蒋孔阳的形象思维论，是理性主义文论，而不是非理性主义文论。

第三节　形象思维论的意义

通过前面的梳理，我们现在可以给出"蒋孔阳形象思维论"的定义。所谓"蒋孔阳形象思维论"，是指蒋孔阳主要吸收俄国和苏联

---

① 参见［苏］沙莫塔《论艺术形象的若干特点和艺术性的概念》，雪原译，载《译文》1955年8月号。

美学思想，在 20 世纪 50 年代至 80 年代的学术讨论中形成，集中体现在《形象与典型》一书中的关于形象思维问题的系统看法，它包括这样几个核心观点：西方的形象思维理论有一个发生、发展、完善的过程；形象思维是一种平行、独立于逻辑思维的思维方式；文艺与科学的不同，不在于反映的内容，而在于反映的方法，即在于对形象思维的运用；形象思维和逻辑思维各有自己的特点，二者不能互相代替，它们互相辅助，但在文艺创作中，形象思维起着主导的作用；情感是形象思维的伴生物，艺术形象应该具有健康而朴实的人情味；"形象思维"概念既符合马克思主义的一般认识论，也揭示了文艺创作的特殊规律。

下面，我们尝试揭示蒋孔阳形象思维论的价值。

一　捍卫文艺发展的客观规律

在 20 世纪 50、60 年代，蒋孔阳形象思维论的核心关切是弄清文艺区别于其他意识形态的独特之处，让文艺遵循自身的规律发展，反对教条化、公式化、概念化的文艺创作，反对用露骨的社会观点、政治观点指导、约束、吞没生动具体的形象思维。1977 年 12 月 31 日《人民日报》刊载的《毛主席给陈毅同志谈诗的一封信》，是思想大解放时代的先声之一。在这封信里，毛泽东三次提及形象思维，肯定了形象思维对于诗歌创作的重要意义。蒋孔阳把它视为关于文艺方针的重要文件。因此，在 70 年代后期，蒋孔阳形象思维论的核心关切是冲破文艺创作和美学的禁区，反对"从路线出发""主题先行""三突出""三结合"等谬论，推进马克思主义文艺理论、美学的发展和文艺创作的百花齐放。虽然形象思维凭借毛泽东的权威话语，获得了合法性，但为了文艺的正确发展，还需要在学理上为形象思维提供根据。蒋孔阳把形象思维这个概念作为他阐释文艺特征的理论框架，通过自己深刻的理论探讨，为思想大解放做出了贡献。

蒋孔阳既重视文艺的特殊性，也重视在遵循文艺自身规律的基础上发挥文艺的社会功能，要求文艺具有认识价值，具有思想性。他是反对"为艺术而艺术"的，他不反对党对文艺工作的领导，不反对党对文艺创作的监督，但反对庸俗社会学，认为文艺创作是具体生动的实践，不能用社会、政治观点对文艺的特殊性质与规律生吞活剥，文艺创作不是写标语口号，不是吹喇叭，文艺作品不是政治的传声筒。正如李泽厚所说，"形象思维问题实际关系文艺的本质特征。承认或否认形象思维，实际是遵循、维护还是反对、破坏文艺创作的客观规律的问题"①。蒋孔阳形象思维论的精义在于坚持文艺有自己的特殊规律，要求尊重文艺的客观性。在蒋孔阳看来，形象思维和逻辑思维都有自己的特性，它们是对立的，但它们也有共性，因此是统一的。文艺是一个特殊领域，但它不是不受马克思主义认识论管辖的。他坚持文艺家依靠形象思维进行创作的观点，是要夯实文艺创作的理论根据，但不是坚持直觉主义理论，不是要把文艺非理性化、神秘化，不是挖掉马克思主义认识论的根基，不是否定马克思主义认识论的普遍性，不是否定马克思主义的整个认识论，不是否定世界观的指导作用，不是否定党对文艺工作的领导，更不是向党进攻，因为他的形象思维论与马克思主义认识论不是悖谬的。

二 在美学、文艺学的范围内讨论问题

第一次形象思维讨论的热潮，是在批判胡风等思想的过程中逐渐掀起的。蒋孔阳憎恨"长官意志"，他不向别人乱挥棍子，也不给别人乱戴帽子。他熟悉苏联学者围绕形象思维展开的讨论，但他不对照苏联文艺界斗争的情况判定国内某某学者属于什么文艺路线。

---

① 李泽厚：《形象思维的解放》，载李泽厚《美学论集》，上海文艺出版社1980年版，第256页。

的确，在第二次讨论热潮中，遏止林彪和"四人帮"关于文艺的错误观念对文艺的创作实践所带来的严重损害，是蒋孔阳的潜在诉求之一，这不能说是与政治毫不相关的，但蒋孔阳是不念前嫌、不算私人旧账的。总的来说，作为形象思维的肯定者、辩护者，从50年代初到80年代初，他的文章都没有超出学理的范围，与意识形态斗争没有非常直接的关联。他严守学术准则，不把学术问题混同于政治问题，他的讨论是纯学理的，不掺杂政治隐喻等成分。他独立思考，有自己明确的、一贯的观点，但从不主动与人争鸣。即使他不得不对批判他的文章做出回应，他也是本着发扬学术民主、共同探讨真理、共同前进的主旨，耐心地与人商榷。他的写作非常严谨，凡是涉及各种他认为是正确的论点和有价值的事实时，他都会注明出处。在谈到当时学术争鸣中各种他认为是错误的观点时，虽然也都有事实根据，但他一概不注明出处。他不是把这些观点当作某个人或某些人的观点，而是当作一种需要引起学术界注意的倾向。因此，他认为指名道姓、列出具体文献是没有必要的。这充分体现出他敦厚、谦和的风格。他讨论形象思维的主要著作《形象与典型》中的一些篇章是50年代所写的，难免留下了那个时代的痕迹。1980年出版这本书时，蒋孔阳"为了保持当时时代的真实性"①，对一些提法、例证一仍其旧，不加修改。我们今天通读这本著作，可以看到，在那个特殊的年代里，他是个"很干净"的人。

在第一次和第二次讨论热潮中，都有多种学科参与了对形象思维问题的讨论，如在第一次讨论热潮中，语言学家高名凯②、逻辑学家王方名③参与其中。在第二次讨论热潮中，钱学森是一个很重要的

---

① 蒋孔阳：《蒋孔阳全集》第1卷，上海人民出版社2014年版，第390页。
② 参见高名凯《语言与思维》，生活·读书·新知三联书店1957年版。
③ 参见王方名《论思维的三组分类和形式逻辑内容的分析问题》，《教学与研究》1961年第1期。

元素。钱学森提议建立思维科学，把形象思维学列入其中，作为思维科学的分支学科。钱学森的参与，打开了更宽阔的研究视野，使学术界的讨论出现了明显的不同路向，从单一、封闭走向多元、开放。学者们试图越出美学、文艺学的范围，在其他学科框架中来处理形象思维问题。蒋孔阳不把形象思维作为哲学认识论的命题讨论，而是作为美学、文艺学的命题来讨论，因此，他的论证不借助大量运用自然科学中的实验、分析等方法进行研究的心理学、思维科学、认知科学等学科的资源。他是通过对形象思维的讨论，来论证文艺的特征，深化对文艺创作规律的认识，捍卫文艺的独立性。在他看来，抽象思维是有逻辑规律的，而形象思维没有形式逻辑意义上的规律。因此，他没有对形象思维做结构化的研究。他运用了大量文艺个案来进行论证，总结出了形象思维的特征。他对形象思维的辩护，不仅提供了理论方面的根据，也提供了事实方面的根据。他总是结合中国的文学实际来讨论问题，这是非常难能可贵的。

三 将"形象思维"概念中国化

形象思维问题源于俄国的美学和文艺理论，和国内大多数学者一样，蒋孔阳的讨论主要也是沿袭俄国、苏联的路子。如果说，蒋孔阳参与第一次讨论热潮是对苏联同时期讨论的回应、追随的话，那么他参与第二次讨论热潮，则体现出更强的理论自主性。他在50、60年代的某些提法，在70年代后期被改变了。他在70年代末的讨论，具有一个很大的优势，即有"文化大革命"以来的文艺实践经验供其反思、检讨，所以，他的讨论以文艺的实践为根据，尊重文艺的特殊规律，具有更为厚实的基础。这既是在不同的历史背景下对50、60年代的讨论的继承，也是进一步深化。

形象思维这个概念可以涵盖文艺创作的思维状态和文艺创作的技法。蒋孔阳努力将外来的形象思维概念与中国传统的文艺理论资源进行沟通，将这个概念中国化、民族化，使其获得中国文艺理论的内涵与个性。如他所说，形象思维在酝酿艺术形象时，它的活动具有三个特点，即"凝神结想，神与物游"①"胸有成竹，意在笔先"②"千变万化，随物婉转"③。"凝神结想"是鲁迅的说法，"神与物游"和"随物婉转"都是刘勰的说法，"胸有成竹"是文与可谈论画竹方法时所说的话。蒋孔阳对形象思维的具体活动过程的概括，进行了跨文化的思考，吸收了中国古代文艺理论中的资源，他的这个概括是精当的，也抓住了中国文艺理论中的核心观念。他用中国本土的文艺理论来认同外来的形象思维，使其互相诠释，这也可以视为对中国传统文艺理论的现代阐释。

结　语

随着80年代改革开放的进一步扩展、深化，中国社会生活发生了巨大变化，思想由单一走向多元，文艺被解放了，为文艺的合法性、特殊性进行辩护的需要不再存在，于是形象思维这个问题也就逐渐淡出了美学界、文艺理论界。国内美学和文艺理论研究者开始被新的话题所吸引。即便如此，文艺的核心特征，仍是形象。要阐明文艺的特质，"形象"这个概念是无法回避的。事实上，自80年代后期至今，学界对文艺心理学、原始思维、中国古代文论（特别是"意象"这一概念）的讨论，都是与形象相关的，都是从不同角度、层面深化对形象的认识。因此，蒋孔阳等当年关于形象思维的讨论并没有被完全推翻或抛弃，那两次讨论的学术成果已经成为一个重要的理论资源，以种种化身的形式，在今天的美学、文艺理论探讨中得到延续。

---

① 蒋孔阳：《蒋孔阳全集》第1卷，上海人民出版社2014年版，第259页。
② 蒋孔阳：《蒋孔阳全集》第1卷，上海人民出版社2014年版，第261页。
③ 蒋孔阳：《蒋孔阳全集》第1卷，上海人民出版社2014年版，第262页。

如何总结文艺创作的经验和如何回答文艺创作中的心理活动究竟有什么性质，这依然是美学、文艺理论中的重大问题，也是充满争议的学术问题。在文艺创作中，人们所进行的意识活动是复杂的，要想对此获得准确把握，必须对哲学认识论、主流意识形态话语、科学（心理学、思维科学）、中西方传统文论、中西方文艺史资源兼收并蓄。这是需要进行持久而辛勤的研究的，也是需要进行严肃认真而长时间的讨论的，绝非一朝一夕就能完成。因此，不能勉强学者们在目前形成普遍一致的看法。

第 六 章

论"诗与哲学之争"

"诗与哲学之争"是一个古老的问题,也是文艺理论研究中很有意思且很重要的话题。直至今日,它仍然能引发学者们的研究热情,不时有相关的著作和论文面世。文艺理论是蒋孔阳的主要研究领域之一,他撰写了一些论著。从蒋孔阳留下的论著来看,我们不能说蒋孔阳对"诗与哲学之争"给予了专门的关注,但是,他的确在处理文艺理论中的其他问题时,间接地涉及"诗与哲学之争"的核心问题。梳理蒋孔阳的这些论著可以发现,他已经对"诗与哲学之争"做出了很有深度的解答。

第一节 "诗与哲学之争"

一 "诗与哲学之争"的历史

为了把握"诗与哲学之争"的状况,把握"诗与哲学之争"的实质,回顾一下"诗与哲学之争"的历史是非常必要的。"诗与哲学之争"的历史是漫长的,参与争论的人形形色色,所提出的论证也是错综复杂。笔者将选取六个最有代表性的哲学家,对他们的观点进行简略的考察。

(一)柏拉图与亚里士多德

"诗与哲学之争"在古希腊时代已经存在。古希腊著名哲学家柏

第六章 论"诗与哲学之争"

拉图不是讨论这个问题的第一个哲学家，但从迄今为止人们所看到的古希腊文献来看，柏拉图应该是讨论这个问题最深入、最系统、对后世影响最大的哲学家。柏拉图站在哲学的立场上，对诗进行了抨击。他根据真实性的程度，对知识和意见进行了区分。知识是清晰的，意见没有知识清晰，它是模糊的。知识把握的是"是者"，意见把握的是可感事物。"是者"是绝对完满的东西，柏拉图又将其称为理念，它是绝对的存在者，是终极因，是永驻不变的，是最真实的。可感事物依赖于"是者"（理念），处于既是又不是、半真半假、有无之间，是不完满的。哲学能够获得知识，它不涉及可感事物，以"是者"（理念）为对象，并最终能够到达"是者"（理念），它所提供的是关于"是者"（理念）的理性的知识、纯粹的知识。诗以可感事物为对象，可感事物是个别的、运动变化的，它不是不可认识，但只能部分地被认识，因此，诗所提供的认识只是意见，是相对的，不确定的。柏拉图进一步说，可感事物是诗的蓝本，诗只是对可感事物的模仿，诗中所反映的人和事不是真正的可感事物，而是可感事物的影像。可感事物只是由于模仿、分有了"是者"（理念）而获得自己在世界中的存在，它只是"是者"（理念）的摹本、影子。也就是说，诗中所写的那些事物，只是摹本的摹本、影子的影子，它与真正的存在隔了两层。哲学处于认识的高级阶段，而诗处于认识等而次之的阶段。一言以蔽之，哲学比诗更真实。

柏拉图的学生亚里士多德不同意乃师的观点。亚里士多德认为，诗的描写要体现可然原则或必然原则。可然原则是指假定某些前提、条件，从这些前提、条件出发，就可能会导致或产生某种结果。必然原则是指确定了某些前提、条件，根据这些前提、条件以及客观的因果联系，一定会发生或出现某种结果。诗是具有哲学性的，是严肃的，因为它所描述的是带普遍性的事。"所谓'带普遍性的事'，指根据可然或必然的原则某一类人可能会说的话或会做的事——诗要表现的就是这种普遍性。"① 在亚里士多德看来,诗人是具有知识的,是能够深刻理解事物的,是明智的。对于事物,他不仅知其然,还知其所以然。虽然诗中要出现具体的、个别的事物,但诗不停留于偶然的东西,诗还要揭示事物的前因后果,揭示本质和规律。和柏拉图一样,亚里士多德坚持模仿说,认为诗人是形象的制作者,是事物的模仿者。可供诗人模仿的对象有三种,即"过去或当今的事""传说或设想中的事""应该是这样或那样的事"。② 模仿"应该是这样或那样的事",就是按照可然原则或必然原则进行的模仿,这是优秀的诗人、理想的诗人所进行的模仿。也就是说,诗人模仿的不仅是现象世界,而且是事物的根据、内在规律。一言以蔽之,和哲学一样,诗也显现出高度的真实性。

(二) 笛卡尔与维柯

在柏拉图和亚里士多德之后,"诗与哲学之争"成为哲学家们难以回避的问题。后世哲学家就这个问题发生了很多争论,如奥古斯丁、波依修斯对诗进行指责,而锡德尼、雪莱对诗进行捍卫。在西方哲学发展产生巨大转折的17世纪,"诗与哲学之争"发生在笛卡尔和维柯这两个著名哲学家之间。

笛卡尔在《谈谈方法》的第一部分,表达了他对当时各门学问或者说各种知识的看法。笛卡尔说,"寓言使人想入非非,把许多不可能的事情想成可能"③;史传不见得可信,即使是"最忠实的史书,如果不歪曲、不夸张史实以求动听,至少总要略去细微末节,因而不能尽如原貌"④;"雄辩优美豪放无与伦比","诗词婉转缠绵动人心弦",但"雄辩和诗词都是才华的产物,而不是研究的成果"⑤ 只

---

① [古希腊] 亚里士多德:《诗学》,陈中梅译,商务印书馆1996年版,第81页。
② [古希腊] 亚里士多德:《诗学》,陈中梅译,商务印书馆1996年版,第177页。
③ [法] 笛卡尔:《谈谈方法》,王太庆译,商务印书馆2000年版,第7页。
④ [法] 笛卡尔:《谈谈方法》,王太庆译,商务印书馆2000年版,第7页。
⑤ [法] 笛卡尔:《谈谈方法》,王太庆译,商务印书馆2000年版,第7页。

有通过研究获得的东西才是可靠的;"讲风化的文章好比宏伟的宫殿,富丽堂皇,却只是建筑在泥沙上面"①,因为它们虽然鼓吹美德,却并没有弄清楚美德究竟是什么;神学是要求升天的人所关心的,但神学家说,指引人们升天的天启真理不是一般智力所能理解的,普通人的推理是软弱的,无法窥测天启的真理,"一定要有天赐的特殊帮助,而且是个超人,才能从事研究那些真理,得到成就"②。也就是说,神学被神学家弄得高深莫测。笛卡尔广泛涉猎各种学问,连最迷信、最虚妄的东西如炼金术士的包票、占星术士的预言、巫师的鬼把戏都有所涉及,力求博学旁通。他认为自己已经知道这些东西的老底,所以"不上它们的当"③。

当时的很多学问受到了笛卡尔的批评,包括哲学与数学,但笛卡尔对哲学与数学的批评,与对其他学问的批评是不一样的。在笛卡尔看来,其他学问的弱点都是致命的、难以克服的,而哲学和数学的弱点,是能够避免的。他认为,哲学经过千百年来杰出人物的钻研,提出了许多观点,可惜它们没有一个不在争论之中,它们仅仅是一些貌似真实的看法。虽然如此,只要经过革新,哲学可以确定无疑地寻求到关于本原问题的答案,为其他所有的学问提供基础。而数学,只是没有体现出它的真正用途,因为它仅仅被用于机械技术,但数学已经有很多发明,它的推理是严密的,过程是清楚明了的。数学的真正价值,应该体现在对哲学研究方法的启发上。哲学要想获得真理,就应该以数学为样板,并借鉴数学的方法,通过普遍的怀疑,清理人类知识的地基,重建医学、法学、伦理学等人类知识的大厦。作为近代理性派的第一个重要哲学家,笛卡尔推崇数学和逻辑,也就是狭隘的理性,认为只有建立在演绎基础之上的学问,才是真正的学问。文学、艺术等学问门类,它们所提供的东西,

---

① [法] 笛卡尔:《谈谈方法》,王太庆译,商务印书馆2000年版,第7页。
② [法] 笛卡尔:《谈谈方法》,王太庆译,商务印书馆2000年版,第8页。
③ [法] 笛卡尔:《谈谈方法》,王太庆译,商务印书馆2000年版,第8页。

其真实性是可疑的，它们在笛卡尔的整个哲学构架中，是没有容身之处的。以清楚明晰为真理标准的哲学，在笛卡尔那里是"君临天下"的，文艺遭到了摒弃。

维柯不满意于笛卡尔对以数学为代表的自然科学的偏重，对以公理体系为基础的演绎法、分析法的推崇，而重视以古代修辞学为代表的论题法，重视归纳和综合，试图挖掘诗、神话、艺术、历史、法等人文学科的价值，为这些学问门类提供合法性。在《新科学》中，在阐释人类社会文化的起源和发展时，维柯提出了"诗性智慧"这个重要的概念，他从语言学入手，以实证的方式对想象、记忆、隐喻、语言、模仿、哲学思维、形象思维等进行了发人深省的讨论。

维柯对诗与哲学进行对比。他认为，诗性智慧是古代各个民族的凡俗智慧，它与感觉和想象相关，与诗性智慧相对的是玄奥智慧或哲学智慧，它是心智与感官脱离的结果，与概念和抽象推理相关；诗要依靠各种感觉器官，信赖感觉，表达人的想象、情欲、情绪等，而哲学要依靠大脑，信赖推理，对感觉进行反思、评判；诗强调人是身心统一体，表达人从肉体到精神的快乐，而哲学强调肉体与心灵的区别，关注精神的纯粹；诗以个别为指向，它越能沉浸到个别事物之上，越能把握个别，因而也越能具体，而哲学以一般为指向，它越能飞升到一般，越能抽象，它就越接近真理。

维柯不是静止地去考察人类的各种思维，他从发展、演进的角度把人类思维理解为一个历史过程。维柯赋予诗崇高的地位。在他看来，虽然诗性智慧只是人类最初的心智，只是人类心智变化或人类精神发展史中的一个阶段，即幻想的阶段，而哲学处于高级阶段，即知性阶段，但诗性智慧是玄奥智慧的先祖，没有诗性智慧的孕育，就不会有玄奥智慧的产生。各族人民首先建立了各种艺术，然后才渐渐出现了哲学。此外，正如前面所说，哲学的运思方式和诗的运思方式有别，知性越发达，越不利于诗的创作与完善。哲学家们推理能力极强，但他们只能撰写诗论和文学批评论著，而不能创作出崇高、伟大的诗篇。诗虽然不是知性、推理的产物，而是感觉、想象、情感的产物，却提供了有价值的东西，具有真实性。在诗的面前，数学等自然科学和作为知性智慧的哲学并不具有优越性。

维柯有强大的历史感，对诗和艺术的真正本性有深刻的洞察，在认识论上把握了诗与哲学的区别，指出了各自的功用、价值。他重视人文传统，在科学理性兴起的年代对笛卡尔进行的批判，就是对诗的捍卫，他的捍卫体现出浓厚的人文主义色彩。

（三）康德与黑格尔

德国古典哲学对美学有非常大的贡献，其中的突出代表是康德和黑格尔。康德是德国古典哲学的开山，他对"诗与哲学"之争的思考，可以从三个方面来看。

第一个方面，康德从普遍人性论出发，从主体的能力中为诗与哲学的存在找到了根据。在近代哲学的语境中，康德的第一批判就是一般所谓的哲学。根据康德的划界，我们可以认为，在人的心灵中，与哲学相关的部分是知，与诗相关的部分是情。人所具有的、与之相应的两种能力，是理解力和判断力。理解力的对象是现象世界，它的职能是求真，揭示现象世界的自然必然性；判断力的对象是情感，它的职能是求美，表达主体对个别事物的情感态度。知和情不可相互替代。人之所以为人，有赖于判断力和理解力。知识、美对于人是不可或缺的，哲学与诗这两种学问都有深刻的人性根源。

第二个方面，康德认为诗与哲学都具有真实性。理解力和判断力都有自己的先天法则。与知相关的判断是逻辑判断、规定的判断或者说科学判断，它"用一般的规律或概念，去说明特殊的个别的事物，规定它的性质"[①]；与情感相关的判断是反省判断，在反省

---

① 蒋孔阳：《德国古典美学》，商务印书馆2014年版，第76页。

判断中,"我们不是用一般的概念去规定个别事物的性质,而是个别事物引起我们主观上的某种态度"①。反省判断和逻辑判断都具有主观的普遍性和必然性。也就是说,诗和哲学一样,具有主观的真实性。

　　第三个方面,康德通过把握诗与哲学的特征去捍卫诗。在《判断力批判》的第四十三节中,康德对艺术与科学进行了比较。在这里,我们需要指出的是,我们的核心问题"诗与哲学之争"中的"诗"是泛指一切的文学艺术,而"哲学"是指注重理性,强调认知,致力于寻求确定性,以科学精神为内核的西方意义上的哲学。在这种哲学中,认识论、方法论占有重要地位,与自然科学具有密切的联系。在康德的时代,自然科学也是哲学的一部分,物理学、化学等被称为自然哲学。因此,我们可以把康德就艺术与科学所进行的比较理解为对诗与哲学的比较。在康德看来,诗(艺术)体现的是实践能力,哲学(科学)体现的是理论能力;诗是"能",哲学是"知";诗是技术,哲学是理论。如果诗是测量术,那么哲学就是几何学。如果我们知道了应当做什么,我们就能做到,那是哲学;如果我们虽然知道了应当做什么,"但却还并不因此就立刻拥有去做的熟巧"②,那就是诗。正如一个人知道一双好鞋应该具备哪些性状,不一定因此就具备做出一双好鞋的技能,一个读了很多诗学著作的人,也不一定能做出一首好诗。通过比较,康德指出了诗与哲学的差异,但康德也注意到了诗与哲学的相似之处。在他看来,科学包含了机械性的东西,包含了某种强制性。诗也同样如此,它并不单纯是一种自由的游戏。诗必须借助于规则、技巧,才能获得生命。

　　黑格尔对"诗与哲学之争"的思考,可以从两个方面来看。

---

① 蒋孔阳:《德国古典美学》,商务印书馆2014年版,第76页。
② [德]康德:《判断力批判》,邓晓芒译,人民出版社2002年版,第146页。

第一个方面,哲学高于诗。黑格尔哲学的核心范畴是绝对精神。绝对精神是思想、理念、意识。它是客观存在的,是自然界、人类社会、思维的本原,也是自然界、人类社会、思维的本质。绝对精神无所不能,它是宇宙之神,是宇宙的主宰者、创造者。绝对精神无所不包,存在于宇宙的整个发展过程之中,它就是整个世界。绝对精神的发展要经历逻辑阶段、自然阶段和精神阶段,这既是一个从低级到高级的过程,又是一个从相对到绝对的过程。在逻辑阶段,绝对精神从一个概念、范畴向另一个概念、范畴演化,在这个阶段,它是纯概念。在自然阶段,绝对精神外化为客观的自然界,在这个阶段,它是纯物质。在精神阶段,绝对精神返回到自身,在这个阶段,它是精神与物质的统一。在逻辑阶段、自然阶段和精神阶段这三个阶段中,每一个阶段又分为三个小阶段。其中,精神阶段的三个小阶段是艺术、宗教和哲学。从这里可以看出,诗处于第一阶段,也就是最低的阶梯,它是精神的低级形式,是最终要被扬弃的。而哲学则处于最后的阶段,是精神的高级形式,是精神自我运动的完成。因此,哲学高于诗。

第二个方面,诗与哲学都是真实的。哲学是精神或理念恢复到自身的阶段,是真理的最高点,因此,它是真实的。诗以感性的方式对精神或理念进行观照,以感性的方式显现精神或理念。因此,诗也是真实的。如果哲学具有绝对的真实性,诗则具有相对的真实性。此外,黑格尔哲学的整个框架是臆造的,它的建构方式与人类认识的具体行程是相反的。它不是要求观念符合现实,而是要求现实去符合观念,为了体系的融贯和完备,武断地、机械地用观念来切割、歪曲现实。因此,它体现出很大的强制性,但是,它的部分内容是充满现实感的,他的诗论的局部内容就是如此。黑格尔既对19世纪初文艺界主张"追求理想"的一派给予批评,也对主张"妙肖自然"的一派给予批评。他认为,诗既不能脱离现实又不能忘掉理想。诗要以艺术的真反映现实生活的真,达到感性与理性、内容与形式、普遍与特殊、一般与个别、必然性与偶然性、"人对世界掌握的实践方式与认识方式"①的有机统一。

二 "诗与哲学之争"的实质

通过简略地考察"诗与哲学之争"的历史，我们可以发现如下三点。

（一）"诗与哲学之争"的历史可以大致分为四个阶段

柏拉图生于公元前427年，去世于公元前347年。柏拉图说，"哲学和诗歌的争吵是古已有之的"②。可见，"诗与哲学之争"在柏拉图之前就已经存在。我们可以认为，在柏拉图以前，"诗与哲学之争"处于萌芽阶段、准备阶段。柏拉图对诗的控诉和亚里士多德对诗的辩护，空前地凸显了这一问题。在这个时期，"诗与哲学之争"处于形成阶段。自此以后，经过罗马时代、中世纪、近代早期，直到康德、黑格尔，"诗与哲学之争"处于发展阶段。而从俄国革命民主主义者到列宁、斯大林领导下的现实主义再到中国的实践美学时期，"诗与哲学之争"处于解决阶段。

（二）"诗与哲学之争"的实质是诗能否达到哲学的真

参与争论的人，可以分为三派。第一派认为，诗不能提供真理，在反映真理方面，哲学远胜于诗。因此他们对诗进行抨击。柏拉图、笛卡尔属于这一派。第二派认为诗虽然不能提供绝对的真理，但能提供相对的真理，诗有自己的价值。黑格尔属于这一派。第三派认为，诗能像哲学一样提供真理，诗与哲学具有同等的真实性，他们非常重视诗所能发挥的社会作用。亚里士多德、维柯、康德属于这一派。第一派和第二派都认为，诗比哲学低，

---

① 曹俊峰、朱立元、张玉能：《德国古典美学》，北京师范大学出版社2013年版，第448页。

② ［古希腊］柏拉图：《理想国》，郭斌和、张竹明译，商务印书馆1986年版，第407页。

只是它们对诗进行指控时程度不一样，第一派是极端派，对诗是敌视的；而第二派是温和派，对诗是友好的。第二派和第三派都承认诗的价值，但在第二派那里，诗是低于哲学的；而在第三派那里，诗与哲学在人类文化殿堂中具有同等地位，诗和哲学同样受到尊崇。

（三）"诗与哲学之争"不是一个孤立、简单的问题

无论是站在哲学的立场上对诗进行指控，还是承认诗的合法性，都不是一个简单的问题。不管你支持哪一种观点，都不难发现，许多思想巨人和你站在一边，而在你的对面，也同样站了不少伟大人物，他们的诘难、反驳，你是无法回避的。在柏拉图、亚里士多德、笛卡尔、维柯、康德、黑格尔等巨人中，虽然有人撰写了美学著作，① 但他们并不专门对"诗与哲学之争"做出回应。这些巨人对美学、诗的思考，仅仅只是他们哲学体系的一个有机组成部分；他们的思考，是为他们的哲学体系服务的，与他们的形而上学、认识论、方法论等密切相关；他们的思考，之所以具有代表性，富有启发性，首先应该归功于他们在哲学的核心与脊梁——形而上学的探索上取得了重大突破；他们的思考，属于典型的哲学美学、哲学诗学。也就是说，要想解决"诗与哲学之争"，首先需要解决哲学的基础理论问题。

从俄国革命民主主义者到列宁、斯大林领导下的现实主义，再到中国的实践美学时期，"诗与哲学之争"处于解决阶段。蒋孔阳的美学探索正是处于这一时期。他接受了马克思列宁主义经典作家的辩证唯物论和历史唯物论，并批判地吸收了柏拉图、亚里士多德、笛卡尔、维柯、康德、黑格尔、俄国革命民主主义者和列宁、斯大林时期俄国马克思主义文论的思想，对"诗与哲学之争"给出了自己的解答。

---

① 如亚里士多德有《诗学》，康德有《判断力批判》，黑格尔有《美学》。

第二节 蒋孔阳的解答

蒋孔阳站在马克思主义唯物论和辩证法的立场上,对诗与哲学进行了比较,通过阐明诗与哲学各自的性质、特征以及为何说诗是真的,回答了"诗与哲学之争"的问题。

一 诗与哲学的运思方式不同

(一) 诗的核心是形象,哲学的核心是概念

首先,蒋孔阳认为,认识事物有两种不同的路径。形象是有形有象的,可以用感觉器官感知,而概念是无形无象的,只能用理智来把握。形象和概念有区别,但二者也是有联系的。我们周围现实世界中的任何事物,都是形象与概念的统一。例如,我们看到一本书,就说:"这是一本书。"这句话既涉及书的形象,也涉及"书"这一概念。我们面前的书有形状、尺寸、颜色等,而当我们断定呈现于眼前的事物是书时,我们就运用了我们关于书的一般性质所具有的认识。我们把形象与概念结合、统一起来,就获得了"这是一本书"的断言。既然事物有形象与概念这样两个维度,那么我们就可以由形象来认识事物,也可以由概念来认识事物。由形象来认识事物,就是"通过个别来反映一般,一般就包含在个别之中,思维始终沿着个别的形式来认识和反映一般的规律"[1]。由概念来认识事物,就是"从个别上升到一般,然后以一般的形式存在着,并通过一般的形式来认识和反映一般的规律"[2]。

其次,蒋孔阳认为,诗与哲学的差别源于实践的不同需要。人所面对的客观世界是复杂的、丰富的,而人作用于客观世界的实践

---

[1] 蒋孔阳:《蒋孔阳全集》第1卷,上海人民出版社2014年版,第217页。
[2] 蒋孔阳:《蒋孔阳全集》第1卷,上海人民出版社2014年版,第217页。

活动也是多种多样的。诗和哲学都是为人的社会生活实践服务的，它们是人认识世界、反映世界的不同方式。诗通过形象来认识事物，哲学通过概念来认识事物。诗和哲学之间的这种差别，不是由主观因素导致的，而是被客观因素决定的。因为诗和哲学面对的是客观世界的不同方面或层面，这些不同的方面或层面，所包含的矛盾都是特殊的，要揭示的客观规律也是特殊的。哲学是把世界视为一个整体，讨论世界的根源、人在世界中的位置、人能否认识世界、人应该如何生活等问题。诗则不同。人活在这个世界上，必然要开展各种活动，与周围事物发生各种联系，他有出生与死亡，有梦想与追求，有失败与成功，有痛苦与快乐……所有这些方面，构成了"生活在社会中的人及其生活的本身"①，而这就是诗的特定范围。人的感情是复杂的，有时用概念无法清晰、准确地对其进行言说。如果用具体的画面、形象，则可以把它微妙、丰富的内容完整地表达出来。诗的性质与特征就是由认识和反映人及其生活本身这一实际的、客观的需要决定的。

再次，蒋孔阳认为，艺术典型具有哲学基础。诗要以塑造典型为目标。典型既体现出一般，但又"不是抽象的'一般'，而是具体的'这个'"②。和恩格斯一样，蒋孔阳也认为，黑格尔在《精神现象学》中对"这个"的讨论可以为典型提供哲学基础。黑格尔在《精神现象学》的第一章中非常精彩地指出，任何的"这个"都不是绝对的、纯粹的单个，它把个性和共性包含在自身之内。时间和空间是我们把握事物的两个重要维度。就时间而言，"这个"指的是"这时"。在上午的时候，我们说"这时是上午"；在中午的时候，我们说"这时是中午"；而到了下午的时候，我们说"这时是下午"。因此，"这时"所指的不是单个的事物，它把无数个具体的

---

① 蒋孔阳：《蒋孔阳全集》第1卷，上海人民出版社2014年版，第219页。
② 蒋孔阳：《蒋孔阳全集》第1卷，上海人民出版社2014年版，第341页。

"这时"包含在自身之内,它是一个共相。就空间而言,"这个"指的是"这里",但"这里"的所指也不是固定不变的。例如,当我们在火车站时,我们说"这里是火车站";当我们在学校时,我们说"这里是学校";当我们在家中时,我们说"这里是家";甚至当我们面对一个水池时,我们说"这里是一个水池",而当我们转过身来,我们面对的是一座房屋,这时,我们又会说"这里是一座房屋"。可见,"这里"的所指是不断迁移的,它把无限多具体的"这里"包含在自身之中。所以,"这个"既是个别、殊相,也是一般、共相。诗中的典型是个性化的,是个别的、具体的、生动的"这个",但典型也是概括化的,创作者没有把本质从现象中抽取、分离出来,而是把集中起来、概括起来、具有本质特征、能够表明某个本质问题的东西通过现象、通过"这个"体现出来。

(二) 诗与哲学对思想的表达有别

和哲学一样,诗也是需要思想的,但诗对思想的表达和哲学不一样。

哲学要大量使用事实和概念。其中,最核心的是概念。事实都是围绕着概念呈现出来的,是为阐明概念服务的。概念表达的是思想,依靠逻辑推理展开。因此,哲学家的思想就体现为抽象的议论。

诗中既有感性认识,也有理性认识。因为在创作中,创作者把感觉能力与理解能力统一起来,以"感性的形式来对现实进行理性的分析和综合"[①]。诗也使用概念,但它对概念的使用是间接的、不明显的。诗通过把平凡的生活现象加工成不平凡的艺术形象来表达思想,而不是通过概念来表达思想。诗中的概念与感性材料发生联系,被融入感性材料之中,犹如盐溶解到水中,它转化成了生动、具体的艺术形象。可以说,概念隐藏在形象背后,形象是表现概念

---

① 蒋孔阳:《蒋孔阳全集》第1卷,上海人民出版社2014年版,第252页。

的，但形象居于主导地位，概念是服从于形象的，一旦某个概念不能为形象的塑造提供支持，创作者就会把概念抛开。概念也是来自生活的，但它与生活一同被创作者提炼成艺术形象，思想被消融到富有个性的艺术形象中。读者欣赏诗，他需要对诗有或多或少的理解，也就是说，他需要使用概念，但当欣赏者没有违和感，全身心沉浸在诗中时，他眼中看到的、心中想象的，都是作品中展现出来的艺术形象。抓住它，使他着迷的，不是抽象的概念，而是感性的艺术形象，但通过艺术形象，欣赏者"不知不觉"地接受了作品中传达出来的时代呼声。诗的创作是"从个别开始，以个别告终"①。诗描写的只是一条线、一个点，但如果它真正地达到了在典型环境中塑造典型人物的要求，就能把自己聚焦的线和点扩展成面，就好像一滴水反映出了整个太阳。从一粒沙子里看世界，这是诗家的工作方式。

例如，人都是哲学和诗的重要反映对象，但二者的反映方式有很大差别。哲学要运用概念，要进行分析、推理、论证，它要求超越个别，达到一般的结论。这些结论虽然能够解释、阐明具体的、个别的事实和现象，但它们与具体的、个别的事实和现象截然有别。因此，哲学研究的人是抽象的人，它对思想的表达是抽象的。而诗所认识和反映的人，是个别的、具体的、生动的、丰富的、完整的人，是在社会中活动着的、有血有肉、有爱有恨的人。诗家有自己的看法、见解，有自己的概念和理性认识，但他对这些东西的表达必须依托于艺术形象，而不能以赤裸裸的、直接的、纯理论的形式提供给欣赏者。诗家必须把他的概念和理性认识转化成人物的血肉、语言、行动，转化成人物的思想、感情、性格、命运。诗呈现的不是抽象的思想，而是被概括、集中之后的个别人物与事件。诗对思想的表达是具象的。

---

① 蒋孔阳：《蒋孔阳全集》第1卷，上海人民出版社2014年版，第363页。

二　诗是真实的

(一) 真是诗的生命

社会生活是多层面的。蒋孔阳用现象与本质这对范畴来分析社会生活。他认为，社会生活有现象的方面，也有本质的方面。既然社会生活是真实的，那么，真实也可分为两类，即现象的真实与本质的真实。哲学要透过现象看本质，因此，哲学关注的是本质的真实，现象只不过是通达本质的桥梁，但对于诗而言，现象和本质都是重要的。艺术形象是有形有象的，它就是一种现象。现象在诗中不是达到其他东西的手段、中介，诗根本不能把现象抛开。艺术形象既要反映社会生活现象层面的真实，也要反映社会生活本质层面的真实，它是二者的统一。"使本质的真实显现在现象的真实中，是艺术形象真实性的一个基本特点。"[①]

社会生活中的现象是艺术形象的原型。生活现象是杂多的、原初的，诗家不是把所有的现象都搬到作品中来，这既是难以做到的，也不符合诗的要求。诗家需要做的是，抓住那些分散但又具有本质特征的现象，把面对这些现象所产生的零零碎碎的思想、印象，以原型为中心汇聚、积累起来，让它们成为创作的基本素材，然后对这些素材进行取舍、加工、改造，从而获得艺术形象并以其反映出社会生活本质的真实。因此，艺术形象不是创作者天马行空地臆想的成果。诗的起点是生活的真实，终点则是艺术的真实。

典型是诗家辛勤劳动的结晶，是个别与一般的高度统一，包含了创作者思想认识上的深度与广度，能对欣赏者产生强大的艺术感染力。由于典型具有普遍的社会意义，虽然它也是现象，但比起普通的社会生活现象，它的真实性更大。正是通过典型，诗"不仅能

[①] 蒋孔阳：《蒋孔阳全集》第 1 卷，上海人民出版社 2014 年版，第 228 页。

够真实地反映生活,而且能够同时发掘出生活的内在的本质意义"①;正是通过典型,诗能够和哲学一样,获得关于世界的真理,能够指导人们开展改造世界的各种实践活动。

生活是真实的、客观的,艺术形象作为对生活的反映,也需要是客观的、真实的。艺术形象是创造出来的,必须体现出艺术性,包含着思想性,但艺术性、思想性的坚实基础就是真实性。没有真实性或真实性不足的诗,是失败的作品。真实性是诗的生命。诗包含了虚构和想象的内容,浪漫主义的作品在这方面体现得很突出,从形式上看,它们可能是不真实的,"但它们所反映的生活内容和人物性格,却具有高度的内在真实性"②。

(二) 诗是对现实的加工

毛泽东《在延安文艺座谈会上的讲话》中非常明确地指出,人类的社会生活是文艺的源泉。毛泽东还强调,"这是唯一的源泉……此外不能有第二个源泉"③。

蒋孔阳吸收了毛泽东的思想,这从他关于诗的四个基本概念所下的定义中非常明显地体现出来。蒋孔阳对文学进行了界定,④ 他说:"文学是用语言来创造形象,并通过创造形象的方式来反映人类社会现实生活的一种特殊的社会意识形式,它是属于上层建筑的社会现象之一。"⑤ 文学是作家创作出来的,那么什么是"创作"呢?蒋孔阳说,所谓创作,就是作家"把他所认识所理解的生活原料,塑造为艺术形象,用来反映生活的某些本质方面"⑥。搞创作,是有方法的。那么,什么是"创作方法"呢?蒋孔阳说,所谓创作方法,

---

① 蒋孔阳:《蒋孔阳全集》第1卷,上海人民出版社2014年版,第230页。
② 蒋孔阳:《蒋孔阳全集》第1卷,上海人民出版社2014年版,第227页。
③ 《毛泽东选集》第3卷,人民出版社1991年版,第1094—1095页。
④ "诗与哲学之争"中的"诗",不仅仅指诗歌,还包括其他体裁的文学。
⑤ 蒋孔阳:《蒋孔阳全集》第1卷,上海人民出版社2014年版,第12页。
⑥ 蒋孔阳:《蒋孔阳全集》第1卷,上海人民出版社2014年版,第130页。

就是"指导作家如何把生活原料塑造为艺术形象的原则和方法"①。他的这三个定义,都肯定"生活"的基础性地位。那么,什么是"生活"呢?蒋孔阳说,所谓生活,"就是人们在一定的社会历史条件下,所从事的各种社会活动,特别是生产斗争和阶级斗争的活动"②。

蒋孔阳认为,创造艺术形象是诗的任务。艺术形象的真实性建立在对社会生活的观察、体验、研究、分析之上。蒋孔阳提醒道:"熟悉生活,应当经常成为作家的座右铭,成为创作的起点。"③ 为了强调熟悉生活对创作的重要性,蒋孔阳进一步指出,诗家对生活的熟悉与一般人不同,他不仅要善于用自己的眼睛来观察生活,而且要善于用别人的眼睛来观察生活;不仅要注意生活的一般过程,而且要注意生活的具体细节;不仅要自觉地去观察生活、收集生活,而且要善于移植和借用生活经验;不仅要去感受生活,而且要理解生活;不仅要了解现有的生活,而且要反思现有的生活,通过选择自己所需要的生活去开拓生活、创造生活。总之,诗家要"像矿工一样,深深地钻入生活的核心"④。

艺术形象是源于生活、符合生活的,但艺术形象不是现实生活的复制品,它是经过创作者的概括、提炼的。鲁迅说,他所塑造的艺术形象,"往往嘴在浙江,脸在北京,衣服在山西,是一个拼凑起来的角色"⑤。鲁迅这里所讲的"拼凑",就是指提炼、概括、集中。作诗不是把观察到的生活现象都一一记录下来,而是需要对观察到的东西进行挑选、加工。那些次要的、偶然的、非本质的生活现象并非关注的重点,而是要把它们舍弃掉、淘汰掉。它要捕捉具有特

---

① 蒋孔阳:《蒋孔阳全集》第1卷,上海人民出版社2014年版,第130页。
② 蒋孔阳:《蒋孔阳全集》第1卷,上海人民出版社2014年版,第95页。
③ 蒋孔阳:《蒋孔阳全集》第1卷,上海人民出版社2014年版,第326页。
④ 蒋孔阳:《蒋孔阳全集》第1卷,上海人民出版社2014年版,第330页。
⑤ 鲁迅:《鲁迅全集》第4卷,中国文联出版社2013年版,第404页。

征的细节,给予强调和集中,将其突出地表现出来。例如,齐白石画虾,不是面面俱到地把关于虾子的所有细节都画出来,而是抓住虾子身上最有特征的东西,通过寥寥几笔的勾勒,把虾子画得活灵活现。

如果创作者把自己在生活中所观察到、体验到的内容都写进作品里去,那就会写不胜写,并且使作品有如流水账、啰唆庞杂、拥挤不堪、毫无主次,成为一团乱麻。只有量体裁衣,精心选择,反复提炼,注意层次和结构,详略得宜,疏密相间,避免斧凿痕,才能真实、深刻地反映生活。例如鲁迅的著名小说《药》,是在新文化运动中对中国民族资产阶级革命进行反思。鲁迅这篇小说的核心思想是,中国民族资产阶级革命者由于不了解群众、脱离了群众,未能达到深刻改变中国社会的目的。但鲁迅不是把自己的思想赤裸裸地陈述出来,直接告诉读者,而是通过对一些情节细致、深入的描写,让读者理解他的思想。华老栓为了给华小栓治好痨病,付钱请"康大叔"把夏瑜被砍掉头颅后洒出的鲜血趁热抹到馒头上,做成人血馒头。华老栓夫妇把人血馒头包上荷叶放在灶火中烧熟后让华小栓吃下。作为革命者,夏瑜是不成熟的。小说写道,夏瑜被关在牢里,作为牢头的红眼睛阿义与他谈话时,夏瑜就劝说阿义造反。其实红眼睛阿义找他,"是去盘盘底细的"①,他不了解红眼睛阿义是什么样的人,结果挨了"两个嘴巴"②。除了想从夏瑜身上榨油水未果而扇夏瑜嘴巴、并把夏瑜的衣服剥下拿走的狱卒"红眼睛阿义"和为了不被"满门抄斩"向官府告发夏瑜、拿到"二十五两"赏银的夏三爷是反面人物之外,华老栓夫妇、茶馆中的客人"驼背五少爷""花白胡子""康大叔"等都是愚昧、麻木的。就连夏瑜的母亲"夏四奶奶"都不理解夏瑜为什么要革命。小说写道,清

---

① 鲁迅:《鲁迅全集》第1卷,中国文联出版社2013年版,第35页。
② 鲁迅:《鲁迅全集》第1卷,中国文联出版社2013年版,第35页。

明节"夏四奶奶"为避免遇见人而尴尬，早早去给自己的儿子夏瑜上坟。由于夏瑜与"死刑和瘐毙的人"①埋在一起，"夏四奶奶"偶遇给华小栓上坟的华大妈，"便有些踌躇，惨白的脸上，现出些羞愧的颜色"②。当她看到夏瑜的坟顶有革命同道为夏瑜献上的"一圈红白的花"③时，她"忽然手脚有些发抖，跄跄踉踉退下几步，瞪着眼只是发怔"④。离开坟地时，她"嘴里自言自语地说，'这是怎么一回事呢？……'"⑤ 蒋孔阳说，"在作品中，根本就没有什么抽象的主题思想，它体现在作品的形象当中"⑥。正是依靠这些细节、依靠这些生活现象，鲁迅非常准确地把自己的思想传达给了读者。

（三）诗的偶然性与必然性是统一的

我们一再地说，为了揭示某种规律，体现某个真理，创作者要关注具有本质特征的、能够很好地说明本质问题的现象，那么，是不是可以把那些偶然的现象统统舍弃掉，只把具有必然性的东西摄取到作品中来呢？蒋孔阳说，不是的，忽视偶然性的东西，是错误的。

马克思说：

> 如果"偶然性"不起任何作用的话，那么世界历史就会带有非常神秘的性质。这些偶然性本身自然纳入总的发展过程中，并且为其他偶然性所补偿。但是，发展的加速和延缓在很大程度上是取决于这些"偶然性"的，其中也包括一开始就站在运动最前面的那些人物的性格这样一种"偶然情况"。⑦

---

① 鲁迅：《鲁迅全集》第1卷，中国文联出版社2013年版，第36页。
② 鲁迅：《鲁迅全集》第1卷，中国文联出版社2013年版，第36页。
③ 鲁迅：《鲁迅全集》第1卷，中国文联出版社2013年版，第37页。
④ 鲁迅：《鲁迅全集》第1卷，中国文联出版社2013年版，第36页。
⑤ 鲁迅：《鲁迅全集》第1卷，中国文联出版社2013年版，第38页。
⑥ 蒋孔阳：《蒋孔阳全集》第1卷，上海人民出版社2014年版，第92页。
⑦ 《马克思恩格斯文集》第10卷，人民出版社2009年版，第354页。

恩格斯也说：

> 被断定为必然的东西，是由纯粹的偶然性构成的，而所谓偶然的东西，是有一种必然性隐藏在里面的形式，如此等等。①

在蒋孔阳看来，偶然和必然是相互依存的，偶然性为必然性开辟道路，没有偶然，必然根本无从体现；没有偶然，必然就是不可理解的。在诗中，主人公一出场，叫什么名字、长什么模样、具有什么性格、穿什么衣服等，都是偶然的，但这些偶然的东西被创作者围绕作品的主题组织起来，与主题发生关联，它们就可以体现出生活中内在的规律。生活中处处有偶然与必然的对立，我们就生活在偶然与必然织成的网络中。对于大多数人而言，偶然的事物占显著地位，对他影响更大，因为我们不可能把所有事物的原因、根据或者说来龙去脉都搞清楚，即使是很普通的事物，要把握它的前因后果，也需要具备很多条件，而且我们往往是"身在此山中"，难识"庐山真面目"。对很多事情懵懵懂懂，感觉命运无常，这其实是人生的常态。所以，蒋孔阳说，诗中抛除了偶然的东西，它的艺术形象就不会是丰富多彩的，就会缺乏生活气息，就不会反映出生活的本来面貌。

（四）诗是真实性与虚构性的统一

蒋孔阳讨论了真人真事和作诗进行幻想、虚构的关系。现实生活中活动的人、现实生活中发生的事，就是真人真事。蒋孔阳认为，诗既可以把真人真事作为基本素材又可以根据创作的需要，进行幻想和虚构。这二者并非绝对对立。创作者要反映现实生活，必须首先去观察、认识现实生活。他需要去熟悉大量的真人真事，把富有特征的、鲜明的真人真事储备在自己的大脑里，但创作者还需要进

---

① 《马克思恩格斯文集》第4卷，人民出版社2009年版，第299页。

一步发挥自己的主观能动性，不能拘泥于、受限于这些真人真事，而要去超越这些真人真事，通过幻想和虚构，把这些真人真事加工、改造为艺术形象。

蒋孔阳指出，不同的作品，对真人真事的牵涉或利用情况不同。有些是直接的，有些是间接的。传记电影《董存瑞》的主角是真实存在的人，影片中呈现的事迹也基本上是真实的。影片对真人真事的运用就是直接的。鲁迅的小说《祥林嫂》的主人公是虚构出来的，但小说中对"作者"最后一次见到祥林嫂时所进行的形象描写，是鲁迅在故乡其他人物身上见到过的；再婚女人死后遭受惩罚的事是他听故乡人说过的；孩子被狼叼走的事，也是确实在故乡发生过的。鲁迅对这些真人真事的运用，就是间接的运用。因为他把这些不同来源的、琐碎的真人真事重新整合了，祥林嫂这个艺术形象是汇聚、概括的结果。

创作者之所以需要发挥幻想和虚构的才能，是因为真人真事往往是分散的；有些真人真事的意义并不大；有些真人真事的意义不明显；有些真人真事是出现在过去的，创作者不可能去了解所有的细节；有些真人真事虽然是当下的，但创作者不是当事人，人物的心理活动，他是无法去体验的……创作者需要把一鳞半爪的真人真事集中起来，通过推测、想象去弥补一些具体的细节，把它们"放在创作的分光镜和放大镜下面"①，经过组织、剪裁和凝练，塑造出艺术形象。艺术形象已经不是真人真事的本来面目，而仅仅是或多或少地有一部分真人真事的影子、痕迹，从这个意义上说，它们已经"失真"了，但是，经过概括、集中之后形成的艺术形象，灌注了创作者的心血，灌注了创作者的生活经验、思想和感情，有了典型性，深刻揭示了社会的矛盾，因而具有了更高的真实性。

---

① 蒋孔阳：《蒋孔阳全集》第 1 卷，上海人民出版社 2014 年版，第 325 页。

蒋孔阳认为，诗的真实性与幻想性、虚构性是辩证统一的，但"在二者的统一中，真实性又更为根本"①。诗家要发挥他幻想和虚构的能力，但他的幻想和虚构，只不过是按照生活可能的规律，对他"体验、观察到的一切人、一切生活形式和斗争形式"②进行分解和组合。诗家的创造性劳动是源于生活，不离生活的。诗的真实是创造出来的，它尊重生活的逻辑，按照生活本身的逻辑过程来反映生活。

（五）诗的真实性与倾向性是统一的

在1954年开始动笔、1957年出版的《文学的基本知识》中，蒋孔阳非常细致地讨论了诗的阶级性、倾向性、人民性、党性等，体现出那个时代的特点。而在1980年出版的《形象与典型》中，蒋孔阳对它们的讨论就相对弱化了。这跟中国社会的变化是相关的。时代发展了，出现了新的东西，蒋孔阳的思想观念也随之更新了，但即使是在新的历史时期，蒋孔阳也坚持了自己过去的基本立场。阶级性、倾向性、人民性、党性是密切相关的，"阶级性""人民性""党性"这几个词的主流意识形态色彩浓了一些，但"倾向性"这个词是比较中性的，也能大致涵盖他在50年代用"阶级性""人民性""党性"这几个词表达的意思。可能是出于这样的考虑，蒋孔阳主要使用的是"倾向性"这个词。在《文学的基本知识》中蒋孔阳给出了倾向性的定义。他说，"所谓倾向性，就是作家在作品中所表现出来的思想的或政治的倾向，也就是他对待现实生活所抱的态度：他反对什么，拥护什么；喜欢什么，憎恨什么"③。在这个定义中，政治意味还是比较浓的。而在《形象与典型》中，蒋孔阳把倾向性与真实性结合起来谈，以此来修正过去某些不够确切、不够正确的提法。

重视诗的倾向性，这是马克思主义经典作家一贯的立场。"毛泽东

---

① 蒋孔阳：《蒋孔阳全集》第1卷，上海人民出版社2014年版，第361页。
② 蒋孔阳：《蒋孔阳全集》第1卷，上海人民出版社2014年版，第345页。
③ 蒋孔阳：《蒋孔阳全集》第1卷，上海人民出版社2014年版，第36页。

同志《在延安文艺座谈会上的讲话》中提出的'革命的政治内容和尽可能完美的艺术形式的统一'的原则,以及1958年提出的革命的现实主义和革命的浪漫主义相结合的方法,这两个要求从不同的侧面指出了社会主义创作的规范和艺术批评的标准,为社会主义新型的美的艺术勾画了一个轮廓。"① 蒋孔阳重视诗的真实性,也重视诗的倾向性。他指出,倾向性与真实性并不矛盾。因为"马克思主义所说的倾向性,是唯物主义的倾向性,是从真实地反映客观现实生活当中产生出来的"②。诗的倾向性往往体现在作品的主题思想中,但主题思想不是由创作者的主观愿望确定的,也不是能够信手拈来的。主题思想来自对生活的辛苦探索。只有当作者构思的艺术形象接近于成熟时,作品的主题思想才能明确起来。也就是说,诗的倾向性是有客观性的。在优秀的作品中,倾向性不是外在地附加到作品上去的,而是创作者不歪曲现实、不脱离现实,如实地描写现实之后,从作品中自然而然地流露出来、放射出来的,它和作品中运用到的那些生活素材是有机统一的。正确的倾向性总是符合客观真实,符合生活发展的潮流,符合历史前进的方向,符合社会发展的客观规律。所以,不能简单地认为,诗有了倾向性之后,就会变成政治、意识形态或时代精神的传声筒。蒋孔阳既强调倾向性,也强调真实性,但它们的地位并不是同等的。蒋孔阳把倾向性纳入到了真实性之中,在他看来,正确的倾向性源于真实性,处于支配地位的是真实性。这是非常深刻的洞见。

在蒋孔阳看来,优秀的作品总是体现出真实性、客观的、正确的倾向性,因为它能够揭示艺术形象与广阔的社会背景之间千丝万缕的联系,肯定"新的社会力量以及新的生活理想"③,让作品呈现

---

① 周来祥:《古代的美·近代的美·现代的美》,东北师范大学出版社1996年版,第235页。
② 蒋孔阳:《蒋孔阳全集》第1卷,上海人民出版社2014年版,第362页。
③ 蒋孔阳:《蒋孔阳全集》第1卷,上海人民出版社2014年版,第94页。

出丰满的时代和社会内容。优秀的诗家不是赶时髦或迎合时代,而是力求深刻地发掘问题、提示问题,并力求深刻地回答问题的。

(六) 自然主义、形式主义和类型说背离了诗的真

蒋孔阳既批评了自然主义,也批评了形式主义。自然主义通常给人造成这样的印象,即他很尊重生活事实,忠实地记录生活,力求客观地进行描写、叙述。蒋孔阳指出,诗不是生活的再版,艺术形象不是生活现象的复制,它们是作家经过精心的艺术加工之后创造出来的。在蒋孔阳看来,自然主义者的错误,就在于"把创造形象的工作,说成是记录生活现象的工作,把形象说成就等于现象了"①。形式主义不重视创作的现实根据,主张从自己的主观印象出发,依据自己的主观感受进行创作。自然主义者是被客观生活现象束缚了手脚,不能超越生活现象,满足于生活的表面真实,不能获得生活的个中三昧,形式主义者是忽视客观生活现象,"想当然地"进行创作。表面看来,自然主义和形式主义是相互反对的,是两个极端,但在实质上都是一样的,即都没有真正理解诗与社会生活的正确关系,违背了诗的真实性。

蒋孔阳还批评了类型说。蒋孔阳指出,典型不是类型。他批评了罗马时代的贺拉斯,批评了17、18世纪倡导新古典主义的波瓦洛等。因为他们曲解了亚里士多德对典型的看法,把类型视为典型。他们认为,人的性格是与生俱来的,不发生变化的,可以对其进行分类,划分出来的类型也是恒定不变的。作诗只需要按照这些类型去描绘、塑造人物形象。蒋孔阳指出,这些类型其实是人为规定的,寻找类型就是在求平均数,就是把一些具体特征抽象化、固定化、简单化,制造一些清规戒律、教条,依照这些类型来创作,就是依样画葫芦,以形而上的框架限制诗家的创造性。更为糟糕的是,这样的创作方法,不符合真实性的要求,因为现实生活是丰富多彩的,用固定的模式去切

---

① 蒋孔阳:《蒋孔阳全集》第 1 卷,上海人民出版社 2014 年版,第 14 页。

割现实生活，只会产生僵硬、虚假的作品。

形式主义和类型说有一个共同点，即都犯了主观主义的错误。蒋孔阳通过批评形式主义和类型说，对中华人民共和国成立以来诗的实践史进行了反思。蒋孔阳深刻地指出，"文化大革命"中作家从主观的公式、概念出发进行创作，使作品缺乏活泼的生活气息，这是形式主义的变种。蒋孔阳对贺拉斯、波瓦洛类型说的批评，其实也是对"'四人帮'把阶级、社会本质、代表、英雄人物等概念，加以类型化，制成一块块铁的'样板'，用来套在人民的脖子上，束缚社会主义文艺的发展"① 进行的深刻反思。虚伪的公式化、概念化、浓厚的封建色彩是西方古典类型说和"文化大革命"样板戏的共同特征。蒋孔阳尖锐地指出，"文化大革命"样板戏也可以被视为西方古典类型说的"重新借尸还魂"②。

结 语

在"诗与哲学之争"中，柏拉图和笛卡尔认为，诗不是真的，因此对诗进行了猛烈的抨击。黑格尔虽然说诗是真的，但也认为诗的真不及哲学的真。亚里士多德、维柯和康德的立场是相对公允的。蒋孔阳也像这三位大哲一样，既不偏向诗，也不偏向哲学，但他果断抛弃了这三位大哲的形而上学。蒋孔阳通过对诗与哲学的比较，依据各自的性质、特征来阐明诗与哲学都是真的，不存在孰优孰劣的问题。

蒋孔阳对康德和黑格尔在美学中所理解的"自然"这一概念进行了扩展，形成了"现实"这一概念。康德和黑格尔的"自然"指的是物质性的自然界，而蒋孔阳所理解的"现实"不仅包括客观的

---

① 蒋孔阳：《蒋孔阳全集》第1卷，上海人民出版社2014年版，第358页。
② 蒋孔阳：《蒋孔阳全集》第1卷，上海人民出版社2014年版，第358页。

自然界，也包括生活在社会中的人及其生活本身。蒋孔阳将现实视为诗的反映对象，从而将作为一种意识形态的诗奠定在唯物主义的坚实基础上。蒋孔阳还阐明了诗对现实的尊重与对现实的加工、对偶然性素材的采用与对必然性的呈现、对真实性的追求与对题材的虚构和倾向性的表达等之间对立统一的关系，将诗的创作卓越地奠基在辩证法的基础上。

哲学是真的，这是参与"诗与哲学之争"的几位最重要的哲学家都承认的。在这场漫长的争论中，如何理解诗是真的或者说阐明诗为何是真的，是一大难题。我们在前面已经指出，从俄国革命民主主义者到列宁、斯大林领导下的现实主义，再到中国的实践美学时期，"诗与哲学之争"处于解决阶段。蒋孔阳正是广泛地吸收了西方哲学家的思想，吸收了马克思列宁主义，尤其是吸收了俄国革命民主主义时期、列宁与斯大林领导的苏联时期、中国自新文化运动以来的现实主义文艺的思想，结合对中华人民共和国诗的实践史的反思，深入地论证了诗是真的，破解了"诗与哲学之争"中的难题，对中国马克思主义美学的建设、发展作了重要推进。

下 编

蒋孔阳的美学原理研究

第七章

论审美创造

张玉能认为，蒋孔阳的美学体系"是以实践论为基础，以创造论为特色，以人生论为宗旨的完整的开放美学体系"①，并认为，将其称为"自由创造的人生论美学"是全面的。朱立元认为，"蒋先生的美学理论可以概括为：以实践论为基础、以创造论为核心的审美关系说"②。朱志荣将蒋孔阳的美学理论称为"实践创造论美学"③。虽然三位学者在概括蒋孔阳美学的核心思想时，具体表述有差异，但有一点是共同的，即都认为创造论在蒋孔阳美学思想中具有重要地位。

蒋孔阳的美学思想之所以被称为"中国美学界独树一帜的'第五派'"④，这与他提出创造论是密切相关的。《美学新论》是蒋孔阳晚年的集大成之作，本书将主要以这一著作为依据梳理蒋孔阳创造论的内涵，并在此基础上评估其意义。

---

① 张玉能：《蒋孔阳美学体系的动态立体构成》，《武汉教育学院学报》2000年第5期。
② 朱立元：《中国美学界独树一帜的"第五派"——略论蒋孔阳教授的美学思想》，《复旦学报》（社会科学版）1991年第2期。
③ 朱志荣：《蒋孔阳的实践创造论美学》，《郑州大学学报》（哲学社会科学版）2009年第2期。
④ 朱立元：《中国美学界独树一帜的"第五派"——略论蒋孔阳教授的美学思想》，《复旦学报》（社会科学版）1991年第2期。

第一节 创造论的内涵

蒋孔阳的创造论包含三个核心观点：劳动创造了人的本质、人类依照美的规律来创造、美是多层累的突创。

一 劳动创造了人的本质

蒋孔阳认为，人的本质是物质属性和精神属性的统一，它是由劳动创造的；人的劳动永无止境，因此人的本质永远在创造中。

（一）人的本质是物质属性和精神属性的统一

黑格尔认为，意识是人的本质。费尔巴哈认为，自然是人的本质。费尔巴哈所说的"自然"是指人的感觉、欲望和爱。黑格尔强调人的精神属性，费尔巴哈强调人的物质属性，他们都是片面地、抽象地看待人。马克思对黑格尔和费尔巴哈的观点进行了扬弃。蒋孔阳站在马克思的理论立场上认为，人的本质不是单一的，而是多方面的，它是精神属性和物质属性的统一，只有在感性活动中来理解人，才是完整的、全面的。人是一个物种，是一种自然的存在，具有形体，具有生理的、自然的禀赋和能力，具有本能的情欲和需要。人来源于动物，与动物永远有联系。这些是人之所以为人的感性基础，但人还有思维能力、意志能力、感情能力，它们具有自觉性、目的性、创造性，与社会性密切相关。正是因为有了这些能力，人才有了内心生活，它们是人之所以为人的精神性基础。人的本质是自然属性和精神属性的总和，但这个总和，不是量的聚合，它们水乳交融，共同"灌注到个性鲜明的生命个体当中，成为一个有机的整体"①。

（二）人的本质由劳动创造

从劳动入手来理解人类社会，这是马克思的一大贡献。蒋孔阳

---

① 蒋孔阳：《蒋孔阳全集》第 3 卷，上海人民出版社 2014 年版，第 156 页。

认为，对人来说，劳动具有重大意义，因为人的本质不是天然的，不是与生俱来的，不是上天或神的恩赐，而是在劳动中社会地、历史地形成的。劳动不仅改造了客观的物质自然，还创造了人的本质。

自然界要对物种进行选择和淘汰，适者生存，这是自然演化的客观规律。蒋孔阳认为，动物对这一规律是无能为力的，它们只是被动地顺应。动物也有生活，但动物的生活是出于无意识的本能，它完全被肉体的物质需要所支配，无法超越物质自然的制约、束缚，它和它的生活本身是直接同一的。而人与动物不一样，他不仅具有受动的一面，还具有主动的一面。人并不完全受制于物质自然。他具有选择的能力、认识的能力。为了更好地适应自然、改造自然，人必须认识自己身体的结构与功能，调节自己有限的物质力量，于是产生了自我意识，从而确立了主体世界，把自己从自然中分化出来。而在制造工具哪怕是简单、粗陋、笨重的工具时，他或者是偶然的，或者是通过反复试验，懂得了物质材料的性能，懂得了力学规律，把握了物质世界的秘密，从而又确立了客体世界。

人虽来源于动物，但能够摆脱兽性，能够确立主体世界和客体世界，这完全归功于劳动。蒋孔阳指出，人通过攀爬、行走、奔跑，通过拖、抱、抬，通过撕、咬、烧，通过砍、砸、削、磨、凿，不仅满足了自己的物质需求，维持了肉体的生存，保存和发展了人类从动物祖先那里继承来的生理机能和本能欲望，而且增加、提高了人的精神属性。人对客观自然施加影响、摆脱障碍的能力是随着劳动的进步而逐渐提高的。当人第一次有意识地制造工具、使用工具来改造自然的时候，就是人超越动物界的开端。这是一场从动物进化到人类的巨大革命。它是一个漫长的演化过程；是一个人的自然属性和精神属性在无数人无数次的反复劳动中不断得到积累、传递、发展的过程；是一个人的眼、耳、手、脚以及大脑受到千锤百炼的锻炼的过程；是人反复以类的行为和类的影响，在不断克服困难中锻炼、培育、促进人的感性方面和精神性方面的过程。例如，动物和人都有耳朵、眼睛和手，它们都是生理结构的组成部分，都是感觉器官，都是自然演化的产物。从这方面来说，动物和人的耳朵、眼睛、手是没有实质性区别的，但是，只有人的耳朵能够听懂音乐，只有人的眼睛能够看到书法、绘画中的形式美，只有人的手才能够从事雕刻和弹奏乐器。从这方面来说，动物和人的耳朵、眼睛、手具有了根本性的差异，因为人的耳朵、眼睛、手不再仅仅是自然的器官，而是社会的器官。人的耳朵、眼睛、手是"属人"的，它们与人的思维、意志等是相结合的，包含了人在劳动中形成的社会内容和历史内容，是"迄今为止全部世界历史的产物"[①]。

在蒋孔阳看来，人在劳动过程中，调动、活跃、锻炼了主体的能动性，学会了对自然进行人化，人的劳动不再像动物活动一样是本能的、盲目的，不是吃掉对象、灭掉对象，而是要改造对象，创造出在自然中从来不存在的新对象。正是在趋乐避苦、吃穿用度乃至更高的精神追求中，人建立了从远古的木制工具、石制工具、骨制工具到现代的大型机械等生产工具体系，建立了语言、社会、制度、习俗等五彩缤纷的文化。人在物质世界中实现自己的目的和愿望、表现自己的感情等能力，与整个人类的经验、整个人类的文化、整个社会环境所达到的水平息息相关。人的本质，既取决于人类对自然进行人化的深度、广度，也取决于每一个个体在劳动过程中，对自己的客观自然即先天的感觉器官和主体性潜能等多层次、多方面的磨砺和升华。对作为类的人而言，人通过劳动而延续生存，又通过劳动来创造、丰富自己的本质。对作为个体的人而言，他的本质也只能从后天的劳动中形成，只能从劳动中获得丰富性和多样性。因此，他只能通过艰辛的劳动，通过对工具的操作，通过不断的熟悉与训练，才能身体健康，才能获得自我意识，才能思维敏捷。

---

① [德]马克思：《1844年经济学哲学手稿》，中共中央马克思恩格斯列宁斯大林著作编译局编译，人民出版社2000年版，第87页。

(三) 人的本质永远在创造中

蒋孔阳认为，劳动是人类赖以生存的方式，人的本质是适应于人生存的需要，在工具的使用和制造中创造出来的，但它不是一成不变的，而是在劳动中不断创造、发展的。在劳动的过程中，人的自然属性和精神属性是交错的，它们交互影响、交互发展。人的本质就像滚雪球一样，越来越广大丰富。人的本质的形成，源于劳动，这是起点，但人的本质的发展是没有终点的，因为人类的劳动在广度上不断扩大，在深度上不断推进，它是永无止境的，人的本质也必然随着劳动的变化而不断扩大、发展，随着劳动的进步而呈现出新的面貌。今天人类所呈现的本质与原始人的本质是大不相同的，即使是与近代相比，人的本质也增加了社会历史的许多新内容，而未来社会中人的本质也会与今天的有很大差异。蒋孔阳说，"劳动没有止境，永远在创造之中，因此人的本质也没有止境，永远在创造之中"[①]。

二 人类依照美的规律来创造

蒋孔阳认为，美的规律是"任何一个种的尺度"和人"内在的尺度"的统一；异化劳动在不同的情形、程度上创造了美；自然美是自然物的自然属性与社会属性的统一，因此，自然美也是劳动创造的。

(一) 美的规律由两个尺度的统一所形成

马克思在《1844年经济学哲学手稿》中曾经谈到"美的规律"和"两个尺度"。蒋孔阳对此予以阐发，认为美的规律由两个尺度的统一所形成。在蒋孔阳看来，动物总是属于一定的种，它们只能根据它所属的种进行活动。鸟搭窝、田鼠打洞、蜘蛛结网等都属于种的规定、特性，这些活动完全出于种的本能，是不会有什么变化的。

[①] 蒋孔阳：《蒋孔阳全集》第3卷，上海人民出版社2014年版，第152页。

自从有鸟、田鼠、乌鸦以来,它们就在机械、刻板、千篇一律地进行这样的活动。而人就不同了,人可以了解任何物种的规定、特性,根据它们的尺度,通过劳动把它们生产出来。如人掌握了桌椅板凳的尺度,就可以把桌椅板凳制作出来。人的劳动对象的范围是非常宽广的,能够制造的东西也是多种多样的,自由度要大得多,且是具有个性特征的,是具有创造性的。人在劳动的时候,必须遵循作为劳动对象的物种的规定、特性,因为它们是客观事物的规律,但人在这一过程中是运用了自己"内在的尺度"的,即人作为主体,在劳动时,是从自己的目的、要求、理想等出发来衡量事物的,并依此引起客观事物在关系、比例、状貌乃至形态等方面的变化,把自己的本质力量在对象上自由地实现出来,构成了能够让人观赏并使人感到愉快的具体形象。当人逐渐摆脱物质自然的压迫时,人的劳作不仅仅是满足实用性的、物质性的需要,而且要满足越来越细致、越来越深入、越来越丰富、越来越复杂的精神需要。所以人不仅要有天然的石片切割东西,还要有打磨得锋利、光滑、规则、美观的石斧;不仅要有树叶、兽皮遮体,还要有柔软、舒适、漂亮的装饰性衣服。"人就是这样依照美的规律,通过劳动塑造了物体,创造了美。"[1] 蒋孔阳还用唐代张璪的名言"外师造化,中得心源"来概括、统一马克思所说的两个"尺度"。"外师造化"就是要深入掌握"任何一个种的尺度",深入掌握客观事物的状况、规律;"中得心源"就是要在物质自然属性的基础上发挥主体固有的"内在的尺度",把主体的生命力、创造性灌注到客观现实中去,使其充满生机和活力,使其体现出主体的修养和情操。

(二)异化劳动在不同的情形、程度上创造了美

蒋孔阳认为,异化劳动大量存在于奴隶制社会、封建制社会、资本主义社会。在这些私有制社会中,被统治阶级为了生存,不得

---

[1] 蒋孔阳:《蒋孔阳全集》第3卷,上海人民出版社2014年版,第189页。

不接受强迫的、繁重的劳动，因此，从根本性质上讲，异化劳动破坏、阻碍了美的创造，但是，异化劳动毕竟也是人的劳动，它不仅在分工等方面为美的创造提供了条件，而且不平等的大量存在也刺激了反异化的美和艺术的发展。因此，异化劳动在不同的情形、程度上创造了美。例如，分工导致了一大批"劳心者"的出现，它们有时间、精力进行文学艺术的活动；又如，在黑暗统治的时代，往往会出现一些揭露、控诉、反抗的文艺作品；再如，劳动者在统治者逼迫下进行劳动时，在一定的范围内还是有自由地发挥本质力量的空间，而且劳动者的异化劳动与统治者的自由劳动是可以结合的。万里长城、秦始皇兵马俑的修造，充满了血泪，但它们在今天看来也是人类本质力量的结晶，是文化的瑰宝。总之，蒋孔阳对异化劳动与美的关系的看法，是两点论的，而不是一点论的。

（三）自然美也是劳动创造的

蒋孔阳认为，应该把自然与自然美区别开来。自然是客观存在的，未有人类之前就已经存在。人类通过劳动从自然中产生，成为社会的人。而自然美是人类与自然打交道，使自然成为人的对象世界，成为人的本质力量的确证之后才诞生的，因此，它是人类长期劳动的产物。自然物的质料、结构、外貌等是自然美的物质性基础，自然美离不开自然本身的性质、特点，但是，没有人类的劳动，就不可能产生具有社会性的人，就不可能产生人的本质力量；没有劳动的向前发展，人就不可能从与自然的实用关系中发展出审美关系，就不可能从自然中看出美；没有劳动的继续向前发展，人类就不能扩大自然美的范围，就不能创造出日新月异的自然美。自然美就在于自然物的自然属性与社会属性的统一。

三 美是多层累的突创

蒋孔阳认为，"人是世界的美"，因为美不是自然现象，而是社会现象，是多层累的突创，是人的本质力量的对象化，但蒋孔阳也认为，美不是纯主观的。

（一）美不是自然现象，而是社会现象

蒋孔阳认为，美并不是在人之外存在的、客观的、自在的、与人无关的东西，美是对人而言的，离开了人，无所谓美，因为美是人的创造。人作为一个物种，是在漫长的历史过程中演化形成的，人类社会的产生，也经历了一个非常长期的过程。在远古时代，人类社会产生之前，美是不存在的。我们可以把美大致分为这样几种，即工艺美、艺术美、社会美、自然美。中西方艺术发展史的研究表明，这四种美是依次产生的。工艺、艺术和人类的生产生活有最直接的关系，产生得最早。随着生产生活的扩大，人类需要对其进行管理，将其秩序化，社会组织出现了，与政治伦理相关的社会美也产生了。至于自然美，它是出现得最晚的。自然美是人类的生产能力有了较高的发展，人类对自然的认识大大前进，对自然的影响力明显增强，在自然面前不再受到自然的逼迫，不再感到自然的狰狞可怕时，才会向人显现的。也就是说，工艺美、艺术美、社会美、自然美的依次出现，是与人类社会从低到高的发展相对应的。天、地、日、月、风、雨、动物、植物等，虽然在人类社会出现以前就存在，但它们无所谓美或不美。

蒋孔阳指出，动物倾向于某些声音、色彩，植物也有某些似乎是"美丽的"外形，但这些都是"物竞天择"的结果，它们是物种的一些本能、特性，是先天遗传的，这些本能、特性不是动物、植物自觉自愿选择的结果，它们都是千篇一律的、单调的，毫无个性可言。一个东西美还是不美，是从摆脱了自然状态的人的角度来看的。美只能在审美关系中诞生，审美关系的发动者是人，而人总是处于具体的、现实的社会之中，因此，"美不是自然现象，而是社会现象"[①]。借用莎士比亚在《哈姆雷特》中的表述，蒋孔阳指出，人

[①] 蒋孔阳：《蒋孔阳全集》第3卷，上海人民出版社2014年版，第139页。

是世界的美。

(二) 美是审美者和审美对象相互作用的结果

蒋孔阳认为,美不是静止不变的东西,它既不是精神实体,也不是物质实体,它是审美者和审美对象相互作用后所产生的心理活动、精神活动。作为审美对象的自然界、社会生活是变化的,审美者从这些对象中获得的美随之变化;对同一个对象,不同的审美者由于主观方面的差异,如文化背景、生活方式、性情、爱好、审美习惯不同,所获得的美是不同的;同一个审美者,他的主观方面发生了变化,他所获得的美是不同的;同一个审美者,由于环境、场合的不同,他与对象的关系发生了变化,他所获得的美也是不同的。美是审美者在对象的自然物质基础上所进行的一种精神创造,它是恒新恒异的。一言以蔽之,美的根本特点就是不断变异、令人充满新奇的创造。

蒋孔阳进一步指出,美是多层累的突创。他说,"所谓多层累的突创,包括两方面的意思:一是从美的形成来说,它是空间上的积累与时间上的绵延,相互交错,所造成的时空复合结构。二是从美的产生和出现来说,它具有量变到质变的突然变化,我们还来不及分析和推理,它就突然出现在我们的面前,一下子整个抓住我们"[1]。这里的"累"是"积累"之意。在蒋孔阳看来,审美活动涉及各种因素、条件,有审美对象的自然物质属性;有审美者所置身于其间的历史文化、物质生活、精神生活;有审美者有意识的心理活动和无意识的心理活动。一方面,这些因素、条件是相异的甚至是相反的,它们各自独立,互不相关;另一方面,它们层层积累,相互矛盾冲突,相互渗透,相互协调,相互联系转化,共同融聚,因缘汇合,突然之间创造出能够一目了然、浑然一体的美的形象来,"正好像发电的设备都具备了,然后电钮一掀,电灯便亮了一样"[2]。我们

---

[1] 蒋孔阳:《蒋孔阳全集》第3卷,上海人民出版社2014年版,第124页。
[2] 蒋孔阳:《蒋孔阳全集》第3卷,上海人民出版社2014年版,第125页。

的任何一次审美活动,都有这些因素、条件的渗入和积淀,通过这些因素、条件,我们把审美对象的物质层面心灵化,从自然的限制走向心灵的自由,主观与客观、物质与精神相统一的、完整的美的形象就产生了。美就是这些因素的积累和结晶,就是这些因素的创造。这些因素决定了美的客观性质、生活内容、文化深度、感性形式、整体形象、感情色彩以及心理特征。这些因素是处于变化之中的,因此,美也是变化、永不重复的。美的创造,"在空间上,它有无限的排列与组合;在时间上,它则生生不已,处于永不停息的创造与革新之中"①。

(三) 美是人的本质力量的对象化

在蒋孔阳看来,文学家、艺术家歌颂花草树木、虫鱼鸟兽,就是使花草树木、虫鱼鸟兽向人靠拢,给它们染上人的色彩,使其人格化,这并非花草树木、虫鱼鸟兽通过文学家、艺术来表现它们自身,而是文学家、艺术家通过花草树木、虫鱼鸟兽来表现他们自身,确证他们自身。人把外物对象化,在外物上打上自己的烙印,使自己的智慧、喜好、目的、理想等在外物上复现、反映出来,从而使外物心灵化、精神化,在观照外物时,通过外物这面镜子,看到了自己,于是产生了美。美是人的本质力量的对象化。人类与外物的关系,总是通过一个个具体的、具有个性差异的人来进行的,所以,人的本质力量的对象化是有个性的,异彩纷呈的。而审美的客体不是漫无边际的,它具有一定的界限,受到人类的生产能力和知识水平的限制。例如,宇宙的边缘、世界的开端,不要说人的理智认识能力无法达到,就连人的想象和幻想也是不能企及的。我们不能否定它们的存在,也不能肯定它们的存在,因为就目前而言,它们都是未知的,它们还不是我们面前的现实,我们无法将它们作为我们的客体,无法将它们对象化,无法在它们之上施展我们的本质力量。

---

① 蒋孔阳:《蒋孔阳全集》第3卷,上海人民出版社2014年版,第131页。

有些事物并不能作为人的审美客体,因为人对客体是有选择的,这些事物不符合人的要求,所以它们就不具备被对象化的条件,人的本质力量在它们身上无用武之地。因此,它们当然无法引起我们的美感。美的起点是具有本质力量的人,美的终点也是具有本质力量的人,美的目的还是具有本质力量的人。人的本质力量是一种活泼的生命力量,美的诞生过程就是人把自己的本质力量结合到对象上,化入对象中,又从对象上显示出来,按照人的尺度将对象打造为自己的"作品"的过程;就是使人的感情充满对象,使人的内容和意义浸润对象的过程,从而让对象体现人的精神风貌的过程。究其实质,美的过程是人的本质力量发挥创造性、让对象闪耀出人性光辉的过程。

(四) 美不是纯主观的

蒋孔阳认为,人在创造美、欣赏美时,要以存在于人之外的客体的实实在在的自然属性为基础。客体的形状、颜色、姿态、气味等物质特征是形成美和创造美的重要层次。同样是山,黄山的美与泰山的美不一样;同样是湖,西湖的美与青海湖的美不一样。文学家、艺术家在创作的时候,虽然是在进行一种具有很强的主观性的精神劳作,但他们要创作出优秀的作品,就必须锻炼自己的观察能力,必须熟悉题材,必须深入把握对象的尺度和特征,从而在作品中客观地反映现实。所以画家要写生,文学家要体验生活。美是人的本质力量的对象化,但人的本质力量不仅具有精神属性,而且具有物质属性;不仅人的心理功能,而且人的生理结构、人的感觉器官也是在社会历史的实践活动中生成、发展的,具有繁富、复杂的历史文化和社会生活内容。远古人制造石斧的手和拉斐尔画画的手在灵巧程度、完善程度上是不一样的。就连人的审美意识也与物质生产活动相联系,从工艺美、艺术美到社会美,再到自然美,这就是人的审美意识演进的历史过程。这一过程表明,人的审美意识受到生产力发展水平的制约,受到个人心理意识和社会心理意识的制约。看到彗星的光芒，中国古人和我们现代人的感受是不同的。特定的政治、法律、宗教、哲学等方面的观念会渗透到审美活动中，美"不是个人的现象，而是作为社会的人才具有的社会现象"①，是社会历史的产物，如道学家从《红楼梦》中看到的是"淫"，革命家从《红楼梦》中看到的是"排满"。美有自己的规律，美是客观的。一个对象，美的就是美的，丑的就是丑的，我们不能任意地抹杀它、改变它。至于不同的人面对同一个对象，所获得的美感可能不同，从浅层次看是因为个体之间在教养、性格、趣味、爱好等方面存在着差异，从深层次看是因为个体的生活方式存在着差异。在此，社会生活"具有最后的决定意义"②，而社会生活总是由处于一定历史阶段的各种实践构成，它是客观的。因此，当蒋孔阳说"人是世界的美"时，并非主张美是纯主观的。

第二节　创造论的意义

蒋孔阳的创造论主要由上述三个重要观点组成。我们接下来考察蒋孔阳创造论的意义。

一　努力克服传统本质主义的缺陷

美是美学研究中最为根本的问题。虽然美学作为一门学科，18世纪中叶以后才在西方形成，但人类的审美意识在人类开始制造工具的时候就已出现。随着审美意识的不断丰富和扩展，美学思想就产生了。在人类发展史上，我们无法确切地断定美学思想究竟是从什么时候起产生的，但我们可以通过文献确切地知道，美学思想的

---

① 蒋孔阳：《蒋孔阳全集》第3卷，上海人民出版社2014年版，第141页。
② 蒋孔阳：《论美是一种社会现象》，《学术月刊》1959年第9期。

核心问题——美是什么?——是由柏拉图第一个提出来的。这个问题的明确提出,是美学思想发展史中一个具有重大意义的事件。柏拉图经过一番探索,也没能够找到这个问题的答案,他最后的结论是,"美是难的"。① 自柏拉图起,两千多年来,无数人都想回答并回答过这个问题,他们的答案是五花八门的。文学家托尔斯泰就曾在《什么是艺术》这本书中,提到了关于美的上百种说法,瑞恰兹在《意义的意义》中也列出了历史上 16 种关于美的哲学思考。

  西方美学家、艺术家往往用形式、愉快、完满、理念、关系、生活、距离、移情、无意识等来解释美的本质。蒋孔阳逐一考察了这些关键性的概念与美的关系,认为它们中的每一个都与美有联系,是美的重要因素,构成了美的重要方面,但不能单纯用它们中的某一个来解释美,说美是形式、美是愉快、美是完满……因为形式可以是构成美或丑的因素,能给我们带来愉快的事物并不都是美的,而有些完满的事物也是丑的。显然,用形式、愉快、完满、理念、关系、生活、距离、移情、无意识等中的某一个来解释美,是不全面的,也是与事实不尽符合的。它能够解释审美现象和艺术作品的某一方面,但不能解释其全部意义,或能够解释某一种审美现象和艺术,但不能解释其他的审美现象和艺术门类。

  20 世纪以来,西方的艺术出现了反传统的倾向,西方的美学思想也与传统美学思想迥然有别。美学家、艺术家纷纷质疑自柏拉图以来的本质主义思维方式,走上了反本质主义的道路。一些美学家拒斥思辨性的哲学探讨,致力于以外科医生的工作方式,用实证的、分析的方法对美的事物的细节如语义、结构、信息、符号等进行孤立的解剖,回避美的本质问题,但中国美学界的研究取向与西方有很大不同。中华人民共和国成立后,不少学者踊跃地参与了对美学

---

  ① 参见[古希腊]柏拉图《文艺对话集》,朱光潜译,载《朱光潜全集》第 12 卷,安徽教育出版社 1991 年版。

问题的讨论,《文艺报》《人民日报》《哲学研究》等影响力很大的报刊,纷纷刊载学者们的相关文章,各种观点激烈碰撞,形成了百家争鸣的局面。美的本质问题,是美学大讨论的中心问题。80年代,西方反本质主义的美学思潮才涌入中国。

蒋孔阳既反思了五六十年代中国美学研究中的本质主义,也反思了西方的反本质主义。他既认为西方美学反本质主义的研究方式并不能满足我们的要求,也不赞同古希腊智者派、文艺复兴的大画家丢勒、18世纪英国经验主义者托马斯·里德等关于美的相对主义与不可知论。在他看来,美是有本质的,美的本质问题无法否定,要抛弃关于美的本质的哲学探讨也是不现实的。蒋孔阳认为,绝对、超历史、永恒不变、放之四海而皆准的本质是不存在的。用僵化、封闭的从而也是独断的思维方式寻找具有普遍性的美的定义,最终结果往往是顾此失彼、挂一漏万,到处是破绽与欠缺。

蒋孔阳反思了传统的本质主义,但不走极端的反本质主义之路。他的多层累的突创说将马克思主义的实践概念与马克思主义的对立统一观、马克思主义量变到质变的运动规律结合起来,解决美学的基本问题。多层累的突创说从实践的角度看待美,认为美是动态的,永远处于变化、革新之中,而审美的过程在时空双重变化的网络中"是一个不断探索和开拓的过程"①。因此,它对美的内涵和外延的理解不是封闭的、固定化的,而是开放的、变迁的,既是面向历史的,也是面向未来的。多层累的突创说从对立统一的角度看待美的各个层次和方面,认为美不是某种单一的属性,而是对立面的统一、多样的统一,认为美包含了内容与形式、客观与主观、物质与精神、感性与理性,因而是复合的,但又认为美把各个因素、细节、部分所带来的复杂与多样归于单纯与统一,它的最终表现是一个完整的、生气灌注的、活的有机整体——感性形象,因此美又是单纯的;美

---

① 蒋孔阳:《蒋孔阳全集》第3卷,上海人民出版社2014年版,第131页。

是变迁的、相对的，但美对审美个体而言又是当下的，审美者与审美对象"像坐标中两条垂直相交的直线，它们在哪里相交，美就在哪里诞生"①，我们可以对每一次审美活动中获得的美的形象进行具体分析，因而，美不是神秘的，而是确定的、绝对的，是可以理解和把握的。多层累的突创说从量变到质变的角度看待美的运动，认为美不是一鳞半爪地逐步显露出来的，而是一下子绽出，因而具有直觉的突然性，但美是各种因素、条件融合后从量变到质变的创造，因而美是可以培育的。

总之，多层累的突创说把美当作一个过程，通过解析美的各个层次和方面，告诉我们，在审美这个众说纷纭、莫衷一是的复杂过程中，究竟涉及哪些因素，发生了什么。它从多方面联系的流转不已、生生不息中阐明美，反对把美绝对化、孤立化，认为美不是完成态的，"美在创造中"②。蒋孔阳引入了生成论的视角，努力克服传统本质主义的缺陷。

二 推进李泽厚的积淀说

李泽厚在第一次美学大讨论中，提出美是客观性与社会性的统一的看法。他的这个看法，没有机械唯物论和庸俗社会学的色彩，以马克思主义的"实践"概念为立足点，很好地坚持了马克思主义的唯物论，独树一帜，被称为与主客观统一派、主观派、客观派并立的第四派。在"文化大革命"后期，李泽厚反复阅读康德的《纯粹理性批判》，于1979年出版了《批判哲学的批判——康德述评》。他在解析康德的两种感性形式（时间、空间）和四组知性范畴时，用马克思的实践论改造康德的先验论，提出了积淀说。在1981年出版的《美的历程》、1987年出版的《华夏美学》以及在1989年出版

---

① 蒋孔阳：《蒋孔阳全集》第3卷，上海人民出版社2014年版，第131页。
② 蒋孔阳：《蒋孔阳全集》第3卷，上海人民出版社2014年版，第123页。

的《美学四讲》中,李泽厚在美学领域对积淀说进行展开、完善和运用。在《美学四讲》中,李泽厚说,"所谓积淀,本有广狭两义。广义的积淀指所有由理性化为感性,由社会化为个体,由历史化为心理的建构过程。它可以包括理性的内化(智力结构)、凝聚(意志结构),等等。狭义的积淀则是指审美的心理情感的构造"①。李泽厚在该书中提出了原始积淀、艺术积淀、生活积淀这三个概念,这三种积淀都属于狭义的积淀。李泽厚不仅用"积淀"来说明审美的心理情感的历史形成,而且注意到了对这心理情感结构的突破、革新问题。在他看来,"积淀"主要由社会、群体和理性来完成,而自然、个体和感性则需要"主动来迎接、组合和打破这积淀",于是,"积淀常新,艺术常新,经验常新,审美常新"。②

李泽厚以艺术作品为对象,将其分为三个层面,即形式层、形象层、意味层,并分别讨论与之相应的原始积淀、艺术积淀、生活积淀。蒋孔阳则以美为对象,从自然物质层、知觉表象层、社会历史层、心理意识层来讨论积淀,来说明美的形成与创造。与李泽厚相比,蒋孔阳关于"积淀"层次的表述更加严格明晰。虽然李泽厚也注意到了"组合和打破""积淀"的问题,但他并没有细致展开。因此,很容易给人这样的印象,即李泽厚的积淀说"更适合解释历史,而不足以说明未来"③。蒋孔阳不仅重视历史遗产,也意识到了传统的文化成果可能具有板结、僵化的一面,可能对当下的审美活动产生束缚作用,因此,他强调在"迎接""积淀"的基础上,去重组、突破旧的"积淀",创造新的"积淀"。他的多层累的突创说既有历史感又有时代感,既尊重传统又面向未来。与李泽厚一样,

---

① 李泽厚:《华夏美学·美学四讲》,生活·读书·新知三联书店2008年版,第406页。
② 李泽厚:《华夏美学·美学四讲》,生活·读书·新知三联书店2008年版,第407页。
③ 陈炎:《试论"积淀说"与"突破说"》,《学术月刊》1993年第5期。

蒋孔阳也以马克思主义的"实践"概念为基石，但他把原本在"实践"概念中包含着的"创造"之义揭示、展开了，凸显了主体的创造精神，由此深化了我们对主观能动性的理解，提升了我们对马克思主义唯物论区别于旧唯物论的根本特征的认识。

三 较好地解决与《1844年经济学哲学手稿》相关的难题

马克思的《1844年经济学哲学手稿》约写于1844年5月底6月初至8月，但直到1932年《马克思恩格斯全集》历史考证版中才全文收录、发表。《1844年经济学哲学手稿》既不是讨论艺术的著作，也不是讨论美学的著作，但它包含了"极其丰富的、重要的、宝贵的思想"①。为了建设马克思主义美学，中国学者在《1844年经济学哲学手稿》中寻找理论资源。可惜的是，这些思想马克思本人没有作详细论证，而马克思的追随者、继承者们也没有发挥这些思想。这给中国学者在理解上带来了很大的困难。

首先，是美的规律问题。马克思在《1844年经济学哲学手稿》中说："动物只是按照它所属的那个种的尺度和需要来构造，而人懂得按照任何一个种的尺度来进行生产，并且懂得处处都把内在的尺度运用于对象；因此，人也按照美的规律来构造。"② 马克思原文中的最后一句话，是《1844年经济学哲学手稿》中，直接谈到美的两句话之一（另外一句话是"劳动生产了美"③）。马克思的这句话非常重要，引起了学者的广泛关注。

以上引文出自中央编译局的最新翻译。对这一句话，国内还有一些不同的翻译。何思敬在1956年将其译为"人类也依照美的规

---

① 李泽厚：《华夏美学·美学四讲》，生活·读书·新知三联书店2008年版，第253页。
② ［德］马克思：《1844年经济学哲学手稿》，中共中央马克思恩格斯列宁斯大林著作编译局编译，人民出版社2000年版，第58页。
③ ［德］马克思：《1844年经济学哲学手稿》，中共中央马克思恩格斯列宁斯大林著作编译局编译，人民出版社2000年版，第54页。

律来造型",这是国内最早的译文。曹葆华将其译为"人也依照美的规律来造成东西的"①,朱光潜则将其译为"人还按照美的规律来创造"②。虽然这些翻译存在差别,但"美的规律"这几个字则是完全一致的。马克思虽然说,美有规律,但并没有进一步说明美的规律是什么。准确把握美的规律的内容,是一项有意义、有难度的工作。其次,马克思认为,人类依照美的规律来劳动。这里的劳动是指自由的劳动。那么,异化劳动能不能创造美呢?再次,自然美是不是劳动创造的?这最后一个问题并非直接源于《1844年经济学哲学手稿》,而是由对《1844年经济学哲学手稿》的研读引发的。

关于美的规律,蔡仪、朱光潜、李泽厚、朱狄、陈望衡、周来祥等学者都提出过自己的见解。虽然他们存在着分歧,但有一个共同点,即都是紧扣人类劳动来讨论美的规律。关于异化劳动能否创造美,朱光潜、蔡仪和李泽厚都持否定态度,他们的理由大同小异。朱狄则在1981年发表的《马克思〈1844年经济学哲学手稿〉对美学的指导意义究竟在哪里?》一文中指出,异化劳动能够创造美。③关于自然美,产生了两派意见,一派以朱光潜为代表,认为大自然没有美,一派以蔡仪和李泽厚为代表,认为大自然中有美。蔡仪认为,大自然的美是在人类出现以前就存在着的。李泽厚认为,大自然的美是与人相干的,自然物被人类的社会生活赋予了社会性,它们被"人化",所以产生了美。李泽厚的观点中有值得肯定的因素,但他的论证不仅不能让他的论战对手蔡仪和朱光潜满意,其他许多参与讨论的人如文学评论家何其芳也感到不满意。

蒋孔阳努力解决上述三个难题。关于美的规律,他在1980年发

---

① [苏]里夫希茨编:《马克思恩格斯论艺术》第1卷,曹葆华译,人民文学出版社1960年版,第226页。
② 朱光潜:《朱光潜全集》第五卷,安徽教育出版社1989年版,第448页。
③ 参见朱狄《马克思〈1844年经济学哲学手稿〉对美学的指导意义究竟在哪里?》,《美学》1981年第3期。

表了《人类也依照美的规律来造型》一文，后来又在《美学新论》中进一步给予细致讨论。蒋孔阳在界定美的规律时，首先考察了马克思在原文中所用的"尺度"一词在西方美学史中的含义。他认为，在西方美学史中，哲学家们一贯地把美与尺度联系在一起，并结合具体事物的形式或形象，来说明美的规律。马克思遵循的正是西方美学史中的这一传统。蒋孔阳还提出，马克思所说的"美的规律"是由两个尺度（一个尺度是"任何一个种的尺度"；另一个尺度是"内在的尺度"）的统一所形成的。

关于异化劳动，蒋孔阳结合事实，坚持两点论，既"承认异化劳动能够创造美"，又承认"异化劳动与人类的自由劳动毕竟不同，它创造美的工作受到了不同程度的破坏和阻碍"。[①]

关于自然美，在蒋孔阳看来，朱光潜的观点使我们注意到自然美与社会美、艺术美的差异，而李泽厚则使我们看到了在自然美的形成中，人的积极主动的因素。蒋孔阳对两派意见进行了综合，从人与自然的关系着手探讨自然美。他坚持两点论，即自然美是"自然的感性形式与社会的生活—思想内容的统一"[②]。就整体而言，蒋孔阳还是倾向于李泽厚的观点。

总之，蒋孔阳结合马克思的《资本论》等经典著作，吸收各派学者的优长，坚持两点论，运用辩证思维较好地解决了美的规律、异化劳动能不能创造美、自然美是不是劳动创造的这三个老大难问题。

四 闪耀出灿烂的人文光芒

蒋孔阳说，"人是世界的美"[③]。这一断言是蒋孔阳实践论美学中的具体命题，也是蒋孔阳从20世纪60年代至90年代初美学探索

[①] 蒋孔阳：《蒋孔阳全集》第3卷，上海人民出版社2014年版，第193页。
[②] 蒋孔阳：《蒋孔阳全集》第3卷，上海人民出版社2014年版，第204页。
[③] 蒋孔阳：《蒋孔阳全集》第3卷，上海人民出版社2014年版，第134页。

的纲领、主旨。它具有重要意义。

首先,"人是世界的美"是人文主义的。莎士比亚在其著名剧作《哈姆雷特》中写道:

> 人类是一件多么了不得的杰作!多么高贵的理性!多么伟大的力量!多么优美的仪表!多么文雅的举动!在行为上多么像一个天使!在智慧上多么像一个天神!宇宙的精华!万物的灵长!①

蒋孔阳指出,与"宇宙的精华"相对应的莎翁原文是"the beauty of the World",朱生豪以意译的方式进行处理,如果照字面直译,就变成了"世界的美"。在梁实秋的译本中,就将"the beauty of the World"译为"世界之美"②。蒋孔阳的"人是世界的美"这一命题来自他对莎翁原著的借用。在约 500 年前,莎翁将对人自身的关怀融入古老故事的内核中,主角不再是圣光笼罩的神明,而是充满人间烟火味,在理想与现实的冲突、善与恶的搏斗中痛苦地寻找出路、寻找生命意义的凡人,从而使《哈姆雷特》反映了当时整个西方世界戏剧创作的新发展和新水平。而读莎翁剧作中的这一段著名台词,不难从中感受到人的意识的觉醒,因此,学者们常常将其视为 15 世纪文艺复兴时代西欧人文主义的经典表达之一而不断征引。蒋孔阳的"人是世界的美"的确和人文主义的精神有契合之处。人文主义的代表人物以文学家和艺术家为主,他们反对经院神学与哲学,认为人作为上帝创造的作品,是世间最宝贵的东西;认为人具有崇高的价值,不能对神学教义盲从依附,不能匍匐在上帝脚下;认为研究人的本性、人的目的比研究自然更为重要。不仅人的尊严、

---

① [英]莎士比亚:《莎士比亚戏剧集》第 4 卷,朱生豪译,人民文学出版社 1962 年版,第 187 页。
② [英]莎士比亚:《四大悲剧》,梁实秋译,中国广播电视出版社 2002 年版,第 111 页。

人的各种才能、人做出选择和进行自我造就的自由、人的个性是他们讴歌的对象，人的灵魂、人的肉体、人的幸福（包括健康、富有、幸运、荣誉、地位、爱情等现世的东西）也被他们热烈歌颂。显然，与旧的基督教神学和封建意识相比，人文主义是一种新的思想、新的道德、新的文化，这是对以上帝为中心的神本主义在主旨和关注视点上的一次重大转移。蒋孔阳的"人是世界的美"这一命题以马克思主义为根基，坚持以人为中心，珍视、高扬人的价值，从美学的角度反思人的问题，对个性解放和精神独立充满期待，强烈地体现出他的人本主义和人道主义关切，是对西方人文主义的借鉴与扬弃，放射出新的光芒。在中国"文化大革命"结束之后文化转型的新时期，蒋孔阳积极配合和回应改革开放的潮流，提出"人是世界的美"，唤醒和确认我们在"文化大革命"中已经遗忘和流失的关于人性、人的价值、人的幸福的正确意识，为文学艺术的丰富实践提供理论场景和语境。"人是世界的美"这一断言是社会观念和文学艺术审美倾向的转变在美学理论上的凝练和升华，它是由当时社会生活的新动向，由文学和艺术的重新勃兴所催生出来的。反过来，它又鼓励了各种形式的文学艺术创作尝试与探索，对进一步促进社会风气的松动，将人们从政治迷狂中解放出来，让文学艺术的主题复归人的价值，发挥了重要作用。

其次，"人是世界的美"是非人类中心主义的。蒋孔阳的"人是世界的美"这一命题对马克思主义美学推陈出新，充满了现代感。它热切关注个体的完善，但它并不夸大人的本质力量，并不盲目乐观地鼓吹人认识世界、改造世界的能力，并不狭隘地注重人从自然中获得的物质成就，它努力突破教条与僵化，从人们的思维定式中走出来，以对立与统一的观点看待人与世界的关系，反思、否定并超越了与天斗、与地斗的旧思维，认为"自然的人化"不仅要符合客观自然界的规律，而且要符合美的规律。在蒋孔阳的视野中，世界是丰富多彩、充满生机和活力的，而人在其中既作为个体也作为类而存在，人不是自我膨胀的，不是张扬和放纵的，人与其他物种、与整个自然的关系不是外在的、强制性的，人与周围的世界是和谐共生的，是能够超脱于实际利害的强迫而获得自由的。这个世界的日月星辰、矿物、金银、动物、植物等都能被人所欣赏，都能寄寓人的思想和情感，都能浸透人的内容和意义，都能引起人的美感。这是一个与人和解的世界，是一个充满情趣和意味的世界。因此，"人是世界的美"是攘斥人类中心主义的，它对自然界是审慎的、宽容的、友好的，它要求把人的世俗与功利限制在一定范围之内，追求人与自然更高的结合和更内在的统一。它与出于物欲的贪婪和理智的狂妄而肆无忌惮地运用工具理性向自然进军、野蛮地掠夺自然的观念是格格不入的，但是，总的来说，在"人是世界的美"的阐述中，蒋孔阳对人类中心主义的批判还只是一种暗含的思想倾向和信念维度。当时国家重回正轨、社会安定团结，环境恶化、资源枯竭问题还没有凸显出来，蒋孔阳被中国的万象更新所鼓舞，他对"人是世界的美"这一命题的展开论述显得热情满怀而又成熟平稳。他显然没有今天生态文明建设倡导者的环境忧虑和针对性很强的鲜明愿望。不过，蒋孔阳的"人是世界的美"依然可以为我们反思现代社会的经济浪潮，反思欲望与消费的冲击，推进生态文明建设，恢复遭到扭曲的人与自然的关系提供思想支持。

结　语

　　蒋孔阳对五六十年代的第一次美学大讨论和 70 年代后期开始的第二次美学大讨论进行了深入反思，对两次大讨论中涉及的一些观点进行了批判性的吸收和创造性的发挥，并与时俱进，提出了创造论。

　　蒋孔阳最主要的文本依据是《1844 年经济学哲学手稿》，而他最基础、最核心的概念是实践。他从创造的角度来把握实践的特征，并将其运用到美学领域中,以此来讨论、解决美学问题。"劳动创造了人的本质""人类依照美的规律来创造""美是多层累的突创"这三个观点是蒋孔阳从不同角度、用不同提法表达的对"创造"这一概念内涵的领会,它们相互支撑、相互贯通,构成了一个系统的学说。蒋孔阳的创造论,兼收并蓄,它不提供"终极"的答案,而是面向未来敞开,具有很强的解释力。它既是将马克思主义与中国的理论热点相结合的重要努力,也是综合运用马克思主义基本原理解决美学问题的一个范例。蒋孔阳对马克思主义美学的创新与发展,做出了重要贡献。

第 八 章

论审美情感

　　从20世纪60年代后期开始,林彪、"四人帮"打压文艺界,大搞一言堂,"对文艺创作和理论凭空设置了一些禁区,强迫文艺界就范,造成了万马齐喑的局面,滋长了一些歪风邪气,败坏了学风和文风"①。为了肃清林彪、"四人帮"反对文学艺术描写情感的流毒,促进文艺界的思想解放,恢复文艺创作的自由,助推文艺的繁荣,蒋孔阳在70年代后期开始的第二次关于形象思维的大讨论中,明确指出:"文学艺术家所创造的形象,都应当具有丰富的情感,具有健康的而又朴实的人情味!"②

　　在这个时期,蒋孔阳主要关注的是艺术形象通过情感描写向欣赏者体现出感染性的问题。而在80年代初开始构思并陆续撰写的《美学新论》中,蒋孔阳已经超出文学理论的范围,在更为广阔的、更具有普遍意义的美学中来讨论情感了。蒋孔阳这个时期的核心观点是,情感在人对现实的审美中发挥着重要作用。蒋孔阳关于情感的讨论,是《美学新论》中很具有创造性的内容之一,至今仍然值得我们重视。下面,我们将梳理蒋孔阳在该书中关于情感的论述,并对其意义进行评价。

---

　　① 朱光潜:《关于人性、人道主义、人情味和共同美问题》,《朱光潜全集》第5卷,安徽教育出版社1987年版,第388页。
　　② 蒋孔阳:《蒋孔阳全集》第1卷,上海人民出版社2014年版,第234页。

第一节　审美关系的视角

蒋孔阳的《美学新论》是以讨论审美关系开篇的。从蒋孔阳整个美学体系来看，他对情感的讨论是以对审美关系的研究为出发点的。他在《美学新论》"第四编·美感论"中对情感的集中论述，也是在审美关系建构起来的审美主客体框架下进行的。

一　人与现实发生多种关系

蒋孔阳很重视马克思关于"关系"的看法。马克思说："凡有某种关系存在的地方，这种关系都是为我而存在的，动物不对什么东西发生'关系'，而且根本没有'关系'；对于动物说来，它对他物的关系不是作为关系存在的。"① 蒋孔阳对马克思这句话较早的引用见于1982年为回应高尔泰而发表的《关于美学研究对象问题的补充意见》一文中。而在十年之后出版的《美学新论》中，蒋孔阳依据马克思关于"关系"的看法对人与现实的关系包括审美关系进行了深入的阐释。他说："所谓审美的关系，就是作为主体的人，通过欣赏或创作的活动，在客体的对象中，去发现、感知和鉴赏它的美以及它的其他美学特性。"②

朱光潜在1932年出版的《谈美》一书中，根据我们对现实所持态度的不同，把我们与现实的关系分为了实用的关系、认识的关系、美感的关系。③ 朱光潜的这一划分在美学界流传很广。蒋孔阳认为，

---

① 《德意志意识形态》，人民出版社1961年版，第24页。此版本为蒋孔阳当时阅读的版本。此段文字最新的中文翻译是："凡是有某种关系存在的地方，这种关系都是为我而存在的，动物不对什么东西发生'关系'，而且根本没有'关系'；对于动物来说，它对他物的关系不是作为关系存在的。"参见《马克思恩格斯文集》第一卷，人民出版社2009年版，第533页。

② 蒋孔阳：《蒋孔阳全集》第3卷，上海人民出版社2014年版，第7页。

③ 参见朱光潜《朱光潜全集》第2卷，安徽教育出版社1987年版，第8页。

我们与现实的关系除了这三种关系之外,还有工艺的关系、道德的关系等。依据蒋孔阳的逻辑,生活用具如一个水杯,我们用它喝水,我们就与它发生实用的关系;我们认识到它是可以用来喝水的器具,我们就与它发生认识的关系;我们研究它的原料与工匠制作的过程,我们就与它发生工艺的关系;它是单位作为办公用品分发到各个部门的,因此它只能放在办公室而不能拿回家里私用,我们就与它发生道德的关系;我们欣赏水杯的结构、造型、图案、色泽、题词等,我们就与它发生审美的关系。蒋孔阳说,我们和许多事物发生多种关系,"在这多种关系中,除了实用的、认识的、工艺的、道德的等等关系之外,差不多都和我们发生审美的关系"[1]。

在蒋孔阳看来,人与现实发生的审美关系与其他关系具有共同点,即它们"都以人的需要为轴心,以人的实践为动力,以物的性质和特性为对象,相互交错和影响"[2],人类社会的全部历史和现实生活就是由它们共同构成的,但审美关系又具有自己的特点。由于在人对现实的关系中,最具有根源性的是实用的关系,再加上过去很长时间国内的文艺理论和美学研究常常从认识论的角度理解文艺对现实的反映,把文艺的反映混同于、局限于认识,蒋孔阳在讨论情感时主要关注的是实用的关系和认识的关系,将它们与审美关系进行比较,由此把握审美活动中情感的特征。

二 审美关系与实用关系不同

人的本质力量是一个整体,是一个系统,它由各种具有内在差别的因素构成。这些因素"包括马克思所说的'视觉、听觉、嗅觉、味觉、触觉、思维、直观、感觉、愿望、活动、爱'等等在内"[3]。这里所说的思维与理智相关,愿望与意志相关,爱与情感相关。思

---

[1] 蒋孔阳:《蒋孔阳全集》第3卷,上海人民出版社2014年版,第7页。
[2] 蒋孔阳:《蒋孔阳全集》第3卷,上海人民出版社2014年版,第6页。
[3] 蒋孔阳:《蒋孔阳全集》第3卷,上海人民出版社2014年版,第12页。

维的职能是认识,意志的职能是行动,而情感的职能是"对客观事物表示主观的爱憎态度"①。蒋孔阳认为,如果我们与现实发生的关系不是审美的而是实用的关系,那么,我们是抱着功利的目的来面对现实的,有种种的计划、打算。此时,我们只是以所具有的本质力量的某一方面或某些方面来与现实发生关系。也就是说,实用的关系是一种狭隘的关系,它对人的本质力量的运用是不全面的,但人对现实的审美关系与此不同,在审美关系中,我们是以全部的本质力量来与现实发生关系的,"我们生理的机能和心理的机能,我们的感觉器官和思维器官,我们的理智、意志和情感,全部都调动起来了"②,我们是作为一个整体,全身心投入其中,与对象相契合、相拥抱的。因此,人与现实的审美关系是完整的、全面的关系,人的情感参与其中。例如,我们来到浩瀚的大海边,我们全身心都沉浸在大海的美中。在理智上,我们认识到了大海的美;在意志上,我们希望多看看大海的美,不愿意离开;在情感上,我们热爱大海的美,所有的烦心事都抛开了,心中充满了欢喜。此时,我们作为感性的人与理性的人,在与大海建立的审美关系中得到了统一。

三 审美关系与认识关系不同

在蒋孔阳看来,人与现实建立关系,必须通过人的感官。科学研究与现实之间的关系是认识关系,这种关系虽然要借助人的感官,但它不停留于人的感官,它从感官的感受进入理智的认知。因此,在人与现实建立的认识关系中,感官仅仅是基础性的,理智发挥了主要的作用,但审美关系却不是如此。在审美活动中,对象是以感性形象的形式呈现出来,是审美主体直接用感官感受到的,具体的、感性的形象消失了,审美的对象也就消失了。因此,审美关系不仅以感官为基础,而且不脱离感官,就在感官上与审美对象建立关

---

① 蒋孔阳:《蒋孔阳全集》第 3 卷,上海人民出版社 2014 年版,第 130 页。
② 蒋孔阳:《蒋孔阳全集》第 3 卷,上海人民出版社 2014 年版,第 12—13 页。

系。在审美关系中,感性形象"通过感觉器官的感受,把我们的理智、意志和其他一切,都化成了感情"①。也就是说,感性形象引发我们的情感,如喜爱这个对象,产生满足感;或是讨厌这个对象,产生失落感;等等。此时,我们主要进行的不是理智方面的活动,也不是意志方面的活动,而是情感方面的活动。我们的喜怒哀乐融入审美对象,审美对象染上了情感的色彩。因此,在审美关系中,人要运用自己的本质力量,但这些本质力量并非同等地发挥作用,情感占有主导的地位。

四 情感在审美关系中生成

蒋孔阳指出,在审美关系中,审美主体立足于感觉器官与具体的感性对象直接发生交互性影响,但审美主体是以一种自由的态度来对待对象的,并以整个身心沉浸到对象中,它主要是审美主体对现实的一种情感关系。蒋孔阳对美感的诞生进行了深入的讨论。他对美感的生成论解释,也同样适用于审美情感。依据蒋孔阳的论证逻辑,我们可以认为,"从哲学的认识论和思维的逻辑顺序来说,是先有存在后有思维,先有物质后有意识"②,先有审美关系后有审美情感。也就是说,审美情感不是先在的、独立的、客观的东西,不是像矿物一样等着人去发现的东西,不是"永恒""无始无终""不生不灭""不增不减"③的东西,而是与审美关系密切相关的,是在审美关系中生成、创造出来的,没有人与现实的审美关系就没有审美情感。在这个意义上,对审美情感而言,审美关系是逻辑先在的。审美关系对审美情感具有始源性、根基性的意义。"但是,从生活和历史实践来说",审美关系和审美情感"都是人类社

---

① 蒋孔阳:《蒋孔阳全集》第3卷,上海人民出版社2014年版,第13页。
② 蒋孔阳:《蒋孔阳全集》第3卷,上海人民出版社2014年版,第227页。
③ 出自柏拉图的《会饮篇》,朱光潜译,参见《朱光潜全集》第12卷,安徽教育出版社1991年版,第233页。

会实践的产物。在实践的过程中,它们象火与光一样,同时诞生,同时存在"①。

在这里,我们需要注意的是,蒋孔阳对情感的理解并不限于审美关系这一视角,这明显地体现在他对情感本质的哲学把握中。

第二节 审美情感的轨迹

在《美学新论》中,蒋孔阳用了很大篇幅对美感心理活动进行了深入细致的分析。在蒋孔阳的分析中,有两条重要的线索:一是美感心理功能展开的各个阶段;二是在美感心理功能中情感与外物的运动轨迹。我们先来看第一条线索。

一 情感贯穿于美感心理活动各个阶段

蒋孔阳认为,我们对美的感受有一个过程,并把这个过程划分为感受和直觉、知觉和表象、记忆和联想、想象和幻想、思维和灵感等阶段,指出情感在这几个阶段,处于不同的层次,具有不同的表现。在感受和直觉中,我们的心灵与外在对象接触,情感随之产生,这是情感的起点,属于情感的最初层次。知觉和表象对外在对象进行初步的概括、抽象,然后转化为信息。记忆和联想打破时间和空间的界限,在广阔的范围之中把过去的相关经历、情感与刚刚获得的信息勾连在一起,我们心中积淀的情感被唤醒、过滤、升华。在情感的作用之下,想象和幻想对所有获得的信息进行重新整合,创造出了新的信息,在虚拟中对事物进行变形,使事物被赋予新的形式、意义,情感也越来越深,随物流转。在思维和灵感中,不仅有思想的火花闪耀,而且有情感的横溢奔放。最后,在通感中,具有不同功能、各司其职的感官都活跃起来,不断交互作用、

---

① 蒋孔阳:《蒋孔阳全集》第 3 卷,上海人民出版社 2014 年版,第 227 页。

打破界限，由分裂走向统一，情感被进一步增强，从而使我们的整个身体和心灵都投入、沉浸到审美对象中，使我们感受到生命的欢乐。

蒋孔阳认为，在知觉和表象阶段，我们的美感活动"把人的主观感情赋予客观世界，使客观世界从沉睡中惊醒起来，充满了生命，变成了人化的世界。就在这个人化的世界中，知觉和表象像魔术师的魔杖，处处点石成金，把本来生野的对人的情感没有反应的自然，变成充满了人情味的、与人的情感相呼应的自然。于是，山欢水笑，云腾风啸，美感的泉源滔滔不绝，从四面八方向我们奔凑而来"①。蒋孔阳还以张若虚的《春江花月夜》为例说，在知觉和表象阶段，我们把情感灌注进水、月、花之中，使它们"转化成为充满人情味的艺术形象。水、月、花，虽然还各自保持自己不同的物质特征，但它们却又像着了魔似的，仿佛已经不是原来的水、月、花，而是转化成了似乎是从人的心灵中所流溢出来的滚滚不尽的感情的喷泉"②。而在想象和幻想阶段，蒋孔阳说："感情好比火，想象好比风，风愈扇而火愈旺。普通的现实生活和老生常谈的故事，就因为移入了感情的火，加上想象助威助势的风，就变得炽炽烈烈，不可收拾了。"③ 蒋孔阳还说："自然的物体，没有什么情味。但一旦加上了人的主观的想象，它们忽然就象通了电的灯泡，放出光辉，显出灵性，从没有生命的自然物质，变成了有情有义的美的形象。"④ 蒋孔阳在知觉和表象、想象和幻想阶段，对我们的情感运作的分析是鲜活而耐人寻味的。在感受和直觉、记忆和联想、思维和灵感等阶段，蒋孔阳对情感活动的分析也是精彩迭出。他的譬喻、例证琳琅满目，这里不再一一引述。

---

① 蒋孔阳：《蒋孔阳全集》第 3 卷，上海人民出版社 2014 年版，第 256 页。
② 蒋孔阳：《蒋孔阳全集》第 3 卷，上海人民出版社 2014 年版，第 128 页。
③ 蒋孔阳：《蒋孔阳全集》第 3 卷，上海人民出版社 2014 年版，第 263 页。
④ 蒋孔阳：《蒋孔阳全集》第 3 卷，上海人民出版社 2014 年版，第 284 页。

二　美感心理的实质是情感与外物的逆向合一运动

在蒋孔阳关于美感心理功能的分析中，第一条线索是非常明显的，第二条线索被包含在第一条线索中。比起第一条线索来，第二条线索是相对隐蔽的，很容易被读者所忽略。同时，第二条线索是更宏观、更深刻的，是第一条线索的骨骼、实质，它为蒋孔阳的心理分析奠定了基础，也更能体现蒋孔阳对情感重要地位的认识。

蒋孔阳认为，我们与外物接触，去感受它们，从而生成了情感。然后，主观的情感开始转向外在的物质世界，与人的其他本质力量一道，参与对外在物质世界的组织、建构，灌注、交融到外在物质世界中，也就是说，我们把主观的情感客观化、对象化、外化到对象中，把情感赋予了客观世界，构成情景交融的感性形象，无情无意的外在世界变得有情有义，充满了生命。而外在的物质世界在这一过程中，也转向主观，从自在的物变成了被情感改造的物，变成了人化的自然，具有了浓厚的主观色彩，使我们能够通过它们观照到我们的情感。情感物质化，从心灵走向自然物质，从虚走向实，从自由走向自然的限制，而自然的物质心灵化，从实走向虚，从自然的限制走向自由，情感与外物的运动是逆向的，但最终是在艺术形象中合一。

从我们在上面对蒋孔阳关于美感的分析所做的勾勒中可以看出，"情感"是蒋孔阳美感论的关键词。他对美感心理活动每个阶段的分析，对情感与外物的运动轨迹的描述，都是围绕着情感来展开的。于是，在蒋孔阳的美感论中，情感论不仅成了蒋孔阳美感论的组成部分，而且占据了核心的地位。

第三节　与思维的对立统一

西方一些美学家将文艺与认识对立起来，其思想根源往往就在于他们将思维与情感对立起来。思维与情感的关系是一个需要认真对待的问题。虽然蒋孔阳是从美感心理功能的角度阐明思维与情感的关系的,正如他从美感心理功能的角度阐明情感的运行轨迹一样,鉴于思维与情感关系问题的重要性,我们有必要将蒋孔阳对这个问题的辩证处理从美感心理过程的综合描述中独立出来,专门予以介绍。

一　思维也是美感的心理功能之一

根据心理学的研究成果,蒋孔阳认为,我们认识客观世界的方式有三种,即直觉、知觉、概念。直觉的对象是具体的、实存的物,而且就停留在具体的物之上,但它不知道这具体的物是什么东西。知觉也以具体的、实存的物为对象,但又不限于此,它已经知道这一物与那一物的关系,在对这一物与那一物的区别中,知道这一物是什么东西,具有什么意义。概念的对象是物的意义,它已经脱离了具体的实存的物,仅仅在意识中存在,但又与物留在我们大脑中的形象无关,它是抽象的、纯粹的。从认知的层次上说,直觉属于初级阶段,知觉属于较高阶段,而概念属于最高阶段。

审美活动主要是直觉,它直接面对形象,但也不是与知觉、概念毫无关系的。朱光潜接受了克罗齐的直觉说,在《谈美》(1932)、《文艺心理学》(1936)和《诗论》(1943)等著作中讨论美感经验时,他都认为,审美是对形象的一种直觉。蒋孔阳指出,朱光潜的这个看法并不完全符合审美活动的事实,因为它把知觉与概念完全排斥在外了。在蒋孔阳看来,当我们面对审美对象时,我们的心理活动有一个过程。在最初的阶段,只有我们的直觉在发挥作用。从我们的心理活动表现出来的情况看,在审美活动全过程中,最直接、最明显的也是我们的直觉能力的运作,但是,除了直觉,"思维也是美感的心理功能之一"[①]。

---

① 蒋孔阳:《蒋孔阳全集》第3卷,上海人民出版社2014年版,第265页。

在蒋孔阳看来，美感的思维包含了抽象的方面，但它是以具体的"这一个"为对象的，它是形象思维，"它从形象开始，经过形象，而又归结为形象"①。逻辑思维通常是渐进式的，而美感的思维是飞跃式的。逻辑思维的出现是必然的，完全能够用正常的、理性的思维规律予以解释，而美感的思维，它的出现具有偶发性、突然性，是不期然而然的。科学家、哲学家用逻辑思维来工作时，虽然也有灵感，但"美感的思维，艺术家的创造，由于面对的都是具体的形象，都是触景生情，所以灵感更是连珠炮似的，一个接一个"②。

蒋孔阳认为，我们的情感都是具体的，只有具象性的东西，也就是形象才能引发我们的情感，抽象的概念引不起情感。美感中具有感性的因素，也有理性的因素，是二者的统一，但是，在审美中，我们的感官和心灵都是直接与具体的形象打交道的，我们的身心在具体的形象中翻滚游戏，我们的情感集中到对形象的观照之上，理智的分析没有发挥明显的作用。

二 思维有助于情感

具体与抽象是一对矛盾，它们都源于人的心灵，是一体两面、相反相成的。在蒋孔阳看来，具象性的东西（形象）都是有限的，而抽象性的东西（概念）是无限的，想象把具体的形象与抽象的概念联系、统一在一起，把抽象的概念融贯到具体的形象中，让我们从有限走入无限，形成丰富无穷的审美意境。只有具象性的东西，没有抽象性的东西，会破坏或阻碍我们的审美欣赏。虽然抽象性的东西不仅不能引发情感，也不能表达情感，但当抽象性的东西不是否定或削弱形象性的东西，而是成为具象性的东西的助手，使具象性的东西得到提高，变得更加丰富时，通过具象性的东西，抽象性

---

① 蒋孔阳：《蒋孔阳全集》第 3 卷，上海人民出版社 2014 年版，第 267 页。
② 蒋孔阳：《蒋孔阳全集》第 3 卷，上海人民出版社 2014 年版，第 268 页。

的东西就起到强化情感的作用，就能加强情感的表现。蒋孔阳说："如果能把抽象性的东西恰当地溶解到具象性的当中，那么，它会像火上加油一样，使感情的火燃烧得格外兴旺！"①

三　审美不等于思维和知识

蒋孔阳既认为思维有助于情感，也认为思维、知识可以妨碍、破坏情感。如同美食家如果具有丰富的美食的知识，总结出一套关于食物味道的理论，是有助于他对食物的品评的，但是，在审美感受中，"1+1永远不会等于2，这就因为审美的主体和客体，都不是固定不变的常数，而是永远在变的函数。正因为这样，所以审美欣赏很难像品味一样，总结出一些固定的一成不变的规律"②。蒋孔阳指出，胡适以考证的方式对《红楼梦》进行研究，在丰富"红学"知识方面是有很大贡献的，但胡适所掌握的知识并没有对他从情感上来感受《红楼梦》中的艺术形象，把握《红楼梦》的个中之味有什么帮助，他对《红楼梦》的感受"有时显得十分肤浅和贫乏，翻来覆去就是那么几句话"③。

而且，对审美活动的最终状态来说，思维、知识也只是达到这一状态的桥梁。蒋孔阳认为，审美活动不是要去认识对象，不是要去增进我们的知识，它所追求的"不是抽象的理解，而是形象的观照"④，在最终目的上，它是要获得充满情感色彩的"满足感、愉快感、幸福感、和谐感、自由感"⑤。它不关心概念，它注意的是呈现于感官之前的形象，而且，这种"注意"虽然是心无旁骛的，但它不是理智的清醒状态，而是心醉神驰的享受状态。因此，审美活动

---

① 蒋孔阳：《蒋孔阳全集》第3卷，上海人民出版社2014年版，第296页。
② 蒋孔阳：《蒋孔阳全集》第3卷，上海人民出版社2014年版，第277页。
③ 蒋孔阳：《蒋孔阳全集》第3卷，上海人民出版社2014年版，第276页。
④ 蒋孔阳：《蒋孔阳全集》第3卷，上海人民出版社2014年版，第282页。
⑤ 蒋孔阳：《蒋孔阳全集》第3卷，上海人民出版社2014年版，第226页。

需要"调动"我们的本质力量,但这种"调动"不是有意识的,不是勉强的、强制的,它是顺应情感、自然而然的。我们的情感随对象而产生,我们又把情感灌注到审美对象中,审美对象的各个部分组合成了一个有机整体,呈现为一个充满生命的完整形象,我们与对象融为一体。思维、知识似乎消失了,我们在不知不觉中,就"神与物游"①"情与景偕"②,就"悠悠然,荡荡然"③,就忘乎所以,就发呆、陶醉了,进入了精神的最高享受与境界。

第四节 情感论的意义

我们可以把蒋孔阳如上关于情感的一系列看法称为情感论。蒋孔阳的情感论既具有学术史的价值,也有学理的价值和实践的价值。我们从中国当代美学思想的发展、美学问题的解决与深化、对文艺创作的启示等方面给予切实的说明。

一 对李泽厚的继承与推进

李泽厚对蒋孔阳是有影响的。这体现在两个方面。

一是对心理学的吸收。心理学于19世纪在西方兴起后,对西方美学的发展产生了很大影响。"20世纪二三十年代,美学学科进入中国之初,从主观心理经验的角度研究美学原理,也成为其时美学概论著作的一大取向。"④ 朱光潜1932年出版的《谈美》、1936年出版的《文艺心理学》都引进、吸收了西方心理学的研究成果,以距离说、移情说等美学理论为基础,试图从美感心理分析的角度回答美是什么这一问题,并建立了一个美学体系。中华人民共

---

① 蒋孔阳:《蒋孔阳全集》第3卷,上海人民出版社2014年版,第132页。
② 蒋孔阳:《蒋孔阳全集》第3卷,上海人民出版社2014年版,第132页。
③ 蒋孔阳:《蒋孔阳全集》第3卷,上海人民出版社2014年版,第132页。
④ 祁志祥:《中国现当代美学史》下卷,商务印书馆2018年版,第401页。

和国成立后，美学大讨论中主观派美学的代表高尔泰也倾向于心理学美学，但在当时的文化氛围中，具有主观色彩的心理学美学遭到批判、压制。李泽厚在70年代末明确地说，"仅仅用认识论来说明文艺和文艺创作"是很不完全的，"要更为充分和全面地说明文艺创作和欣赏，必须借助于心理学"。① 在一定程度上可以说，李泽厚的这个主张是对朱光潜等美学研究思路的回归。80年代，西方一部分心理学美学的著作被引入中国，金开诚②、滕守尧③、彭立勋④等国内学者推出了美感心理研究的论著，涉及审美情感问题。实践美学的代表性人物刘纲纪在80年代对情感作了较为深入的阐释，但他的阐释主要是哲学的、思辨的。刘纲纪对情感的阐释最集中地体现在《艺术哲学》一书中，他在该书中明确地指出，"关于心理学方面的分析，不在本书范围之内"⑤。刘纲纪更热衷于从哲学上对情感进行规定。心理学是具体科学，是自然科学。心理学和哲学中的认识论是有很大区别的。蒋孔阳在阐释情感的作用时，就吸收了很多心理学研究成果，将心理学的研究成果与现实的、感性的审美活动相结合。他对情感的分析不是一种哲学认识论的分析，而主要是心理学的分析。不从认识论来解释情感，这是符合审美活动的实际的，也有助于克服认识论美学的缺陷。

二是对情感的强调。在五六十年代的第一次形象思维大讨论中，李泽厚认为，形象思维是包含了情感的。⑥ 他的这个看法遭到了郑季翘的批评，认为这是唯情论。⑦ 在70年代末开始的第二次形象思维大讨论中，李泽厚进一步阐发了自己的观点。在《形象思维再续谈》

---

① 李泽厚：《形象思维再续谈》，《文学评论》1980年第3期。
② 参见金开诚《文艺心理学论稿》，北京大学出版社1982年版。
③ 参见滕守尧《审美心理描述》，中国社会科学出版社1985年版。
④ 参见彭立勋《美感心理研究》，湖南人民出版社1985年版。
⑤ 刘纲纪：《艺术哲学》，武汉大学出版社2006年版，第132页。
⑥ 参见李泽厚《试论形象思维》，《文学评论》1959年第2期。
⑦ 参见郑季翘《文艺领域里必须坚持马克思主义的认识论》，《红旗》1966年第5期。

一文中，李泽厚认为，形象思维就是艺术想象，"是包含想象、情感、理解、感知等多种心理因素、心理功能的有机综合体，其中确乎包含有思维——理解的因素，但不能归结为、等同于思维"①。艺术的创造性想象"处在多种心理功能、因素的协同组合和综合作用中……其中，情感是重要的推动力量和中介环节"②。李泽厚还指出，在艺术创作和艺术欣赏中，"情感的'逻辑'占有重要地位。应该重视和研究它"③。李泽厚反对机械地遵循马克思主义认识论的观点，反对仅仅强调艺术是对客观现实的反映，反对仅仅从认识论的角度来看待艺术。他非常明确地认为，不能仅仅把艺术视为一种认识。有学者将《形象思维再续谈》这篇文章，视为"'形象思维'讨论的分水岭"④。的确，李泽厚在第二次美学大讨论初期，率先对认识论美学进行了反思、批判，提醒美学界关注情感问题，这是非常有学术眼光的，也产生了很大影响。蒋孔阳在70年代后期所撰写的关于形象思维的一系列文章中，也注重探讨文艺中的情感问题。关注情感问题，是李泽厚和蒋孔阳的共同点。我们也可以将李泽厚和蒋孔阳在这一时期关于形象思维所写的文章视为是相互呼应的，但需要指出的是，蒋孔阳当时在美学界的影响力要比李泽厚小一些，而且他当时对情感的讨论，尚未像李泽厚一样提升到弥补认识论美学缺陷的高度。只是到了撰写《美学新论》时期，蒋孔阳才非常明确地意识到了认识论美学的不足，明确地反对艺术就是认识，或者艺术只是认识。在《美学新论》中，他不仅重视李泽厚所说的"情感的逻辑"⑤，而且明确地指出"感情的逻辑，就是想象"⑥，并从情感

---

① 李泽厚：《形象思维再续谈》，《文学评论》1980年第3期。
② 李泽厚：《形象思维再续谈》，《文学评论》1980年第3期。
③ 李泽厚：《形象思维再续谈》，《文学评论》1980年第3期。
④ 高建平：《"形象思维"的发展、终结与变容》，《中国社会科学院研究生院学报》2009年第5期。
⑤ 李泽厚：《美学旧作集》，天津社会科学出版社2002年版，第203页。
⑥ 蒋孔阳：《蒋孔阳全集》第3卷，上海人民出版社2014年版，第262页。

的移入、形象的改变或夸大、幻想三个方面揭示了情感的逻辑行程。

但是，蒋孔阳没有李泽厚那么偏激。为了强调情感的重要性，李泽厚夸大了艺术中的情感因素，认为"情感性比形象性对艺术来说更为重要"[①]。而在蒋孔阳看来，对于艺术来说，情感是重要的，形象也是同等重要的。没有情感，不可能有艺术；没有形象，也同样不可能有艺术。情感的客观化、对象化要借助于形象，形象越有艺术性，情感就越有依托。蒋孔阳坚持的是情感性与形象性的统一。此外，为了论证艺术不仅仅是认识，李泽厚强调艺术创作和形象思维中艺术家的本能、天性、灵感、直觉等非自觉性因素所发挥的作用。蒋孔阳也讨论了直觉、灵感等非自觉性因素，承认在我们的心理结构中有一个无意识的层次，这是非自觉的一面，但他认为，"这一非自觉的一面，是与自觉的一面统一在一起的，归根到底，它是自觉的"[②]。蒋孔阳指出，西方的朦胧诗、荒诞派戏剧、意识流小说等也不是彻底朦胧、彻底荒诞、永远停留在无意识状态的。否则，它们不仅是无法被创作出来，也是无人能欣赏、无人愿意欣赏的。最后，李泽厚提出了"情本体"说，这是一个具有很大影响的看法。蒋孔阳在《美学新论》中从未提及"情本体"，他仅仅把情感视为美感的诸多心理功能之一，并不把情感或心理提升到本体的高度，将其视为独立自在的东西。

正如前面所说，具有心理学美学倾向的朱光潜和高尔泰在五六十年代遭到了批判。科林伍德、包桑葵、苏珊·朗格等在西方有很大影响，他们对情感在艺术中的地位进行了不切实际的夸大，认为艺术仅仅与情感相关。这几位美学家被视为西方资产阶级的理论家，他们的偏颇观点在中国遭到鄙弃。国内的文艺理论研究者、美学研究者，不愿或不敢去讨论情感，在著述中回避这个问题，把主要精

---

① 李泽厚：《形象思维再续谈》，《文学评论》1980年第3期。
② 蒋孔阳：《蒋孔阳全集》第3卷，上海人民出版社2014年版，第298页。

力用于从马克思主义哲学认识论的角度把握文艺的特征。这导致了国内的文艺理论和美学研究单一、陈旧的面貌。李泽厚和蒋孔阳为革新、推进中国的文艺理论与美学研究做出了很大的贡献。他们都重视情感在文艺创作、欣赏中的重要意义。但在70年代末、80年代初,李泽厚为了纠偏,用力过猛,所做出的某些重要表述虽然是非常富有启发性的,但也是比较偏颇的,很容易被人导向西方的直觉主义和非理性主义。而蒋孔阳在写作《美学新论》时,是处于中国美学界对实践美学进行系统论述、反思、总结的时期,因此,他的观点要公允得多。

二 对表现说理论难题的一种解决

表现说是文艺理论和美学中影响很大的一种学说,而把文艺视为情感的表现,又是"表现说中影响最大的理论"[1]。在表现说勃兴之后,情感问题不仅成为艺术心理学研究的中心问题,在不少情况下也成为艺术哲学研究的中心问题。[2] 人是有情感的,情感的表现在方式上也是多样的,并非所有情感的表现都具有审美价值。英国的李斯托威尔在批评克罗齐的表现说时指出:

"表现"一词,对于范围有限的美感经验来说,是不是太广泛、太无边了呢?恐惧或愤怒、痛苦或快乐以及其他任何激越的情绪,它们那种自发而又不自觉的表现,肯定地说,其本身既不能说是美的,也不能说是艺术的。[3]

苏珊·朗格也说:

---

[1] 刘纲纪:《艺术哲学》,武汉大学出版社2006年版,第102页。
[2] 参见刘纲纪《艺术哲学》,武汉大学出版社2006年版,第227页。
[3] [英]李斯托威尔:《近代美学史评述》,蒋孔阳译,载《蒋孔阳全集》第3卷,上海人民出版社2014年版,第479页。

> 一个号啕大哭的儿童所释放出来的情感要比一个音乐家释放出来的个人情感多得多,然而当人们步入音乐厅的时候,没有想到要去听一种类似于孩子的号啕的声音。①

这里,涉及表现说的一个巨大理论难题,即艺术所表现的情感与人的其他情感的区别究竟何在?作为情感表现说的代表性人物,苏珊·朗格明确地意识到了艺术情感与其他情感的区别,为了对"表现"进行限制,她提出艺术情感不是私人性的情感,而是具有普遍性的"人类的情感",但她的所谓"人类的情感"仍然是一个宽泛无边的空洞概念。人所面对的对象,可以是审美的对象,也可以是实用的对象或认识的对象,当它作为实用的对象或认识的对象时,也能引起我们的情感,但这种情感与它作为审美对象所引起的情感是不同的。

美学家王朝闻和周来祥重视对审美关系的研究。60年代初编写、1981年出版的《美学概论》② 一书体现了主编王朝闻从主客体的关系来理解美学问题的取向。在出版于1984年的《审美谈》③ 和出版于1989年的《审美心态》④ 中,王朝闻承续了《美学概论》中的取向,从审美关系来讨论美。周来祥不满于洪毅然、马奇、李泽厚等关于美学研究对象的看法,他认为,作为一门科学,美学独自的研究对象和研究领域是审美关系。与王朝闻、周来祥一样,蒋孔阳也重视审美关系。在《美学新论》中,蒋孔阳说:"美学当中的一切问题,都应当放在人对现实的审美关系当中,来加以考察。"⑤ 蒋孔阳还说,美学的研究"应当以人对现实的审美关系作为出发点,来探

---

① [美]苏珊·朗格:《艺术问题》,滕守尧、朱疆源译,中国社会科学出版社1983年版,第23—24页。
② 王朝闻:《美学概论》,人民文学出版社1981年版。
③ 王朝闻:《审美谈》,人民出版社1984年版。
④ 王朝闻:《审美心态》,中国青年出版社1989年版。
⑤ 蒋孔阳:《蒋孔阳全集》第3卷,上海人民出版社2014年版,第3页。

讨人类全部的审美活动和审美现象"①。蒋孔阳是这样说的，也是这样做的。如果说王朝闻是从鉴赏家、艺术家的角度来讨论审美关系的话，那么，蒋孔阳是从理论家、美学家的角度来讨论审美关系的。蒋孔阳的审美关系论是美学家的理论，有很强的思辨性、条理性、系统性，与随感式的言说有别。蒋孔阳的看法也与周来祥的看法有根本的不同。周来祥认为美学研究的对象是审美关系，而蒋孔阳则认为，这样的规定很容易导致我们把美学与哲学等同起来，因此他仅仅把审美关系视为美学研究的出发点。② 蒋孔阳从审美关系的角度来界定美感中的情感因素，从审美关系的角度把握文艺中情感的特征，我们可以将蒋孔阳的探索视为对表现说所面临的理论难题的一种解决。

三 对情感本质的准确把握

对艺术史有非常广博的知识，并具有非常丰富的审美经验的黑格尔曾说，情感是心灵中"不确定的模糊隐约的部分"③，不同类型的情感有差别，同一类型的情感有各种变化，在深浅程度上也有不同。情感是飘忽的、任意的、复杂的，"我们方才以为如此如此，但转眼之间，它又已如彼如彼"④。人人都可以感受到它、体会到它，但要把它言说出来，却是很不容易的，所以中国古人才有"只可意会，不可言传""可望而不可即"之叹。

蒋孔阳对情感的分析，是心理学的分析。他的分析是细致具体的，没有像黑格尔批评摩西·曼德尔生对情感的心理分析时所说的

---

① 蒋孔阳：《蒋孔阳全集》第3卷，上海人民出版社2014年版，第14页。
② 蒋孔阳认为："美学应当以艺术作为主要对象，通过艺术来研究人对现实的审美关系，通过艺术来研究人类的审美意识和美感经验，通过艺术来研究各种形态和各种范畴的美。"参见蒋孔阳《蒋孔阳全集》第3卷，上海人民出版社2014年版，第34页。
③ [德]黑格尔：《美学》第1卷，朱光潜译，商务印书馆1979年版，第41页。
④ 蒋孔阳：《蒋孔阳全集》第3卷，上海人民出版社2014年版，第273页。

那样"停留在不明确的状态"①。由于有非常丰富的文艺鉴赏经验，他列举了大量的实例，并在点评中不时闪现出深刻的"妙悟"，这使读者感到趣味盎然。蒋孔阳的分析也不是琐屑的，这与西方不少美学家从心理学的角度所作的那些分析不一样。这是因为蒋孔阳的分析是有哲学作指导的，他没有沉溺在个体的主观心理感觉中，而是高屋建瓴地看问题。蒋孔阳的讨论涉及情感与主观意识的关系，但他不是在主观意识的范围之内来讨论情感的特征、作用。他以对情感本质的明确认识来统摄对大量情感现象的描述。蒋孔阳既从内容的角度来看待情感，也从功能或能力的角度来看待情感。从内容的角度来说，情感是对现实的反映。情感虽然是由审美主体流露的，但情感的最终根源不是审美主体，而是现实生活。从功能或能力的角度来说，情感是人的本质力量，是社会性、历史性实践的产物，它源于实践，也随着实践的变化而变化。蒋孔阳的情感论是以反映论为基础的，但蒋孔阳所坚持的反映论不是在很长时期内占据国内文艺理论和美学研究主流地位的旧唯物主义的机械反映论，而是体现主观能动性的反映论。他反对将审美主体的心灵视为"镜子"或"白板"，而是既承认外在世界对审美主体情感的触发作用，也承认审美主体情感运作的相对独立性和创造性。更为难得的是，他从生成论的角度理解情感，认为情感与审美关系是同生同灭的。这是实践美学对情感的重大认识。

四　对文艺创作途径的启示

蒋孔阳概括了与人发生审美关系的"现实"的外延。他认为，"现实"包括这样几个方面：一是不以人的意志为转移，自然而然地存在、生长的东西，它们既包括天地日月、风雨雷电、花草树木、虫鱼鸟兽，也包括作为一种实实在在的物质而存在的人自身；二是

---

① ［德］黑格尔：《美学》第1卷，朱光潜译，商务印书馆1979年版，第42页。

人与物打交道所制造出来的各种东西，如金银铜铁、生活器具、交通工具等；三是人与人打交道所形成的各种东西，如生活方式、语言文字、制度法律、习俗伦理等在社会中普遍存在的现象；四是人的精神活动的产品，即科学技术发明、文学艺术作品等。这四个方面的现实其实就是审美关系中的对象。这些对象、不是恒定的，而是随着社会历史的变化而变化的。

在阐明美感的心理活动过程时，蒋孔阳不仅吸收了现代心理学的研究成果，以及阿恩海姆《艺术与视知觉》、苏珊·朗格《艺术问题》中的观点，还恰当地利用了中国古代文论资源。蒋孔阳认为，刘勰在《文心雕龙·神思》中说的"登山则情满于山，观海则意溢于海"[①] 以及钟嵘在《诗品序》中说的"气之动物，物之感人，故摇荡性情，形诸舞咏"[②]，就是在讲我们的情感起于与外物的接触。石涛在《画语录》中对自己作山水画经验的总结（"吾写此纸时，心入春江水。江花随我开，江水随我起"[③]）以及苏东坡在《书晁补之所藏与可画竹三首》对文与可画竹时身心状态的描绘（"其身与竹化，无穷出清新"[④]），就是在讲情感被投射出去，与现实、外物融为一体，借助现实、外物而客观化。

蒋孔阳在这里的论述已经涉及文艺创作的途径、方法。他反对文艺创作者闭门造车，反对沉迷在个人的狭小天地里，劳神费力地来回摸索，犹如瞎子摸象。在蒋孔阳看来，文艺是要表现情感的，但文艺的对象并不是情感。文艺的对象只能是现实生活。文艺创作者应该面向生活、面向世界，去广泛地接触外在事物，去获得真切的感受，去生成我们的情感，并对其进行提炼、净化，实现情感的

---

① 周振甫：《文心雕龙今译：附词语简释》，中华书局2013年版，第250页。
② （南朝梁）钟嵘：《诗品译注》，中华书局1998年版，第15页。
③ （清）石涛：《石涛画语录》，凤凰出版传媒集团、江苏美术出版社2007年版，第101页。
④ 于民主编：《中国美学史资料选编》，复旦大学出版社2008年版，第286页。

个性与社会性的统一,并让情感获得外在客观性、现实性。在他看来,文艺创作者应该像黑格尔所说的一样,"看得多,听得多,而且记得多"①。蒋孔阳的这个看法,是正确的,也是重要的。

结　语

蒋孔阳对情感的理解,经历了一个较长的过程。在50年代,蒋孔阳虽然写了多篇关于文艺形象和典型的文章,但对情感在文艺创作和欣赏中的作用着墨不多。在70年代后期开始的关于形象思维的第二次大讨论中,蒋孔阳所写的多篇文章如《形象与形象思维》《形象思维与艺术构思》等,比较多地涉及情感问题。进入80年代后,不断地发展、完善自己的思想,终于在《美学新论》中,使自己关于情感的认识得到了系统、集中的表述。

蒋孔阳的情感论既是历史的,也是与时俱进的;既是本质论的,也是生成论的;既是宏观的,也是微观的。不断地总结各家各派关于情感的认识,这是历史的;而不断地反思实践美学的认识论倾向,并试图克服实践美学的理论缺陷,这是与时俱进的;认为情感是对外在现实的一种反映,这是本质论的;而认为情感是与审美关系同时生成同时消失的,这是生成论的;从审美关系来把握情感,这是宏观的,而从美感心理功能的角度来把握情感,这是微观的。在这多重视角中,蒋孔阳细致分析了情感的作用。在依据审美的特征对情感进行强调时,他不走极端,不忽视人的本质力量的其他因素,不把情感与其他美感心理如情感等对立起来。他对情感的把握是辩证的、稳健的,也是深刻的。蒋孔阳的情感论,是他留给中国美学学人的一份珍贵遗产,也是中国美学的未来发展需要不断开掘的资源。

---

① [德]黑格尔:《美学》第1卷,朱光潜译,商务印书馆1979年版,第358页。

第九章

论审美功利

审美有无功利性？这是一个颇为复杂的问题。在中西方美学思想发展史中，思想家们给出了不同的答案。从近代开始，这个问题在西方美学中，尤其受到了广泛关注。西学东渐后，康德"审美无利害"的观点被一批中国文化精英所接受，最初它主要被用来反对封建主义文艺观。在新文化运动、打倒军阀、抗日战争、解放战争的不同历史时期，同情中小地主和民族资产阶级以及"第三条道路"的文艺家、美学家大多倾向于主张审美无功利，而支持共产党或国民党左派的文艺家、美学家则往往主张审美在时代风暴和洪流中对时局的干预作用。在新民主主义革命的时代，后一种倾向是主流。在"文化大革命"中，审美的功利性被严重扭曲。20 世纪 80 年代，学者们反思政治对文艺的干预，要求文艺的独立性，审美无功利性的倾向逐渐抬头。蒋孔阳旗帜鲜明地站在马克思主义的立场，继承中国近代以来的主流文艺传统，对审美有无功利性这个问题给予了辩证、明确的解决。

第一节 对"功利性"的界定

1942 年 5 月，毛泽东在《在延安文艺座谈会上的讲话》中说："唯物主义者并不一般地反对功利主义，但是反对封建阶级的、资产阶级的、小资产阶级的功利主义,反对那种口头上反对功利主义、实际上抱着最自私最短视的功利主义的伪善者。"① 毛泽东指出:"世界上没有什么超功利主义,在阶级社会里,不是这一阶级的功利主义,就是那一阶级的功利主义。"② 毛泽东旗帜鲜明地强调:"我们是无产阶级的革命的功利主义者,我们是以占全国人口百分之九十以上的最广大群众的目前利益和将来利益的统一为出发点的,所以我们是以最广和最远为目标的革命的功利主义者,而不是只看到局部和目前的狭隘的功利主义者。"③ 1945年4月,毛泽东在《论联合政府》中又说:"我们共产党人区别于其他任何政党的又一个显著的标志,就是和最广大的人民群众取得最密切的联系。全心全意地为人民服务,一刻也不脱离群众;一切从人民的利益出发,而不是从个人或小集团的利益出发……共产党人必须随时准备坚持真理,因为任何真理都是符合于人民利益的;共产党人必须随时准备修正错误,因为任何错误都是不符合于人民利益的。"④ 毛泽东所理解的"功利性"就是最广大人民群众的根本利益,它既包括物质的功利性,也包括精神的功利性。这与马克思既强调人的物质性需求,也强调人的精神性需求是一致的。

蒋孔阳认同毛泽东对功利性的理解。蒋孔阳说:"人生在世,一要生存,二要发展。要生存,就得有衣食住行;要发展,就得争取功名富贵。这衣食住行和功名富贵以及与之相关的能够给我们带来实际利益的东西,我们一般称之为功利性。"⑤ 蒋孔阳又说:"功利性,指的是作为一种工具或手段,以达到一定的目的,满足一定的欲望,并取得一定的利益。"⑥ 蒋孔阳还说:"如果美感欣赏完全没

---

① 《毛泽东选集》第3卷,人民出版社1991年版,第864页。
② 《毛泽东选集》第3卷,人民出版社1991年版,第864页。
③ 《毛泽东选集》第3卷,人民出版社1991年版,第864页。
④ 《毛泽东选集》第3卷,人民出版社1991年版,第1094—1095页。
⑤ 蒋孔阳:《蒋孔阳全集》第3卷,上海人民出版社2014年版,第314页。
⑥ 蒋孔阳:《蒋孔阳全集》第3卷,上海人民出版社2014年版,第300页。

有功利性的目的,不能满足人们任何的需要,它又还有什么存在的理由呢?"① 蒋孔阳对功利性的理解是广义的。

在蒋孔阳看来,功利性和人的需要有关,一个事物,只要能够满足人的需要,这个事物就具有功利性。人的任何活动,都是为满足自身的某种需要服务的,因此,人的任何活动,都是具有功利性的。人的需要是多种多样的。蒋孔阳对"需要"进行了划分:一是物质性的需要;二是精神性的需要。蒋孔阳又进一步对精神性的需要进行了划分,如分为道德上的需要、自我精神的需要、社会主义精神文明建设的需要等。满足物质性的需要,体现的是实际的物质上的功利性;满足精神性的需要,体现的是精神上的功利性。因此,蒋孔阳所说的功利性,至少包含三层含义。第一层含义,指与日常生活密切相关的、实际的、实用的物质性利益。这层含义与普通大众对功利性的理解一致。第二层含义,指代表一定阶级、阶层利益的政治与伦理道德上的倾向。这层含义是蒋孔阳继承马克思主义阶级论的体现。第三层含义,指对人的思想水平、精神境界的提升等精神上的利益。西方美学中所讲的功利性与非功利性的区别,在蒋孔阳这里不再保留。第一层含义与第二层含义合在一起,就是西方近代以来不少美学家、文艺家所理解的功利性,也是他们不遗余力地予以反对的功利性。而蒋孔阳所理解的第三层含义,西方近代以来很多美学家、文艺家不是把它理解为功利性,而是称为"无利害性"。这是蒋孔阳的理解与他们相同与相异的地方。

第二节 审美以物质性功利为基础

马克思主义认为,人依赖世界万物而生,人是有需要的主体,

---

① 蒋孔阳:《蒋孔阳全集》第 3 卷,上海人民出版社 2014 年版,第 300 页。

人通过实践来创造自己的需要、满足自己的需要。实践是审美的根源。实践都是对象化的活动，有功利性目的。人在社会中生活，总是出于各种需要而进行一系列实践。种庄稼是一种实践，其目的是获得粮食、吃饱肚子；纺棉织纱是一种实践，其目的是获得衣被、抵御寒冷。审美活动与种庄稼、纺棉织纱等物质性的活动不同，它是一种精神性的活动。什么是审美？蒋孔阳说，审美"就是作为主体的人，通过欣赏或创作的活动，在客体的对象中，去发现、感知或鉴赏它的美以及它的其他的美学特性"①。审美作为一种活动，也有其目的，即满足美感欣赏的需要。正是这种需要，导致了审美活动的产生。从人类历史发展的角度看，人类在早期的活动，都是与物质性利益的获得密切相关的实用活动，精神性的审美活动被包含在实用活动中，是实用活动的一个组成部分，不具有独立性。1879年，西班牙考古学家在西班牙北部的山洞中，发现了原始人所画的野牛图像。这一史前绘画的发现，产生了很大影响。一些西方艺术史家认为，这是原始人画着玩的，属于"为艺术而艺术"的活动。鲁迅批评说，这种观点过于"摩登"，因为它认为原始人可以和19世纪的文艺家一样，轻松地享有闲暇时间。鲁迅指出，原始人画牛，不是无缘无故的，可能是为了禁咒野牛。蒋孔阳赞同鲁迅的解释。他认为，西班牙的野牛像，是两万多年前留下的艺术遗迹。与其他山洞相比，野牛像所在的山洞是隐蔽的，也是难以出入和危险的。原始人画野牛图像，并不是为了观赏，"而是要把野牛加以巫术性的控制"②。马克思说："人们为了能够'创造历史'，必须能够生活。但是为了生活，首先就需要吃喝住穿以及其他一些东西。"③ 蒋孔阳尊重"浅近"的经验事实，站在历史唯物论的立场认为在原始时代，自然的必然性对人具有支配性的地位。肉体的需要是"自然的需

---

① 蒋孔阳：《蒋孔阳全集》第3卷，上海人民出版社2014年版，第7页。
② 蒋孔阳：《蒋孔阳全集》第3卷，上海人民出版社2014年版，第302页。
③ 《马克思恩格斯文集》第1卷，人民出版社2009年版，第531页。

要"，也是更为本原的需要。在严酷的环境中，物质产品匮乏，肉体的需要具有迫切性，维持生存是原始人的第一要务。原始人画野牛，不是一种审美活动，而是一种功利性活动，它服从于原始时代的物质资料需要，服从于人类社会发展的先决条件。这在人类社会早期是一种普遍的情形。

马克思说，"已经得到满足的第一个需要本身、满足需要的活动和已经获得的为满足需要而用的工具又引起新的需要"①。蒋孔阳指出，随着社会的进一步发展，人类的活动越来越复杂，也越来越细致，它发生了分化。蒋孔阳认为，在原始社会，已经产生了审美活动。原始人把石头磨制成石斧，它光滑、锋利、称手，不仅符合生产的目的，而且能引起人"珍惜和爱护的感情"②，这已经具有审美的性质。而原始人"把野兽的牙齿和骨头制造成为符合自己目的的装饰品"③的活动，已经是审美活动了。

通过对人类审美意识、审美活动产生的历史性考察，在蒋孔阳看来，审美从依赖于物质性功利逐渐走向独立于物质性功利。审美越来越具有超越性，但这只是问题的一面。审美对物质上功利性的超越，是"以万物的功利性为基础"④的。深受康德影响的叔本华说，审美直观是超然的，当国王和乞丐从窗口看夕阳时，他们都可以感觉到夕阳的美。蒋孔阳不赞同叔本华的这个看法。他说："国王没有衣食之虑，迫害之苦，他看夕阳，可以感到美；但乞儿不同，他缺衣少食，忧心忡忡，他哪里有心思去欣赏夕阳之美？"⑤也就是说，如果没有基本的衣食住行等功利性方面的保证与满足，就不会有非功利性的审美。

---

① 《马克思恩格斯文集》第1卷，人民出版社2009年版，第531页。
② 蒋孔阳：《蒋孔阳全集》第3卷，上海人民出版社2014年版，第10页。
③ 蒋孔阳：《蒋孔阳全集》第3卷，上海人民出版社2014年版，第598页。
④ 蒋孔阳：《蒋孔阳全集》第3卷，上海人民出版社2014年版，第315页。
⑤ 蒋孔阳：《蒋孔阳全集》第3卷，上海人民出版社2014年版，第315页。

第三节　审美具有"无利害性"

从人类发展史角度看,维持肉体生存这一生物性的,也是最基本和最低的需要被满足后,人的需要得到扩大。因为物质生产不仅生产出物质财富,也生产出现实的社会关系,人们要在物质财富这一人的感性对象性存在的基础上,对社会关系进行规范,由此出现了一种新的人类需要,即道德的需要。审美活动与物质利益之间的联系不再那么紧密、直接,但此时审美活动还是不具有独立的地位,它又受制于道德的需要。人类进入了美善不分的时期。

古代的《尚书·舜典》有言:"诗言志,歌永言,声依永,律和声。"① 这里提出的"诗言志"被朱自清视为古代诗论的"开山纲领"。李泽厚和刘纲纪认为:"……由祀礼而生的诗,在《诗经》的《颂》和《大雅》中还可见到它的遗迹。《颂》之中有不少是所谓'以其成功告于神明'的祭祀之词,所以,向神明昭告王者的功德和记述政治历史的大事,是所谓'诗言志'最早的实际含义。"② 经过《论语》《诗大序》等经典文本阐释,"言志说"逐渐被充实。"言志说"中的"志"指的是合乎"思无邪""温柔敦厚""止乎礼义"等要求的思想内容,它主要是理智性的。它强调诗歌对政治事功、伦理道德以及教化的服务功能。

在《大希庇阿斯篇》中,柏拉图借苏格拉底之口指出,"美就是有用的"③ 这个看法是错误的。美的眼睛不是看不见东西而是能够把东西看得很清楚的眼睛。人的身体,如果适宜于赛跑和争斗,它就

---

① 于民主编:《中国美学史资料选编》,复旦大学出版社2008年版,第10页。
② 李泽厚、刘纲纪主编:《中国美学史》第1卷,中国社会科学出版社1984年版,第112页。
③ [古希腊]柏拉图:《文艺对话集》,朱光潜译,载《朱光潜全集》第12卷,安徽教育出版社1991年版,第168页。

是美的。我们说动物如一匹马、一只公鸡或一只野鸡美，说器皿、乐器等器具美，说海陆交通工具美，甚至于说制度习俗美，都是因为它们有用，在某些情境中可以让我们达到某种目的。一个东西对我们毫无用处，我们只会说它是丑的。柏拉图认为，有些美的东西确实是对我们有用的，但不能因此就得出一个结论，即美就是有用的。在《理想国》中对理想的城邦进行设计时，柏拉图认为，荷马等悲剧诗人的作品具有魔力，它们对于听众的心灵而言是一种毒素，因为它对性欲、愤恨等进行灌溉，对人的快感或痛感进行逢迎，人们受到它的诱惑，人性中低劣的部分会被培养，而正义以及其他的德行会遭到忽视，这对于城邦的政治修明是不利的。正因为如此，荷马等应该被逐出理想国。柏拉图主张，必须从城邦的政治统治利益出发，对诗人和诗的内容进行审查，只有对神进行赞颂、对好人进行赞美的诗歌，才能留在理想国中。柏拉图的思想是有矛盾的，就他的整个哲学体系来说，他是美善不分的。

美善不分在中国最主要的体现是儒家美学，在西方最主要的体现是中世纪基督教美学。美善不分强调美和善相互统一，认为艺术要为社会伦理服务，为社会关系的维护服务，重视艺术对社会的教化作用，艺术与政治、道德具有非常紧密的联系，它不具有独立的地位。在判定艺术作品的价值时，艺术的标准低于政治或伦理道德的标准。美只不过是达到善的手段。艺术作品关注人格美和道德理想，作为艺术内容的善支配作为艺术内容的美，善是比美更为根本的东西。为了让艺术在社会生活中发挥正面、积极的作用，必须对艺术进行规范与引导，使之符合善的要求。

自文艺复兴时代开始，美善不分的文艺观念受到了质疑。英国的沙夫茨伯里等提出，"无利害性"是一种审美知觉方式，但对美善不分最系统、深入、有力的批评来自康德。康德在1790年出版的《判断力批判》中指出，对象有两个方面：一是它的实际存在（实存）；二是它的形式。审美是一种情感判断，不是实践活动。实践活动以欲念的满足为目的,它和对象的实际存在相关。人肚子饿了吃东西,就是实践活动。把东西吞到肚子里,就消灭了东西的存在。审美是一种观照,在审美中,主体只关心对象的形式。如我们只需关注画在纸上的饼,就可以获得美感,而不需要去考虑这个饼味道如何。此时,我们对饼的实存完全抱无所谓的态度,没有丝毫的倾向性。也就是说,美的东西仅仅通过它的形式就让人喜爱,就让人产生美感,它和我们实际的需要以及一个东西能否给我们带来利益、好处没有关系。康德断言,美不涉及或掺杂"丝毫的利害"。康德的思想是划时代的。美学史家认为,"无利害性"这个概念是区分古典美学和现代美学的标志性概念。美国的杰罗姆·斯托本尼兹说:"除非我们能理解'无利害性'这个概念,否则我们就无法理解现代美学理论。假如有一种信念是现代思想的共同特质,它也就是:某种注意方式对美的事物特殊知觉方式来说是不可缺少的。"①

康德的美学著作是晦涩的,19 世纪初的文艺家将康德美学的思想概括为一句简短、通俗易懂而又有力的话语——"为艺术而艺术"。这一概括是对康德美学的简单化,完全忽视了康德美学的整体性与综合性,是康德美学法国化的结果。"为艺术而艺术"强调艺术对于法、政治、伦理、宗教等的独立性,强调艺术超越或远离物质性功利与世俗生活,主张艺术的真正价值在于它的纯粹形式。"为艺术而艺术"的主张首先在拿破仑专政时代的法国产生影响,然后传到英国,又从英国传到日本,中国留日学生又将其引入中国。

在"为艺术而艺术"之后,又出现了唯美主义思潮。唯美主义主张审美性是艺术的基本属性,美是艺术的终极价值与目的,创造美是艺术的任务,艺术家在题材的选择与处理等创作方面享有充分的自由,他们的创作成果的价值由艺术界判定。唯美主义批评唯物

---

① 解至熙:《美的偏至——中国现代唯美—颓废主义文学思潮研究》,上海文艺出版社 1997 年版,第 2 页。

主义的反映论美学。同时，唯美主义还主张把艺术作为生活的标准与目的，鼓吹为艺术而生活，将人生艺术化。唯美主义出现于19世纪后半叶的英国，它是"为艺术而艺术"的法国思潮跨越英吉利海峡后催生出来的，它以1895年王尔德入狱而告一段落。它不仅是具有广泛影响力的艺术思潮，也是一场社会文化运动。

表现主义在20世纪初兴起于德国。表现主义认为，情绪是艺术家对外部世界的主观反应，艺术作品关注的重点是情绪及其表现，艺术家对外部世界的观察，对外部对象的现实性、客观性的描写相对来说是不重要的。为了更好地表现创作者的情绪，要求对艺术的形式进行变化和夸张，采用独特的个性化艺术语言，充满想象。表现主义艺术具有抽象性、荒诞性、狂热性。表现主义与资本主义世界体系的形成、垄断组织的大量出现、以科学和技术为代表的理性主义对人的思想与行为的操控这一背景密切相关，它追求的是通过艺术实现精神的解放与自由。

蒋孔阳吸收了康德美学和西方"为艺术而艺术"、唯美主义、表现主义文艺思潮的观点，主张审美是"无利害性"的。他认为，事物对我们有利还是有害，能给我们带来什么益处，这样的考虑是世俗的。审美与这种世俗的考虑没有关系，它是超越世俗的。一旦我们对事物有了功利计较，我们就不再对这个事物进行审美，这个事物在我们看来，也不再是美的。蒋孔阳认为，这样的例子，"在生活中到处都是"[①]。如，面对一朵花，如果我们把它视为商品，考虑它可以卖多少钱；或者把它视为药物，考虑它治疗何种疾病；或者把它视为礼物，考虑把它送给哪位友人。此时，这朵花，就引不起我们的美感了。贵族家里摆设着很多精美的家具，女仆为了维持生活，每天都要擦拭这些家具，它们在女仆眼里，就不是美的。我们到博物馆去，里面的收藏琳琅满目，但如果我们考虑的是如何把这些珍贵的藏品神

[①] 蒋孔阳：《蒋孔阳全集》第3卷，上海人民出版社2014年版，第300—301页。

不知鬼不觉地偷盗出去,它们在我们的眼里就不是美的。梵高的作品放在拍卖行中,它在竞拍者的眼里,不是美的,它仅仅是具有很大经济价值的商品。同样,珠宝商人也不是从审美的角度而是从经济价值的角度看待他手中的珠宝,珠宝引发不了他的美感。审美打破了物我的限隔,二者是交融的,物质上的功利与对物的占有、享受相关,而在审美中,主体摆脱了占有和享受,转变为"无所谓的旷达和赏玩"①。蒋孔阳由此断言,审美和功利性的考虑是完全不相容的。

蒋孔阳指出,从审美教育的角度出发,审美与功利性的考虑也是冲突的。审美教育的无功利性建立在审美欣赏无功利性的基础上。正因为审美欣赏不抱有实际的功利性目的,它可以让人摆脱时间、空间的限制,摆脱名缰利索的束缚,它通过某种物质的形式"表现出或者制造出心灵的形式"②,摆脱对物质形式本身的依赖,展示出人的本质,是一种自由的活动。它让人进入愉悦、忘我的精神境界,获得精神享受和满足,让审美主体超越世俗,从而转移人的心理气质和精神面貌。如果审美受到了利害计较的羁绊,被生理欲望、物质欲望所左右,那么审美教育就无法发挥出在精神层面使受教育者得到陶冶与提升的作用。

蒋孔阳认为,审美不涉及物质上的功利性。他主张审美的独立与自律,要求文艺上的自由与民主。这充分表明,蒋孔阳美学不是前现代美学,而属于现代美学。

第四节 审美具有精神性功利

一 对中国文艺思潮的反思

西晋的陆机在《文赋》中说"诗缘情而绮靡"③,这是"缘情

---

① 蒋孔阳:《蒋孔阳全集》第3卷,上海人民出版社2014年版,第316页。
② 蒋孔阳:《蒋孔阳全集》第3卷,上海人民出版社2014年版,第12页。
③ 于民主编:《中国美学史资料选编》,复旦大学出版社2008年版,第128页。

说"在文论史上的明确登场。它在刘勰的《文心雕龙》、钟嵘的《诗品序》等文本中得到了进一步发挥。"缘情说"中的"情"是指天然的、未经政教礼仪等规范的情感。它强调人受到外物激发,自然而然地产生情感,诗歌就是对这种内心情感的自然流露。"缘情说"高度重视自然的人情人性,强调诗歌与情感的联系,基于对情感表达如委婉、含蓄或适度等的考虑,重视诗歌的艺术形式,由此揭示了诗歌的美学特征。

"言志说"和"缘情说"是古代诗论中的两大命题,它们有很大分歧,都曾被不同的信奉者视为诗歌创作的准则、评价的标准。在文学史上,两者相互制约,相互补充。"言志说"在思想上对"缘情说"起到范导作用,而"缘情说"则在内容上拓宽了"言志说"的边界,但由于儒学长期被统治者视为正统,统治阶级主张符合自身利益的天道天理、伦理纲常,尊崇和维护天地君亲师、仁义礼智信,让文艺为狭隘的礼教服务,成为礼教的附庸。因此,"言志说"在历史上长期处于优势地位,并成为一个很强大的美学传统。真正对"言志说"造成冲击的是西方美学中的"无利害性"观念。

20世纪早期的中国留日学生在日本接触到了西方美学中的"无利害性"观念,把它引入中国。作为中国现代美学的先驱,王国维和蔡元培曾经大力宣传审美的非功利性。王国维在《红楼梦评论》中说,审美超越利害计较:

> 虽殉财之夫、贵私之子,宁有对曹霸、韩干之马而计驰骋之乐,见毕宏、韦偃之松而思栋梁之用,求好逑于雅典之偶,思税驾于金字之塔者哉![①]

---

① 王国维:《美在境界——王国维美学文选》,山东文艺出版社2020年版,第116页。文字和标点略有改动。

蔡元培在《以美育代宗教》中说，审美是超绝实际的，在审美中：

> 不复有人我之关系，遂亦不能有利害之关系。马牛，人之所利用者，而戴嵩所画之牛，韩干所画之马，决无对之而作服乘之想者。狮虎，人之所畏也，而芦沟桥之石狮，神虎桥之石虎，决无对之而生搏噬之恐者。植物之花，所以成实也，而吾人赏花，决非作果实可食之想。善歌之鸟，恒非食品。灿烂之蛇，多含毒液。而以审美之观念对之，其价值自若。美色，人之所好也；对希腊之裸像，决不敢作龙阳之想；对拉飞尔若鲁滨司之裸体画，决不敢有周昉秘戏图之想。①

王国维和蔡元培等美学先驱，反对"言志说"的传统美学观念，他们对审美无利害性的倡导是其反封建的一个组成部分，但是，王国维和蔡元培关于审美无功利性的论述，与他们的忧患意识，与他们运用美学来反对封建主义、进行思想启蒙的功利性诉求之间是有矛盾的，他们在自己的美学体系中都没有能够解决这个矛盾。随着民主自由和民族独立解放意识的进一步觉醒，随着马克思主义在中国的传播，随着国内阶级力量与政治任务的变化，从20世纪20年代后期起，王国维、蔡元培美学思想中蕴藏的审美无功利与审美有功利之间的矛盾，在新的斗争形势下彻底暴露，中国美学研究队伍出现了明显分化，形成了对立的两派。一派认为审美是无功利的，是超阶级、超政治的；一派认为审美是有功利的，阶级性是其突出表现。两派之间的争论一直持续到50年代，其中，1928年"新月派"对"革命文学"这个口号的反对，1930年"民族主义者"对文艺阶级性的反对，1932年"第三人"对政治"干涉"论的反对，

---

① 蔡元培：《美育与人生——蔡元培美学文选》，山东文艺出版社2020年版，第41页。

1936年"国防文学"与"民族革命战争的大众文学"的提出,1942年毛泽东《在延安文艺座谈会上的讲话》的发表,1942年蔡仪对朱光潜的批评,都是有代表性的事件。中国近代美学的基本矛盾是"功利主义美学与超功利主义美学"的对立与斗争,或者说是审美有功利性与审美无功利性这两种观点的对立与斗争。① 从20年代后期到中华人民共和国成立,这是一个特殊的时期,在这个时期,民族矛盾、阶级矛盾异常尖锐,政治斗争和军事斗争持续地、激烈地进行,抛头颅、洒热血在革命队伍中是经常发生的。马克思主义文艺家和其他进步文艺家,主张审美的功利性,他们所理解的功利性,就是要结束中华民族的深重苦难,主要是政治的倾向性,也就是对帝国主义侵略的批判,对封建主义、官僚资本主义对外卖国、对内残酷剥削的批判,对各种不利于救亡图存的错误思想、言论的批判,对各种社会力量的积极动员、鼓舞,从而与政治路线、军事战线上的斗争密切呼应、配合。可以说,在这个时期,审美的政治倾向性占有了压倒性的地位。"左联"的文艺家和延安的文艺家所坚持的观点,有其时代特征。当帝国主义、官僚资本主义和封建主义这"三座大山"被推翻之后,国内的主要矛盾发生了变化,对审美的理解应该体现时代变化。蒋孔阳沉痛地指出,原始人已经有审美的需要和审美的活动,"'四人帮'连原始人都不如"②,他们抹杀人的审美需要,"把美和艺术看成资产阶级的东西,任意地加以摧残"③。1979年,中国文学艺术工作者第四次全国代表大会深入反思、纠正了党的文艺政策,审美开始获得解放。

蒋孔阳肯定近代以来中国的审美功利主义,肯定近代以来中国文艺所取得的巨大成绩,但他也对其进行了反思,尤其是"文化大革命"中的极端错误做法。他认为,王国维、蔡元培等关于"无利

---

① 参见聂振斌《中国近代美学思想史》,中国社会科学出版社1991年版,第32页。
② 蒋孔阳:《蒋孔阳全集》第3卷,上海人民出版社2014年版,第598页。
③ 蒋孔阳:《蒋孔阳全集》第3卷,上海人民出版社2014年版,第598页。

害性"的观点具有一定的合理性，认为审美对于政治、道德具有一定的独立性，必须注意到审美的特殊性，尊重审美和文艺发展的内在规律，坚持审美和文艺民主，但他也认为，审美具有社会效用，它会在政治、道德方面发生影响，它需要承担社会责任。如蒋孔阳认为，审美必须正确地理解群己关系。他批评旧社会非常突出的个人主义以及披着集体主义的外衣，以此掩盖阴谋与野心的"四人帮"都不能正确理解群己关系，"善恶不分，美丑不辨"①，不仅害人害己，而且严重破坏社会美、艺术美。

从对中国古代和近代美学理论继承的角度说，蒋孔阳对审美的理解，对"诗言志"和"缘情说"，对功利论和"无利害性"具有贯通性、统摄性，因为它既考虑到了审美在道德上的正当性，也考虑到了审美需要自然而丰富的情感。它们之间具有一种张力，正是在张力中，"诗言志"和"缘情说"、功利论和"无利害性"获得了统一。

二 对西方美学与文艺思潮的反思

美学的发展过程，也是人的需要不断被丰富和完善的过程。蒋孔阳辩证地看待审美与功利之间的关系。蒋孔阳指出，"为艺术而艺术"、唯美主义、表现主义有一个共同的特点，即反对功利性，"但是，就在这种反对功利性的当中，它本身也是一种功利性，那就是说，它从物质和道德的需要中解放出来，是为了满足自我精神的需要。满足自我精神的需要，难道不也是一种功利性吗？"②

反对功利主义，是西方美学的一个重要传统。"为艺术而艺术"、唯美主义、表现主义将艺术作为心灵的寄托，作为应对资本主义危机与挑战的良方。它们与宗教在精神领域神圣地位的丧失、劳动的

---

① 蒋孔阳：《蒋孔阳全集》第3卷，上海人民出版社2014年版，第598页。
② 蒋孔阳：《蒋孔阳全集》第3卷，上海人民出版社2014年版，第302页。

异化、消费社会的形成、中产阶级的兴起等密切相关。道德主义艺术观和艺术的商业化，都从工具论的角度看待艺术。"为艺术而艺术"、唯美主义、表现主义既反对美善不分的道德主义艺术观，也反对艺术的商业化。它们注重艺术与功利、道德训诫的差异，注重艺术与科学、知识的差异，把追求表达形式的完美作为艺术的目的。这是一种美学上的分离主义，它对道德持冷漠的态度。它给艺术家带来安慰，也带来优越感。

　　蒋孔阳不仅像传统美学一样，承认艺术的认识价值、理论价值、社会价值，也像现代美学一样，承认艺术的审美价值，捍卫艺术的独立与纯洁。作为坚定的马克思主义者，蒋孔阳自然是赞同马克思主义经典作家关于阶级的分析的，但他是一个趣味卓越、知识渊博的人，他对复杂的审美活动能够非常耐心地进行细致的分析，把握内部的矛盾，而不是拿抽象的一般阶级理论来僵硬地套在审美活动上。他没有让阶级立场、政治倾向遮蔽自己的理论眼光。他不像某些持偏颇观点的学者那样，将"为艺术而艺术"、唯美主义、表现主义视为西方资产阶级的腐化现象之一，而是充分注意到了这些思潮的历史，注意到了产生这些思潮的具体社会、经济、政治与文化环境，注意到了文艺家们对当时文化体系的反抗，对其予以批判性的吸收。蒋孔阳对审美功利性的理解没有机械性。他关于审美功利性的分析既是立场鲜明的又是开放包容的。例如，在蒋孔阳看来，坚持"为艺术而艺术"、唯美主义、表现主义的文艺家，他们根本的缺陷就在于自我封闭，把自我变成了脱离社会关系的孤岛，从而在对美的追求中，陷入了"苦闷和空虚、矛盾和绝望"[①]。只有在社会关系中，个人才能找到坚实的目标，使自己的精神充实。又如，蒋孔阳和表现主义者一样，认为文艺应该表达主体的情绪，但他还认为，这不是对私人情绪的宣泄，文艺应该有深厚的思想和真挚的感情，

[①] 蒋孔阳：《蒋孔阳全集》第 3 卷，上海人民出版社 2014 年版，第 302 页。

是对时代和社会的反映，它流露的是千万人的共同心声。

三 对人的提升

人类的心理结构与动物的心理结构有很大的不同。动物依靠本能而存活，无法超越物质性的利益。人具有意志和目的，能够对自身的行为进行筹划、反思。人通过劳动，创造出物质产品，并在物质产品不断增多的基础上，追求对物质产品、物质性利益的超越，文明和美因此而产生。人与动物的根本区别就在这里。在蒋孔阳看来，凡是能满足人的需要的东西，都具有功利性。审美是人的一种活动，能够满足人的需要。审美活动之所以具有存在的必要，就在于它能满足人的需要。作为高级的精神活动，审美的需要是有所创造、有所提高的需要。所以，审美具有功利性，但这种功利性是精神上的功利性。

在蒋孔阳看来，审美的对象不再是实用的物而是观赏的物，它在审美主体前呈现的不是它满足日常生活需求的实用性的一面。审美必然涉及对对象的判断，它必须依据一定的标准，什么是好，什么是坏，什么是是，什么是非，它们都有一定的界限，这些都属于心灵上、道德上的功利，它们是无法被超脱的。审美对人的启迪与陶冶，对人的心理气质的转移，对人的精神面貌的改变，对独特情趣和高尚情操的培养，对做人的修养和水平的提高，等等，就是一种精神性的功利。

中国古代没有严格的"为艺术而艺术"的观念。"为艺术而艺术"的主张，从西方输入中国后，也没有在中国大地上产生与它在西方世界一样的效应。中国近代以来的主要美学传统，还是"为人生而艺术"。蒋孔阳和他的同代人一样，对这个传统是非常熟悉的。蒋孔阳非常重视精神性的功利，他不反对社会功利，但反对狭隘的个人功利，反对庸俗的、狭隘的个人主义，要求超越个人的功利打算和利害感。在蒋孔阳看来，个人"不是抽象的，孤立的，而是生活在一定的社会关系中的"①。这个社会关系,包括人与人的关系、人与生活环境的关系、人与各种社会组织和活动的关系、人与文化遗产和传统的关系。必须正确地理解、处理个人与社会的关系,必须冲破象牙塔,必须走出个人狭小的天地,在社会关系中去追求精神性的功利。这样才能真正得到精神上的安慰与满足。因此,蒋孔阳所肯定的精神性功利是有限制的,即它必须符合社会前进的方向。在蒋孔阳看来,审美活动只有深深扎根于社会关系的土壤之中,才能在心胸、眼界、性情和能力等方面对人进行提升,培养出美好品质。

四 审美为社会主义精神文明建设服务

1979年9月,叶剑英在《在庆祝中华人民共和国成立三十周年大会上的讲话》中首次强调了社会主义精神文明的重要性。在1979年10月,邓小平在《在中国文学艺术工作者第四次代表大会上的祝词》中指出,文学艺术要"使人们得到教育和启发,得到娱乐和美的享受"②。1982年党的十二大报告、1982年的新《宪法》、1982年的《中国共产党章程》以及1985年全国科技工作会议上邓小平的讲话都指出要加强社会主义精神文明建设。

精神文明建设与物质文明建设不同,蒋孔阳从虚与实的角度来看待二者。他认为,宇宙是虚实结合的。地上的高山大海是实的,天空是虚的。人是虚实结合构成的。人的生理性的部分如骨骼脏器是实的,人的心理性的部分如精神气质是虚的。对于一个国家来说,物质文明是实的,精神文明是虚的。物质文明有目共睹,精神文明"无影无形,不可捉摸"③。物质文明因具体而易抓,容易见成效,

---

① 蒋孔阳:《蒋孔阳全集》第3卷,上海人民出版社2014年版,第302页。
② 总政治部文化部编:《毛泽东、邓小平、江泽民论文学艺术》,解放军文艺出版社1995年版,第261—262页。
③ 蒋孔阳:《蒋孔阳全集》第3卷,上海人民出版社2014年版,第308页。

精神文明不易见成效，很难抓，但又不能不抓。蒋孔阳说："我国当前的主要问题是精神文明建设。三中全会以来两个文明一起抓，但实际上精神文明没抓好，结果出现贪污腐化、道德败坏的现象，使改革的形象受到损害。"① 蒋孔阳还说："由于精神文明没抓好，人们在精神上缺乏向心力和凝聚力，也缺乏统一感。"② 蒋孔阳指出，精神文明的范围广阔，内容丰富，它的表现是多层次多方面的，我们要把虚的精神文明"落到实处来抓"③。蒋孔阳以党中央的方针政策为基础，结合新时期文学艺术发展的实际情况，提出审美为社会主义精神文明建设服务，既为其中的文化建设服务，也为思想建设服务。在蒋孔阳看来，让审美和社会主义精神文明建设配合起来，不是缩小、束缚了审美，而是为审美"开拓了极其广阔的天地，指出了无限光辉的前景"④。

党的十九大对中国社会的发展阶段、历史方位和世界局势进行了新的判定。蒋孔阳关于审美为社会主义精神文明建设服务的看法，我们也可以在新时代符合逻辑地赋予它更加具体而崭新的内容，即审美通过弘扬中国精神为中华民族的伟大复兴服务。这是对审美的目的与要求的最好表达，也是对审美的功利性在新时代具有中国特色的理解与把握。"周虽旧邦，其命维新。"⑤ 100多年前，在中国内忧外患、举步维艰时，辜鸿铭写下了《中国人的精神》，该书还有另外两个名字，即《原华》和《春秋大义》，从书名中即可看出辜氏的关怀。"经历了辉煌与艰难、停滞与突破、困惑与焦虑、危机与转机、纷纭与沉淀"⑥，在新的伟大时代，审美应该更为自觉地弘扬我们的民族意识、民族品格、民族气质，更为自觉地弘扬民族生命力、

---

① 蒋孔阳：《蒋孔阳全集》第6卷，上海人民出版社2014年版，第144页。
② 蒋孔阳：《蒋孔阳全集》第6卷，上海人民出版社2014年版，第145页。
③ 蒋孔阳：《蒋孔阳全集》第6卷，上海人民出版社2014年版，第308页。
④ 蒋孔阳：《蒋孔阳全集》第6卷，上海人民出版社2014年版，第110页。
⑤ 程俊英、蒋见元：《诗经注析》，中华书局1991年版，第746页。
⑥ 王蒙：《旧邦维新的文化自信》，《人民日报》2017年8月15日（文艺评论版）。

民族凝聚力和民族创造力，从而在世界各大文明文化的交流交融中确立中国思想、中国情感、中国信念和中国风度的力量，在和平发展合作共赢的世界潮流中加快中华民族不断强大起来这一不可逆转的历史进程。

结　语

对人的需要的分析是蒋孔阳理解审美功利性的基础。正如前面所讲的，蒋孔阳把人的需要划分为物质的需要、道德的需要、自我精神的需要、社会主义精神文明建设的需要。美国心理学家马斯洛对人的需要层次进行了划分。他认为，人有生理需要、安全需要、爱的需要、尊重的需要、求知的需要、求美的需要和自我实现的需要。蒋孔阳对人的需要的划分与马斯洛的有很大区别。马斯洛的划分，是针对人的所有活动而言的，它更具有涵盖性。蒋孔阳是根据中西美学发展史和我国的实际情况来划分的。他的划分，是逻辑和历史相统一的划分，是为了分析审美活动的特征而做出的划分，它只对审美活动有效，是从美学的角度做出的划分。蒋孔阳注意到，人的需要受到生产力发展水平的制约，在不同的社会历史条件下，人的需要是有所不同的。审美活动对人的需要的满足，也随社会历史的变化而变化，审美的功利性也体现出不同的面貌。

蒋孔阳的审美功利论，坚持马克思主义唯物论，自觉地与中国古代、近现代传统和西方美学思想相融合、贯通，符合中国人的生存状态与发展要求。它包含了康德的"无利害性"概念，包含了西方"为艺术而艺术"、唯美主义、表现主义等思潮和中国古代缘情说重视艺术形式的概念，包含了中国古代"言志说"和近现代革命美学重视思想内容的观念。蒋孔阳的审美功利论承认物质功利性的基础地位，但不等于重视私欲与物欲的物质功利论；承认审美包含政治、道德倾向，但不等于让审美作为政策宣传、歌颂事功、政治斗争工具和充当政治附庸的政治功利论,不等于让审美作为道德说教或劝诫工具、充当道德附庸的道德功利论;它重视审美自身的性质和规律,但不等于"为艺术而艺术"的审美主义。它尊重文艺与审美的特殊矛盾性,看到了审美活动涉及的因素所具有的丰富性、复杂性和矛盾性。蒋孔阳没有对古今、中西美学中任何一家或一派的思想进行简单照搬与移植,他批判地继承了古今、中西美学的优秀传统,他对审美功利性的理解,是对古今、中西美学中相关争论的一个系统总结,显得成熟圆润。一句话,它是辩证综合的马克思主义审美论,因而很具有生命力。

第十章

论审美教育

审美教育与全体国民的教育相关，是一个重要问题。中国当代的美学家，他们的思考与探索，从美学原理的角度看，主要涉及四个方面：即美是什么、审美感受、审美范畴、美育。美育可以被称为美感教育。蒋孔阳对美育的讨论，是他的体系性著作《美学新论》中的一个重要内容。蒋孔阳对美育的讨论，也见于单篇的文章，如刊载于1983年6月13日《文汇报》的《从美育谈〈美育〉》、刊载于1984年《红旗》第22期的《谈谈审美教育》、刊载于1988年《上海高教研究》第2期的《对美育的一些想法》、刊载于1990年《为了孩子》1月号的《按照"美的规律"教育孩子》、刊载于1999年《中文自修》第2期的《美育和生活》等。蒋孔阳的这些文章在学术界产生了很好的反响。如《谈谈审美教育》一文，不仅被中国人民大学复印资料《美学》转载，而且被国外学者全文翻译为英文后在美国刊物上登出。此外，蒋孔阳对美育的讨论，还见于为年轻学者的美育论著所写的序文。美育具有很强的实践性，它体现了抽象的美学理论与具体的教育实践的有机融合。可以说，美育是蒋孔阳长期关注的一个问题，美育思想是他"整个美学思想体系中的一座重镇"[①]。他的这些思考，也是当代中国美育库存中的珍贵资料。

---

① 蒋孔阳：《蒋孔阳全集》第6卷，上海人民出版社2014年版，第559页。

第一节　美育思想的内容

蒋孔阳对美育的思考是在 20 世纪 80 年代以后展开的，主要涉及美育的作用、美育的发生机制、美育的范围、美育的目的四个方面。

一　美育的作用

蒋孔阳给出了美育的定义。他认为："通过文学艺术以及其他的审美方式，来打动人的感情，来对人进行教育，使人在心灵深处受到感染和感化，就是我们所说的审美教育。"①

蒋孔阳指出，德育、智育、体育和美育之间具有内在联系，它们是相互依赖、相互辅助的，不能把其中的一种教育片面地抬高。如果忽视任何一种教育，都会制约其他三个方面教育的发展。蒋孔阳分析了美育对其他三育的促进作用。在蒋孔阳看来，德育主要是告诉我们什么事情应该做，什么事情不应该做。如果没有美育，德育就会变成教训，变成强制和命令。通过美育，我们可以把外在的东西变成内在的东西，也就是把社会的要求、社会的规范变成我们内心的要求和规范，让我们对道德的践履变为自觉自愿的行为。智育主要是在学校或工作中学习知识，如果没有美育，智育就会变成苦读苦学、苦干硬干，收效并不大。通过美育，可以让我们对学习产生兴趣、爱好，愉快地对待它。体育可以增强体力，提高运动技能，让我们参与竞技。如果没有美育，运动员在赛场上不会有良好的状态，他的体力和技能很难得到发挥。通过美育，可以培养运动员的气度、心胸，让他在赛场上，摆脱名利等世俗性东西的干扰和束缚，自由轻松地对待比赛，发挥出自己的水平。

蒋孔阳对美育在教育中的地位与作用有着深入的思考。他对此

---

① 蒋孔阳：《蒋孔阳全集》第 3 卷，上海人民出版社 2014 年版，第 596 页。

进行了总结。第一，美育是一种娱乐的教育。寻求娱乐是人的自发要求。丘吉尔和希斯都是首相，他们在工作之余，进行有意义的娱乐。丘吉尔画画，希斯指挥交响乐，以此培养性格与为人。我们的娱乐生活需要得到指导，美育可以把娱乐生活引向美好事物。第二，美育是一种爱美的教育。人在生产劳动实践中产生了爱美的需要，正是爱美，使人超越动物，超越自己。美育可以鼓舞人们对于美的爱好、欣赏与追求。第三，美育是一种情感的教育。情感是人的心理结构的重要组成部分。汤显祖说得好，"世间只有情难诉"①。美育告诉我们如何把"难诉"的情感变成"能诉"，并且"诉之有方"②。第四，美育是一种自由的教育。外物具有自己的性质和规律，它们是客观的，是一种约束，一种纪律。美育告诉我们如何通过审美，在外物上展开自我，解放自我，消除物我之间的间隔，实现物我之间亲密的交流，从而感受到自我的自由。第五，美育是一种和谐的教育。美育告诉我们如何通过审美，对自我的身心进行调节，化解身心的矛盾，从而达到平衡、和谐。第六，美育是一种人生价值的教育。美是人生最高价值之一，美育让我们反思，什么样的人生是有意义和美的。第七，美育是一种人品的教育。人应该自爱，珍视自己的人品，缺乏人品，就会缺乏独立性与自主性，就如墙上的芦苇与水中的浮萍。人品的高低黑白，既来自客观的社会环境，也来自主观的培养与塑造，美育对于人品的形成，可以发挥重要作用。第八，美育是一种艺术教育。伟大艺术打开了一个生活的新天地，它表达的是时代的"心声"，是人心所向，它对现实的情感态度的展现最充分，带给人的审美享受最完满。借助艺术作品，美育就展示出了进入心灵的最深处，从而陶冶人、培养人的巨大力量。

  蒋孔阳不把美视为实体性的东西，不赞同所谓实体世界高于现

---

① （明）汤显祖：《牡丹亭》，人民文学出版社1963年版，第1页。
② 蒋孔阳：《蒋孔阳全集》第4卷，上海人民出版社2014年版，第40—41页。

象世界的观点,因此,他也不把美育视为对现象世界的摆脱和对实体世界的超越。他对美育地位与作用的八点总结表明,主要是从价值论、人生论的角度来看待美育。

二 美育的发生机制

蒋孔阳从外物以及人的感觉器官等切入,剖析了美育的发生机制。他主要回答了这样三个问题。

第一个问题是,生理的兴奋与快感如何变成心理的恬适与愉悦?蒋孔阳认为,人正是依靠感觉器官与外物建立联系,凡是美的事物,都是适应人的感觉器官的事物,这是事物之所以美的第一个条件。事物刺激感觉器官,给人带来兴奋与快感,但兴奋与快感不都是美的。只有低级的审美观,才会把生理感官体验到的兴奋与快感视为美。通过提高审美能力与鉴赏水平,生理的兴奋与快感就会被熏陶、升华,转变为精神上的享受与满足,即心理的恬适与愉悦。如食与色,它们是最基本的生理需求,但经过主体的转移,它们由原始的欲求变成了美食与爱情。这个过程是人性得到扩大的过程。

第二个问题是,个别性的感受和形象如何达到具有普遍性的观照与沉思?蒋孔阳认为,审美活动的对象,都是拥有具体形态的个别对象,它们受到时间、空间的限制。审美从具体的形象中发掘意蕴,将个别性提升为超脱各种限制的普遍性,将普遍性蕴藏于个别性之中,并通过个别性体现出来。审美主体通过直观、观照具体的感性形象,通过浮想联翩的沉思,把握了其中的普遍性。这个过程是心灵揭开世界帷幕、使普通和平凡变得意蕴深长的过程。

第三个问题是,功利性的占有如何上升为超功利性的旷达与赏玩?功利性分为两种,一种是日常生活中与衣食住行等物质性的东西密切相关,能够给我们带来实际利益的功利性;另一种是良心上、道德上的是非好坏,它是心灵、精神的功利性。人的基本生存这一物质性的功利要求被满足后,就能够使自己从对物的占有与享受中解放出来，对物进行观赏，获得无所谓的乐趣与旷达。物质性的功利在美育中可以被超脱，也必须被超脱，精神性的功利是无法被超脱的。蒋孔阳所说的物质性的功利性就是我们通常所理解的功利性，精神性的功利性则是我们通常所理解的无利害性或超功利性，二者是相对而言的，我们不能绝对化地看待这一区分。在蒋孔阳看来，美育就其本质而言，就是一种具有精神功利性的活动。一部丧失了良心上、道德上的是非好坏标准的艺术作品，它还有什么价值和意义？它又如何谈得上陶冶我们的情操呢？

蒋孔阳坚持马克思主义唯物论的立场，认为精神要以物质为基础，心理要以生理为基础，普遍性要以个别为基础，精神的功利性要以物质的功利性为基础，以辩证统一的观点来把握美育的发生机制。

三 美育的范围

蒋孔阳说，"美育是以审美的方式教育人"，审美活动是一种教育方式，它最终的目的是"培养人、发展人，使人变得身心健康而趋于完美"。[①]

蒋孔阳认为，从形态上看，美有三种，即自然美、社会美、艺术美。相应的，接受美育的方式，也主要是三种，即自然、社会与艺术。自然美存在于大自然之中，山川之美就是自然美。社会美存在于社会生活中，包括人的形体美、心灵美、语言美、服饰美、人情美等，它是社会风尚。艺术美存在于文学艺术中。相较而言，自然美、社会美都是客观的，也是现成的。艺术美是客观的，同时也是创造的、生成的。

蒋孔阳对美育和艺术教育进行了明确的区分。艺术教育是培养专门的艺术人才，如画家、歌唱家、舞蹈家、演员；而美育是与德育、智育和体育相互辅助，以此培养全面发展的人。在方法上，二

---

① 蒋孔阳：《蒋孔阳全集》第 4 卷，上海人民出版社 2014 年版，第 382 页。

者既有相同之处，也有差异。它们都要借助于艺术，这是相同之处，但艺术教育着重于艺术才能和艺术技巧的训练，而美育主要是对艺术进行欣赏，这是二者在方法上的区别。美育的范围远远大于艺术教育，但美育的最主要途径是艺术教育，因为娱乐的教育、爱美的教育、情感的教育、人品的教育，都可以体现在艺术教育中，会在艺术教育中得到最集中的体现。艺术美"最能体现人类不断自我创造和自我发展的美"，在美育方面，"艺术美起着特别积极的重要作用"[①]。"离开了艺术来谈审美教育，正好像离开了空气来谈植物的生长一样。"[②]

在蒋孔阳看来，日常生活的各个领域都存在着美育。美育不限于学校，而是应该在全社会开展的。只有全社会都良好地开展美育的活动，美的风才会从四面八方吹向人们，人们就会像呼吸空气一样，把它"吸进自己的肺腑，渗入自己的血液"[③]。蒋孔阳认为，"下棋、游戏、散步、写字、画画、听戏、看电影电视"[④]，等等，都是美育。美育可以让人感觉到"生活的美好和欣欣向荣的乐趣"[⑤]。蒋孔阳既从狭义上来理解美育，把美育视为教育体系中一种独特的教育方式（它与德育、智育、体育并列，接受教育者为在校学生），也从广义上来理解美育（它是一种社会教育，接受教育者为从事各行各业工作的大众，不受年龄、学历的限制，与人们的生活密切相关）。蒋孔阳从受众、方式等方面对美育范围进行理解，他的理解是全面的，体现出明显的社会化、生活化倾向，从中饱含着他对美育资源社会分配的正义性以及审美产品对个体可及性的关切。

蒋孔阳将美育渗透到生活的更多角落之中，但艺术与生活毕竟

---

① 蒋孔阳：《蒋孔阳全集》第3卷，上海人民出版社2014年版，第318页。
② 蒋孔阳：《蒋孔阳全集》第3卷，上海人民出版社2014年版，第603页。
③ 蒋孔阳：《蒋孔阳全集》第3卷，上海人民出版社2014年版，第599页。
④ 蒋孔阳：《蒋孔阳全集》第3卷，上海人民出版社2014年版，第308页。
⑤ 蒋孔阳：《蒋孔阳全集》第3卷，上海人民出版社2014年版，第598页。

是有差别的,二者之间的界限是客观存在的,也是合理的。蒋孔阳并没有消解这个界限。蒋孔阳对美育途径的思考,是与他对美学研究对象的认识联系在一起的。他认为,"美学应当以艺术为主要研究对象"①,对于美育,他也同样认为,它"归根到底还是一种艺术的教育"②。正如前面所述,蒋孔阳将美育在教育中的地位与作用总结为八条,第一条为"审美教育是一种娱乐教育",第八条为"审美教育是一种艺术教育"。这样的排序是别具匠心的,它充分顾及了美育的多层次性、多成分性。蒋孔阳批判了"四人帮"把美育从属于德育的做法,也反对把美育等同于艺术教育。他承认美育具有认识的作用、工具的作用,但反对单纯从认识论、工具论的视角看待美育;他既把闲暇中的娱乐视为美育的重要领域,也把对艺术作品的欣赏、品评等审美活动视为美育的重要途径;他将美育渗透到日常生活与用艺术教育保障美育质量统一起来,辩证地处理了艺术与日常生活、精英美育与大众美育的关系。

四 美育的目的

蒋孔阳从教育目的和教育方式对美育与德育、智育、体育进行了比较。在蒋孔阳看来,就目的而言,美育与德育、智育、体育,从宏观的角度看具有一致性,从微观的角度看则有差异。美育与德育、智育、体育都旨在塑造人,在此,它们的目的是共同的,但从更具体的角度看,德育、智育、体育的目的都是更为实际的,具有更多功利性,因为德育的目的是提高人的道德修养,智育的目的是增进人的知识与才能,体育的目的是增强人的体质。相对而言,美育没有这么实际的、功利的目的。蒋孔阳指出,美育的主旨是让受教育者"热爱美、追求美和创造美"③,并让其感觉到"生活的美好

---

① 蒋孔阳:《蒋孔阳全集》第 3 卷,上海人民出版社 2014 年版,第 35 页。
② 蒋孔阳:《蒋孔阳全集》第 3 卷,上海人民出版社 2014 年版,第 602 页。
③ 蒋孔阳:《蒋孔阳全集》第 4 卷,上海人民出版社 2014 年版,第 42 页。

和欣欣向荣的乐趣"①，"鼓舞起生活的信心和希望"②，"提高生活的情趣，培养对生活的崇高的目的"③。

蒋孔阳根据美育的性质，主张美育具有自身独立的目的，反对道德主义者或智力主义者从"服务"或"辅助"的外部角度看待美育，反对"从属论"，而坚持从内部看待美育的"自律论"，充分彰显了美育的人文性，但他同时也看到了美育与其他三育具有共同的目的，看到了各种教育相互渗透、协调发展对受教育者成为感性和理性相统一、个体性和社会性相统一的人所具有的重要性，因此他的"自律论"不是狭隘、封闭的。社会的革新、发展中，包含了社会美的变迁与创造。美育关系到群众的爱好和趣味，关系到社会的风尚。蒋孔阳对美育目的的设定，是以广大国民为主体的，但它不是媚俗的。因为在蒋孔阳看来，在社会急剧转型、市场化加速推进，文化新旧交错、多元分化的格局中，美育关系到精神文明的发展方向，它必须在对物质主义、消费主义、享乐主义的纠正中，对精神文明建设发挥明确而健康的引导作用。蒋孔阳非常重视在新时期接受教育的一代人，认为他们是社会主义的新人。他反复强调，用美育培养塑造好这一代新人，是非常重要的。蒋孔阳对美育目的的综合性、辩证性认识，体现出一种时代感和强烈的责任感。

第二节　美育思想的意义

前面我们对蒋孔阳的美育思想进行了梳理，这主要是总体性的、面上的描述。接下来，我们将进一步细致讨论，蒋孔阳美育思想中最具有创新性的观点，以此体现蒋孔阳美育思想的学理深度，这主要是点上的考察。同时，我们将结合当代中国美育的变迁，揭示蒋

---

① 蒋孔阳：《蒋孔阳全集》第3卷，上海人民出版社2014年版，第598页。
② 蒋孔阳：《蒋孔阳全集》第3卷，上海人民出版社2014年版，第601页。
③ 蒋孔阳：《蒋孔阳全集》第3卷，上海人民出版社2014年版，第599页。

孔阳美育思想的现实意义。

一 理论意义

审美教育在中西方都有着丰厚的理论资源。

蒋孔阳认为,在中国历史上,孔子是倡导美育的代表性人物,他注重娱乐性的教育。1991年,蒋孔阳到山东曲阜参加国际孔子文化节,并作了学术讲演。他指出,"孔子是一个非常乐观的人"①。孔子周游列国,宣扬自己的主张,到处碰壁,他和弟子在陈、蔡被围困,绝粮七日,依然"弦歌不辍"②。在齐国,孔子听舜帝创制的《韶》乐,非常入迷,竟"三月不知肉味"③。有一次,孔子要子路、曾皙、冉有、公西华四位弟子谈谈各自的志向。曾皙说:"暮春者,春服既成。冠者五六人,童子六七人,浴乎沂,风乎舞雩,咏而归。"④孔子对曾皙到大自然中进行游玩、观赏的逸兴深表赞同。对于探求学问、增进修养等,孔子说,"知之者不如好之者,好之者不如乐之者"⑤;"兴于《诗》,立于礼,成于乐"⑥;"依仁游艺";"乐山乐水";而孔子本人则是"发愤忘食,乐以忘忧,不知老之将至"⑦。虽然当时各国都没有采纳孔子的主张,孔子无法在现实政治中实现自己的理想,但孔子充满乐观精神,他的一生是快乐的一生。他"以快乐的态度去发现美,又用审美的态度去寻找快乐"⑧,并把音乐、歌舞等娱乐与教育融合,寓教于乐,以此来陶冶、净化、美化弟子的感情与品性。孔子既为中华民族奠定了娱乐教育的理论基

---

① 蒋孔阳:《蒋孔阳全集》第6卷,上海人民出版社2014年版,第220页。
② 王磊、张淳:《庄子》上册,云南大学出版社2004年版,第234页。
③ 杨伯峻:《论语译注》,中华书局2015年版,第81页。
④ 杨伯峻:《论语译注》,中华书局2015年版,第137页。
⑤ 杨伯峻:《论语译注》,中华书局2015年版,第71页。
⑥ 杨伯峻:《论语译注》,中华书局2015年版,第94页。
⑦ 杨伯峻:《论语译注》,中华书局2015年版,第83页。
⑧ 蒋孔阳:《蒋孔阳全集》第6卷,上海人民出版社2014年版,第221页。

础，也树立了光辉榜样。

康德在《判断力批判》中讨论艺术时，将艺术与自然、科学、手工艺进行比较，揭示了艺术的特性。在康德看来，自然体现的是客观性，如动物在活动时，完全是出于本能，而艺术涉及自由意志，是一种创造；科学是知识、理论，与认识能力相关，而艺术是技能本领，与实践能力相关；手工艺是一种劳动，一种苦工，具有强制性、雇用性、单调乏味，它的吸引力来自外在的目的，即劳动之后取得的报酬，而艺术不是雇佣劳动，是令人愉快的。康德认为，艺术是自由的，因为它以自身为目的，它仿佛是一种游戏，游戏本身就是愉快的，它以愉快为目的，就是以自身为目的。一言以蔽之，艺术的特性就是自由，艺术是一种自由活动的游戏。

康德后学席勒认为，人有两种冲动：一是感性冲动；二是形式冲动。感性冲动试图把人自身内部潜在的东西变成现实的，使其获得人自身之外的实在性。感性冲动属于情感的要求。形式冲动试图使世间变化的事物获得人的理性能够把握的规律。形式冲动属于理智的要求。要使这两种冲动和谐与统一而不是对抗与分裂，就需要另外的事物作为沟通二者的桥梁，它就是游戏冲动。游戏冲动的对象是美，在游戏冲动中，情感的要求和理智的要求均得到满足，人性得到完满实现，人变成了完整的人。席勒深受康德的影响，他继承了康德的"游戏"概念。在《审美教育书简》的第十五封信中，席勒说，"只有当人是充分意义的人的时候，他才游戏；并且只有当他游戏的时候，他才是完全的人"[①]。和康德一样，席勒也将审美视为一种游戏，都强调游戏的自由性质以及它对发展完整人性的重要意义。

蒋孔阳将美育在教育中的地位与作用概括为八个方面，在他的概括中，最具有创新性的是第一个方面，即认为美育是一种娱乐的教育。蒋孔阳的这个看法，吸收了中国的孔子与德国的康德、席勒

---

① ［德］席勒：《美育书简》，徐恒醇译，中国文联出版公司1984年版，第90页。

这三位思想家的观点。蒋孔阳在撰写《先秦音乐美学思想论稿》时，曾经讨论了孔子的美学思想，在撰写《德国古典美学》时，讨论了康德和席勒的美学思想，蒋孔阳还节译过席勒的《审美教育书简》，因此，蒋孔阳对这三位美学家的思想是熟悉的。

中华人民共和国成立以后，国人经历了许多的批判与斗争，一段时间里，他们的生活是严肃的，也是刻板的。蒋孔阳对娱乐生活的肯定，既是对这段历史的反思，也是对新时期以来人们在宽松自由的环境中追求丰富多彩的生活这一现象的理论表达。蒋孔阳认为，美育应当让人认识到娱乐生活的重要性，并"在娱乐生活中去培养人的审美爱好，去引导人，将人提高"①。

在蒋孔阳看来，人的生活是丰富多彩的，但主要可分为两个方面：一是工作和学习；二是休息和娱乐。人每天可支配的时间是24小时。世界各国普遍推行八小时工作制，科学研究也表明，人每天睡眠的时间安排为八小时是合理的。剩下的八小时，人们用于休息和娱乐。因此，在人的一生中，休息和娱乐至少占去了1/3的时间，这个比重是非常大的。如何来更好地利用这个时间，是一个重大的问题，必须有专门的学问、学科来研究这个问题。这个学问、学科就是美育。休息和娱乐的时间，也就是闲暇时间，这个时间，是由生产力的发展和社会的分工带来的。蒋孔阳看到，随着未来生产力的进一步发展和社会的进一步发达，人们从事工作的时间会缩短，而休息与娱乐的时间会增加，但长期以来，我们对生活的认识是片面的，在我们的宣传、教育中，主要关心的是工作与学习的方面，而忽视了休息与娱乐的方面。在休息与娱乐中，包含了德育、智育与体育，但最主要的是美育。休息和娱乐的时间越多，美育的重要性也越突出，对美育的要求也越高，美育的担子也越重。休息与娱乐可以让人荒唐、堕落、腐朽，也可以提振人的精神、培养高雅的

---

① 蒋孔阳：《蒋孔阳全集》第3卷，上海人民出版社2014年版，第600页。

情趣，甚至搞出一些创造发明。许多人做出不光彩的事情，犯错误甚至走上犯罪道路，都与休息和娱乐有关。才能、性格、人品的培养，不仅与工作和学习有关，也与休息和娱乐有关。对年轻人而言，这一点更加明显。"如果说，一个人的成就，像一棵大树，是用辛勤的汗水，通过工作与学习栽培出来的；那么，休息与娱乐，则像土壤、阳光和空气，滋润和哺育着这棵大树，使它生长，使它欣欣向荣。"① 蒋孔阳认为，必须创造健康的休息与娱乐文化，休息与娱乐的时间、文化是美育"发挥作用的地方和对象"②。

　　蒋孔阳重视游戏与娱乐，认为它们对于培养人的爱好、情趣与品德，具有重要作用。当然，娱乐是多种多样的，具有不同的形式和内容，它们的性质也不尽一致。一些娱乐是腐化的、蜕化的，充斥着低级趣味，它们具有消极作用；而一些娱乐是净化的、美化的，体现着高尚的趣味，它们具有积极的作用。蒋孔阳认为，通过娱乐教育，人们可以学会应该寻求什么样的娱乐，如何健康地娱乐。

　　进入21世纪，"日常生活审美化"成为中国美学的热点之一，"生活美学"开始兴起。刘悦笛等学者提出，中国美学出现了"生活论转向"③。国内对"日常生活审美化"的讨论，主要受到英国的迈克·费瑟斯通（Mike Featherstone）和德国的沃尔夫冈·韦尔施（Wolfgang Welsch）的影响。前者的著作《消费文化与后现代主义》④（Consumer Culture and Postmodernism）于1991年在伦敦出版，后者的著作《重构美学》⑤（Undoing Aesthetics）于1997年在伦敦出版。蒋孔阳对闲暇、休息与娱乐的讨论，最早见于1984年发表在

---

① 蒋孔阳：《蒋孔阳全集》第4卷，上海人民出版社2014年版，第40页。
② 蒋孔阳：《蒋孔阳全集》第3卷，上海人民出版社2014年版，第3页。
③ 刘悦笛、李修建：《当代中国美学研究》，中国社会科学出版社2019年版，第586页。
④ ［英］迈克·费瑟斯通：《消费文化与后现代主义》，刘精明译，译林出版社2000年版。
⑤ ［德］沃尔夫冈·韦尔施：《重构美学》，陆扬等译，上海译文出版社2006年版。

《红旗》杂志的《谈谈审美教育》一文。这表明，蒋孔阳对美学的相关思考，即使不是领先，与西方世界的学者也是同步的。蒋孔阳的讨论，既是社会学层面的描述，更是美学层面的开掘，它将美育与日常生活世界关联起来，将日常生活形态作为开展美育的场域，拉近了审美与生活的距离，充分尊重接受主体的意愿和主动性、能动性，这无疑是把"审美活动本原性的、本然性的性质"进行了还原。① 蒋孔阳既看到了人的感性存在、感性利益等物质生活在新时期社会变迁中的丰富多彩及其决定性、基础性地位，也努力将感性欲望、物质生活向精神生活提升，既体现出了美育的民主化、大众化，也体现出美育的超越维度。蒋孔阳的美育"是一种娱乐的教育"②这一看法，是一个重要的理论创新，它既没有抛开中国古代的思想传统，也没有抛开西方的思想传统，满足了新时代的要求，体现出中国美育理论的当代性。它是在改革开放的历史语境中诞生的，而从美学思想逻辑发展的角度看，蒋孔阳的这一提法，可以说是"日常生活审美化"的先声。在 80 年代，它代表了中国美育理论发展的新动向、新特点，新问题。即使在近 40 年后的今天，"日常生活审美化"理论研究的开展，也可以把蒋孔阳的相关讨论作为富有启发意义的思想资料。

二 现实意义

美感是一种有意识的、高级的精神活动，这种活动的目的就是美育。是否实施美育，这是实践问题，因为它与教育政策相关，是国家行为，政府对其有着决定性的影响。回顾历史，美育可谓命途多舛。中国现代美学先驱蔡元培积极提倡美育，将其与德育、智育、体育视为同等重要。1912 年，全国临时教育会议召开，大会讨论通

---

① 参见朱立元等《当代中国马克思主义美学研究》，上海人民出版社 2019 年版，第 244 页。

② 蒋孔阳：《蒋孔阳全集》第 3 卷，上海人民出版社 2014 年版，第 599 页。

过的民国教育方针,将美育列为重要的教育内容之一。① 这在民国时期的知识界、教育界产生了广泛影响,美育在很多学校的教学中得到了落实。中华人民共和国成立后,党改变了旧中国的教育政策。当时国家百废待兴,教育的任务是尽快培养出建设新中国的紧缺人才,而美育"既没有物质力量,能够炼钢铁、产粮食;也没有行政力量,能够命令人做这做那"②,所以我们只重视能够在短期内产生实实在在的经济效益与社会效益的德育、智育与体育。从中华人民共和国成立到"文化大革命"之前的17年中,国内学者撰写的美育文章不多。1961年5月《文汇报》编辑部组织美育讨论,并先后刊出了几篇文章,如陈科美的《美育应作为全面发展教育的组成部分》(1961年5月30日)、赵祥麟的《关于美育问题历史方面的考察》(1961年11月2日)、李清悚的《关于美育几个问题的商讨》(1961年11月12日)等,但这次讨论的规模及影响十分有限。在这期间出版的著作则更少,"似乎只有两种,温肇桐的《新美术与新美育》(1951)和蔡笛的《美育与体育》(1954)"③。规模和影响大的是第一次美学大讨论,但在这次大讨论中,很少出现"审美教育""美感教育"或"美育"这样的词,"艺术教育"这个词倒是用得相对较多。此外,学者们在讨论文学艺术时,也会涉及文学艺术的教育意义。当时的总体精神氛围,对讨论"美育"是不适宜的。1957年,毛泽东在那篇著名的文章——《关于正确处理人民内部矛盾的问题》中指出:"我们的教育方针,应该使受教育者在德育、智育、体育几方面都得到发展,成为有社会主义觉悟的有文化的劳动者。"④ 毛泽东没有提

---

① 参见谭好哲、刘彦顺等《美育的意义:中国现代美育思想发展史论》,首都师范大学出版社2006年版,第11页。

② 蒋孔阳:《蒋孔阳全集》第4卷,上海人民出版社2014年版,第16页。

③ 刘悦笛、李修建:《当代中国美学研究》,中国社会科学出版社2019年版,第522页。

④ 教育部社会科学研究与思想政治工作司组编:《毛泽东思想基本著作选读》,人民出版社2001年版,第349页。

及美育。从1957年开始，德、智、体三育并提的表述被固定下来。在"文化大革命"中，极"左"思潮拥有绝对话语权力，美育从被忽视、冷落进入了被彻底冰封的阶段。蒋孔阳参与了第一次美学大讨论，他撰文指出，文学艺术可以给人带来美的享受。他的这个观点与"美育"相关。在"文化大革命"中，蒋孔阳的这个观点被视为资产阶级与修正主义的东西，遭到了严厉批判。

蒋孔阳指出，凡是社会进步、思想解放的历史时期，美育都受到重视。最典型的例子是，18世纪欧洲的启蒙运动和中国1919年前后的五四运动。凡是社会发展停滞或倒退，思想僵化的历史时期，美育都遭到反对，从公元5世纪至14世纪前后的欧洲中世纪，1966年至1976年的中国"文化大革命"，都是突出的例子。"文化大革命"结束后，党和政府的工作重心发生了转移，工业、农业、商业等各条战线创造出了越来越多的经济价值，我国人民不仅能够吃饱肚子，并且有了富余。产业结构变化了，经济搞活了，人们的思想也活了，出现了新的追求，衣、食、住、行等物质方面乃至文学艺术等精神方面，不再是单一的色彩、样式，各种款式、风格琳琅满目。广告、流行歌曲、电视剧乃至居室、街道、城市等环境的装饰美化铺天盖地而来。在此背景下，如何用审美的方式，教育引导年青一代，成了一个重要问题。

蒋孔阳对"四人帮"实行禁欲主义、压制本能欲望的极端做法进行了反思。同时，他也看到了新时期关于美育的一些令人担忧的现象。他认为，有些人对美育还是没有形成正确的认识。他们或者没有彻底摆脱"文化大革命"思想的影响，把美育视为道德教育的附庸，并作为德育的一部分来抓，或者在竞争压力之下，用升学考试的科目来代替美术、音乐等课程。对这些错误的认识和片面的做法，蒋孔阳给予了批评。蒋孔阳深刻思考了美育的特点，为美育的合法性提供论证。蒋孔阳的美学思考，是与现实状况密切结合在一起的。

蒋孔阳因其个人的学术成就而享有颇高的声望。他团结了一大批学者从事美育的研究，并为他们的论著撰写序言，如 1985 年的（章新建、杨春鼎）《〈美育概论〉序》、1990 年的（蒋冰海）《〈美育学导论〉序》、1990 年的（于文杰等）《〈高校美育概论〉序》、1998 年的（陈育德）《〈西方美育思想简史〉序》等。通过为年轻学者的论著撰写序言，蒋孔阳鼓励、提携了一大批人，推进了当代中国的美育研究。

蒋孔阳不仅从事美育的研究，而且积极参与一些美育活动，呼吁全社会重视美育，如 1984 年 10 月参加在湖南张家界召开的全国美育座谈会；1988 年，为上海市第一届儿童美育节题词"创造美的环境，让儿童在美的熏陶下健康成长"；1995 年担任江苏省扬州中学美育课题组顾问；1997 年为《当代学生》（小学版）题词，并为《健康娃娃》杂志撰写寄语。

在 20 世纪 80、90 年代，虽然国务院、文化部、国家教委都下发过关于美育的一些文件，但在教育实践中，美育还是遭受挤压而缺失。随着中国社会的进一步发展，我们开始反思片面教育造成的弊病。美育被边缘化的艰难处境，从 1999 年开始，出现了新的转机。1999 年召开的九届全国人大二次会议审议通过了《中共中央国务院关于深化教育改革全面推进素质教育的决定》，这份文件指出，"必须把德育、智育、体育、美育等有机地统一在教育活动的各个环节中……要尽快改变学校美育工作薄弱的状况，将美育融入学校教育全过程"①。2015 年，《国务院办公厅关于全面加强和改进学校美育工作的意见》指出，"到 2020 年，初步形成大中小幼美育相互衔接、课堂教学和课外活动相互结合、普及教育与专业教育相互促进、学校美育和社会家庭美育相互联系的具有中国特色的现代美育体系"②。

---

① 《中共中央国务院关于深化教育改革全面推进素质教育的决定》，《高校理论战线》1999 年第 7 期。

② 国务院办公厅：《国务院办公厅关于全面加强和改进学校美育工作的意见》，《中国德育》2015 年第 23 期。

中华民族伟大复兴需要大批全面发展的人才。2018年8月，习近平总书记给中央美术学院老教授回信，指出做好美育工作的重要性。同年9月，习近平总书记又在全国教育工作大会上强调，"要全面加强和改进学校美育，坚持以美育人、以文化人，提高学生审美和人文素养"，"要努力构建德智体美劳全面培养的教育体系，形成更高水平的人才培养体系"。① 2021年7月，中共中央办公厅、国务院办公厅印发"双减"文件，2021年8月，中央有关部门着手整顿娱乐圈乱象。可以说，进入新时代以来，中央采取了一系列与全面培养人才相关的有力举措。在国家公权力的有力支持和督导下，美育不再被调侃和戏弄，而是得到严肃对待，全国不少学校更加切实保障美术、音乐、舞蹈等课程的教学时间，校外升学考试科目培训开始取消，影视界开始向着风清气正的良好局面转变。这些变化是可喜的。我们有理由相信，在国民塑造中，在美丽中国建设中，美育将更好更积极地发挥出其不可替代的作用。

美育是一个综合性的学科，它与教育学相关，也与心理学、脑科学等相关，可以从多个角度对其开展研究。蒋孔阳对美育的讨论，主要是从哲学理论的层面进行的，他很少涉及实践的层面，如美育中师资的储备、课程的开发、具体教学手段的采用以及教学过程的实施等问题。可以说，在新的历史时期，蒋孔阳将美育视为精神文明建设乃至中国现代化建设伟大工程的一个重要组成部分。他对美育的讨论，与新时期的生活息息相关，是中国社会整体性、结构性变化在美学理论上的一种反映，也是他对时代、社会需求的自觉回应。他的讨论，其实就是他对中国美育建设的理论构想与设计。从当代美育发展的历程来看，蒋孔阳坚持马克思关于培养全面发展的人的思想，从美学理论层面对美育进行研究、呼吁，具有重要现实

---

① 张烁：《习近平在全国教育大会上强调 坚持中国特色社会主义教育发展道路 培养德智体美劳全面发展的社会主义建设者和接班人》，《人民日报》2018年9月11日第1版。

意义。正是蒋孔阳等学者的学术活动,为国人正确认识美育的功能、地位,完善国家教育方针,实现各种社会力量通力协作,奠定了坚实的理论基础。进入世纪之交以来,在党和政府的强大支持下,他们关于美育的思想、愿望终于逐渐得到了贯彻、落实,中国美育进入了快车道。

结　语

　　从70年代末思想解冻至今,国内关于美育的讨论,是很繁盛的。不说报纸杂志发表的文章,仅仅是出版社推出的美育原理类著作、美育类教材、美育实践类著作、中西美育思想史类著作以及泛美育类著作,都起码有上百本。蒋孔阳对美育的思考主要是在20世纪80年代以后展开的,他只是当时众多讨论美育问题的学者中的一位,也没有写出关于美育的专门性著作,但毫无疑问,蒋孔阳留下的文字是中国当代美育发展史中最富有价值的思考之一。蒋孔阳把美育视为人生的事业,视为改造自身、提升自身的重要方式。他对美育的讨论,包含了自己的切身经验、内在体认。他的语言之"通俗、亲切、清新、朴实"[①]以及他对人生、现实、社会的深切关怀,充满了感染力、说服力。我们不难透过蒋孔阳美育思想的层面把握到他个人的生活层面,因为他的思想与他的生活方式、生活情形密切相关,是他的生活实践、生活艺术的一种呈现。阅读蒋孔阳的文字,就是一个感受大家风范的过程,就是一个接受审美教育的过程,同时也是一个审美享受的过程。陆放翁说得好,"功夫在诗外"[②],文字的力量根源于作者的学养、人品。读其文字,"想见其为人!"[③]

　　[①] 朱立元编:《当代中国美学新学派——蒋孔阳美学思想研究》,复旦大学出版社1992年版,第134页。
　　[②] 邹志方选注:《陆游诗词选》,中华书局2005年版,第196页。
　　[③] 文天译注:《史记》,中华书局2016年版,第174页。

蒋孔阳的人格、学风，对从事美育研究的学者尤其具有启发性。试想，如果一篇讨论美育的文章，一部讨论美育的著作，提供的信息量很大，但只是一些冷冰冰、出于专业竞争压力为写而写的文字，怎么能让读者信服美育的价值呢！

参考文献

一 中文著作

蔡仪：《蔡仪美学论著初编》，上海文艺出版社1981年版。

蔡仪：《新美学》，上海群益出版社1947年版。

曹俊峰、朱立元、张玉能：《德国古典美学》，《西方美学通史》第4卷，北京师范大学出版社2013年版。

程代熙：《马克思〈手稿〉中的美学思想讨论集》，陕西人民出版社1983年版。

程俊英、蒋见元：《诗经注析》，中华书局1991年版。

邓秉元：《孟子章句讲疏》，华东师范大学出版社2011年版。

冯友兰：《中国哲学史》上册，华东师范大学出版社2000年版。

高尔泰：《美是自由的象征》，人民文学出版社1986年版。

高名凯：《语言与思维》，生活·读书·新知三联书店1957年版。

郭沫若：《青铜时代》，《郭沫若全集·历史卷》，人民出版社1982年版。

侯外庐：《中国古代思想学说史》，岳麓书社2010年版。

黄定华：《蒋孔阳人生论美学思想研究》，中国社会科学出版社2012年版。

蒋孔阳：《德国古典美学》，商务印书馆2014年版。

蒋孔阳：《蒋孔阳全集》第1卷，上海人民出版社2014年版。

蒋孔阳：《蒋孔阳全集》第 2 卷，上海人民出版社 2014 年版。
蒋孔阳：《蒋孔阳全集》第 3 卷，上海人民出版社 2014 年版。
蒋孔阳：《蒋孔阳全集》第 4 卷，上海人民出版社 2014 年版。
蒋孔阳：《蒋孔阳全集》第 5 卷，上海人民出版社 2014 年版。
蒋孔阳：《蒋孔阳全集》第 6 卷，上海人民出版社 2014 年版。
金开诚：《文艺心理学论稿》，北京大学出版社 1982 年版。
李泽厚：《华夏美学·美学四讲》，生活·读书·新知三联书店 2008 年版。
李泽厚：《美学旧作集》，天津社会科学出版社 2002 年版。
李泽厚：《美学论集》，上海文艺出版社 1980 年版。
李泽厚、刘纲纪主编：《中国美学史》第 1 卷，中国社会科学出版社 1984 年版。
梁启超：《古书真伪及其年代》，中华书局 1955 年版。
刘纲纪：《美学与哲学》，湖北人民出版社 1986 年版。
刘纲纪：《艺术哲学》，武汉大学出版社 2006 年版。
刘晓波：《选择的批判——与李泽厚对话》，上海人民出版社 1988 年版。
鲁迅：《鲁迅全集》第 1 卷，中国文联出版社 2013 年版。
鲁迅：《鲁迅全集》第 4 卷，中国文联出版社 2013 年版。
陆贵山：《马克思主义文艺论著选讲》（第六版），中国人民大学出版社 2019 年版。
罗曼：《蒋孔阳美学思想新释》，山东人民出版社 2014 年版。
毛泽东：《毛泽东选集》第 3 卷，人民出版社 1991 年版。
彭立勋：《美感心理研究》，湖南人民出版社 1985 年版。
祁志祥：《中国现当代美学史》上册，商务印书馆 2018 年版。
祁志祥：《中国现当代美学史》下册，商务印书馆 2018 年版。
钱竞：《中国马克思主义美学思想的发展历程》，中央编译出版社 1999 年版。

钱穆：《国学概论》，商务印书馆 1997 年版。

任法融：《〈道德经〉释义》，东方出版社 2009 年版。

汝信、夏森：《西方美学史论丛》，上海人民出版社 1963 年版。

汝信主编：《西方美学史》第 1 卷，中国社会科学出版社 2005 年版。

（清）石涛：《石涛画语录》，凤凰出版传媒集团、江苏美术出版社 2007 年版。

时胜勋、胡淼森：《蒋孔阳评传》，黄山书社 2016 年版。

（明）汤显祖：《牡丹亭》，人民文学出版社 1963 年版。

滕守尧：《审美心理描述》，中国社会科学出版社 1985 年版。

王朝闻：《美学概论》，人民文学出版社 1981 年版。

王朝闻：《审美谈》，人民出版社 1984 年版。

王朝闻：《审美心态》，中国青年出版社 1989 年版。

王磊、张淳注释：《庄子》上册，云南大学出版社 2004 年版。

文艺报编辑部编：《美学问题讨论集》，作家出版社 1957 年版。

吴调公：《与文艺爱好者谈创作》，长江文艺出版社 1957 年版。

徐碧辉：《实践中的美学：中国现代性启蒙与新世纪美学建构》，学苑出版社 2005 年版。

徐复观：《中国艺术精神》，《徐复观文集》第 4 卷，湖北人民出版社 2002 年版。

徐庆全：《周扬新时期文稿》上册，山西人民出版社 2004 年版。

徐庆全：《周扬新时期文稿》下册，山西人民出版社 2004 年版。

杨恩寰主编：《美学引论》，人民出版社 2005 年版。

叶朗：《中国美学史大纲》，上海人民出版社 1985 年版。

于民主编：《中国美学史资料选编》，复旦大学出版社 2008 年版。

查良铮：《济慈诗选》，人民文学出版社 1958 年版。

张岱年：《中国伦理思想发展规律的初步研究　中国伦理思想研究》，中华书局 2018 年版。

张玉能等：《新实践美学论》，人民出版社 2008 年版。

中国社会科学院外国文学研究所、外国文学研究资料丛刊编辑委员会编：《外国理论家 作家论形象思维》，中国社会科学出版社1979年版。

（南朝梁）钟嵘：《诗品译注》，中华书局1998年版。

周来祥：《古代的美·近代的美·现代的美》，东北师范大学出版社1996年版。

周扬：《建设社会主义文学的任务》，《中国作家协会第一次理事会会议（扩大）报告、发言集》，人民文学出版社1956年版。

周振甫：《文心雕龙今译（附词语简释）》，中华书局2013年版。

朱光潜：《诗论》，北京出版社2005年版。

朱光潜：《西方美学史》，人民文学出版社1979年版。

朱光潜：《朱光潜全集》第5卷，安徽教育出版社1989年版。

朱光潜：《朱光潜全集》第6卷，安徽教育出版社1990年版。

朱光潜：《朱光潜全集》第12卷，安徽教育出版社1991年版。

朱立元：《黑格尔美学引论》，天津教育出版社2013年版。

朱立元：《走向实践存在论美学》，苏州大学出版社2008年版。

（宋）朱熹集注：《孟子》，岳麓书社2006年版。

宗白华：《宗白华全集》第1卷，安徽教育出版社2008年版。

二 中文译著

《1844年经济学哲学手稿》，人民出版社2000年版。

Harold Osborne, *Aesthetics and Art Theory*, New York: E. P. Dutton Press, 1970.

［德］爱克曼辑录：《歌德谈话录》，朱光潜译，人民文学出版社1979年版。

［古希腊］柏拉图：《理想国》，郭斌和、张竹明译，商务印书馆1986年版。

［古希腊］柏拉图：《文艺对话集》，朱光潜译，人民文学出版社1997

年版。

［俄］别林斯基：《别林斯基文学论文选》，满涛、辛未艾译，上海译文出版社 2000 年版。

［俄］车尔尼雪夫斯基：《艺术与现实的审美关系》，周扬译，人民文学出版社 2009 年版。

［法］笛卡尔：《谈谈方法》，王太庆译，商务印书馆 2000 年版。

［俄］杜勃罗留波夫：《文学论文选》，辛未艾译，上海译文出版社 1984 年版。

［俄］格奥尔基·普列汉诺夫：《论艺术：没有地址的信》，曹葆华译，生活·读书·新知三联书店 1964 年版。

［德］黑格尔：《美学》第 1 卷，朱光潜译，商务印书馆 1979 年版。

［德］黑格尔：《美学》第 2 卷，朱光潜译，商务印书馆 1979 年版。

［德］黑格尔：《美学》第 3 卷（上），朱光潜译，商务印书馆 1979 年版。

［德］黑格尔：《美学》第 4 卷（下），朱光潜译，商务印书馆 1981 年版。

［德］康德：《判断力批判》，《康德著作全集》第 5 卷，李秋零译，中国人民大学出版社 2007 年版。

［德］康德：《判断力批判》，邓晓芒译，人民出版社 2002 年版。

［德］康德：《审美判断力批判》，宗白华译，商务印书馆 1964 年版。

［德］克罗齐：《美学原理》，朱光潜译，商务印书馆 2012 年版。

［德］莱辛：《拉奥孔》，朱光潜译，人民文学出版社 1979 年版。

［苏］里夫希茨编：《马克思恩格斯论艺术》第 1 卷，曹葆华译，人民文学出版社 1960 年版。

［匈牙利］卢卡奇：《审美特性》第 1 卷，徐恒醇译，中国社会科学出版社 1986 年版。

［德］马克思、恩格斯：《德意志意识形态》，人民出版社 1961 年版。

［德］马克思、恩格斯：《德意志意识形态》（节选本），人民出版社

2018 年版。

《马克思恩格斯文集》第 1 卷，人民出版社 2009 年版。

《马克思恩格斯文集》第 4 卷，人民出版社 2009 年版。

《马克思恩格斯文集》第 9 卷，人民出版社 2009 年版。

《马克思恩格斯文集》第 10 卷，人民出版社 2009 年版。

《马克思恩格斯选集》第 4 卷，人民出版社 2012 年版。

[英] 迈克·费瑟斯通：《消费文化与后现代主义》，刘精明译，译林出版社 2000 年版。

[英] 莎士比亚：《莎士比亚戏剧集》第 4 卷，朱生豪译，人民文学出版社 1962 年版。

[英] 莎士比亚：《四大悲剧》，梁实秋译，中国广播电视出版社 2002 年版。

[德] 叔本华：《作为意志和表象的世界》，石冲白译，商务印书馆 1997 年版。

[美] 苏珊·朗格：《艺术问题》，滕守尧、朱疆源译，中国社会科学出版社 1983 年版。

[德] 沃尔夫冈·韦尔施：《重构美学》，陆扬等译，上海译文出版社 2006 年版。

[古希腊] 亚里士多德：《诗学》，陈中梅译，商务印书馆 1996 年版。

三 论文

曹俊峰：《"积淀说"质疑》，《学术月刊》1994 年第 7 期。

陈炎：《试论"积淀说"与"突破说"》，《学术月刊》1993 年第 5 期。

韩凌、舒炜光：《形象思维问题新探》，《社会科学战线》1978 年第 2 期。

何洛：《形象思维的客观基础与特征》，《哲学研究》1978 年第 5 期。

胡风：《"形象的思维"观点的提出和发展》，《艺谭》1984 年第 3 期。

蒋孔阳：《论美是一种社会现象》，《学术月刊》1959 年第 9 期。

蒋孔阳：《评〈礼记·乐记〉的音乐美学思想》，《中国社会科学》1984 年第 3 期。

蒋孔阳：《评墨翟的"非乐"思想》，《学术月刊》1979 年 2 月号。

蒋孔阳：《阴阳五行与春秋时的音乐美学思想》，《社会科学战线》1979 年第 3—4 期。

李丕显：《实践美学的时代意义》，《徐州师范大学学报》（哲学社会科学版）2002 年第 3 期。

李泽厚：《试论形象思维》，《文学评论》1959 年第 2 期。

李泽厚：《试论形象思维》，《学术研究》1963 年第 6 期。

吕荧：《论美》，《新建设》1957 年第 2 期。

吕荧：《论美感的绝对性》，《新建设》1957 年第 7 期。

毛泽东：《毛主席给陈毅同志谈诗的一封信》，《文学评论》1978 年第 1 期（复刊号）。

茅盾：《漫谈文艺创作》，《红旗》1978 年第 5 期。

孟伟哉：《关于艺术创作中的形象思维问题》，《社会科学战线》1978 年第 1 期。

尼苏：《形象思维过程究竟是怎样的？》，《人文科学杂志》1957 年第 2 期。

聂振斌：《中国马克思主义美学的诞生》，《文艺研究》2002 年第 1 期。

浦满春：《形象思维探讨》，《红旗》1978 年第 2 期。

［苏］沙莫塔：《论艺术形象的若干特点和艺术性的概念》，雪原译，《译文》1955 年 8 月号。

孙尧年：《〈乐记〉作者问题考辨》，《文史》第 10 辑，中华书局 1980 年版。

王方名：《论思维的三组分类和形式逻辑内容的分析问题》，《教学与研究》1961 年第 1 期。

吴毓清：《〈乐记〉的成书年代及其作者》，《音乐学丛刊》1981 年第 1 期。

夏南：《从马克思主义认识论看形象思维方法》，《社会科学战线》1978年第4期。

徐碧辉：《21世纪马克思主义美学的构想》，《哲学动态》2002年第1期。

张少康：《我国古代文论中的形象思维问题》，《北京大学学报》1979年第1期。

张玉能：《坚持实践观点，发展中国美学》，《社会科学战线》1994年第4期。

张玉能：《蒋孔阳美学体系的动态立体构成》，《武汉教育学院学报》2000年第5期。

张玉能：《重树实践美学的话语威信》，《民族艺术》2001年第1期。

章辉：《苏联影响与实践美学的缘起》，《俄罗文艺》2003年第6期。

郑季翘：《文艺领域里必须坚持马克思主义的认识论》，《红旗》1966年第5期。

周忠厚：《形象思维与马克思主义的认识论》，《文学评论》1978年第4期。

朱狄：《马克思〈1844年经济学哲学手稿〉对美学的指导意义究竟在哪里？》，《美学》1981年第3期。

朱光潜：《我的文艺思想的反动性》，《文艺报》1956年第12期。

朱立元：《中国美学界独树一帜的"第五派"——略论蒋孔阳教授的美学思想》，《复旦学报》（社会科学版）1991年第2期。

朱志荣：《蒋孔阳的实践创造论美学》，《郑州大学学报》（哲学社会科学版）2009年第2期。

朱志荣：《实践论美学的发展历程》，《安徽师范大学学报》（人文社会科学版）2005年第3期。

邹其昌：《论"实践"与中国当代美学建构》，《湘潭工学院学报》（社会科学版）2001年第1期。

后　　记

　　我对蒋孔阳论著系统和细致的阅读，始于 2011 年。几年来，虽然有不少杂事需要应对，但我的阅读几乎没有中断过。2019 年夏天，我开始写作本书。

　　国内学界对蒋孔阳美学已经进行了不少研究。我从美学史、文艺理论、美学原理研究三个方面呈现蒋孔阳的美学思想。我不求面面俱到，重点关注国内研究中的薄弱环节，如较为系统地梳理了蒋孔阳的文艺理论研究方法论、形象思维论、审美情感论、审美功利论以及蒋孔阳研究中国先秦音乐美学、中国古代诗画所取得的成就。对于国内学者已经论及的部分，我力求有不同的思路与内容，如从"诗与哲学之争"的角度审视蒋孔阳对文艺之"真"的论述，从比较的角度呈现蒋孔阳对德国古典美学的研究，等等。

　　我认为，蒋孔阳美学是综合运用马克思主义基本原理解决美学问题的典范，继承、弘扬蒋孔阳旗帜鲜明的马克思主义美学，具有重要意义。基于这样的认识，我很注重总结蒋孔阳的学术思想、方法与风格。在文献上，涉及了蒋孔阳不同时期写作的著述，包括大量 80 年代之前的著述和为他人著作所写的序言。这些文献时间跨度大，时代精神氛围不同，且有一些较为零散。因此，我在导言部分撰写了"蒋孔阳生平"，让读者对蒋孔阳的学术生涯有一个整体的了解。

　　我在前文中说："笔者二十年前，在云南乡下无意中邂逅《德国古典美学》这本书，拿起来就放不下，如获至宝，至今回忆起来，犹历历在目。我以自己在青葱的年月能够读到这样的书而感到幸运，也对作者为读书界提供了这样的好书而感激。"这是我的一个真切感受。可以说，本书中讨论的问题在我大脑里盘旋了多年。我希望本书写得精当，对读者有启发，但是否达到预期，请读者评论。

在本书构思和写作过程中，爱人张计连虽然要完成繁重的教学与科研任务，但她为我承担了大量家务，使我能够潜心阅读和写作。女儿湘湘顽皮捣蛋，总是缠着我陪她玩各式各样的游戏。我曾经狠狠地发了几次火，事后也很后悔：怎么就没有一点审美的心胸呢，把生活与读书分为两截，互不相干，如何了得！蒋孔阳说，"人是'世界的美'"，"应当重视游戏，重视人的娱乐生活"。蒋孔阳的著作，对于我怎样把自己的心灵软化，怎样和小朋友相处，也是有助益的。现在看到女儿整天笑嘻嘻的，又是唱又是跳，我也陪着她疯，乐在其中。

感谢云南大学社科处杨绍军老师。与杨老师的多次交流，对本书的构思帮助很大。社科处还将本书列入云南大学"双一流"建设经费资助范围，及时解决了本书的出版经费问题。感谢中国社会科学出版社文学艺术与新闻传播出版中心主任、编审郭晓鸿老师把书稿推荐给本书的责任编辑王小溪博士。感谢王小溪老师对书稿的修改、完善、出版所付出的大量艰辛劳动。

李子群
2021 年 11 月于春城昆明